全球安全治理
热点议题与中国视角

阙天舒 著

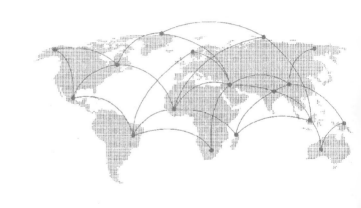

图书在版编目(CIP)数据

全球安全治理:热点议题与中国视角/阙天舒著.—北京:北京大学出版社,2023.5
ISBN 978-7-301-33973-2

Ⅰ.①全… Ⅱ.①阙… Ⅲ.①国际问题—安全—研究 Ⅳ.①D815.5

中国国家版本馆 CIP 数据核字(2023)第 152253 号

书　　名	全球安全治理——热点议题与中国视角 QUANQIU ANQUAN ZHILI ——REDIAN YITI YU ZHONGGUO SHIJIAO
著作责任者	阙天舒　著
责任编辑	李小舟　吴康文
标准书号	ISBN 978-7-301-33973-2
出版发行	北京大学出版社
地　　址	北京市海淀区成府路 205 号　100871
网　　址	http://www.pup.cn　新浪微博:@北京大学出版社
电子信箱	zpup@pup.cn
电　　话	邮购部 010-62752015　发行部 010-62750672 编辑部 021-62071998
印　刷　者	北京虎彩文化传播有限公司
经　销　者	新华书店
	880 毫米×1230 毫米　A5　9.25 印张　231 千字 2023 年 5 月第 1 版　2025 年 2 月第 2 次印刷
定　　价	49.00 元

未经许可,不得以任何方式复制或抄袭本书之部分或全部内容。
版权所有,侵权必究
举报电话:010-62752024　电子信箱:fd@pup.cn
图书如有印装质量问题,请与出版部联系,电话:010-62756370

本书系教育部重大课题攻关项目"积极参与全球治理体系改革和建设研究"(项目批准号：20JZD057)阶段性研究成果

华东政法大学70周年校庆丛书
编委会

主　任
郭为禄　叶　青　何勤华

副主任
张明军　王　迁

委　员
（以姓氏笔画为序）

马长山	朱应平	刘　伟	刘宪权	孙万怀
杜　涛	杜志淳	杨忠孝	李　峰	李秀清
肖国兴	何益忠	冷　静	沈福俊	张　栋
陆宇峰	陈金钊	陈晶莹	林燕萍	范玉吉
金可可	屈文生	胡玉鸿	贺小勇	徐家林
高　汉	高奇琦	高富平	唐　波	

以心血和智慧服务法治中国建设

——华东政法大学70周年校庆丛书总序

华东政法大学成立70周年了！70年来，我国社会主义法治建设取得一系列伟大成就；华政70年，缘法而行、尚法而为，秉承着"笃行致知，明德崇法"的校训精神，与共和国法治同频共振、与改革开放辉煌同行，用心血和智慧服务共和国法治建设。

执政兴国，离不开法治支撑；社会发展，离不开法治护航。习近平总书记强调，没有正确的法治理论引领，就不可能有正确的法治实践。高校作为法治人才培养的第一阵地，要充分利用学科齐全、人才密集的优势，加强法治及其相关领域基础性问题的研究，对复杂现实进行深入分析、作出科学总结，提炼规律性认识，为完善中国特色社会主义法治体系、建设社会主义法治国家提供理论支撑。

厚积薄发七十载，华政坚定承担起培养法治人才、创新学术价值、服务经济社会发展的重要职责，为构建具有中国特色的法学学科体系、学术体系、话语体系，推进国家治理体系和治理能力现代化提供学理支撑、智力支持和人才保障。砥砺前行新时代，华政坚定扎根中国大地，发挥学科专业独特优势，向世界讲好"中国之治"背后的法治故事，推进中国特色法治文明与世界优秀法治文明成果交流互鉴。

"宛如初升的太阳，闪耀着绮丽的光芒"——1952年11月15日，华东政法学院成立之日，魏文伯院长深情赋诗，"在这美好的园地上，让我们做一个善良的园工，勤劳地耕作培养，用美满的收获来酬答人民的期望"。1956年6月,以"创造性地提出我们的政治和法律科学上的成就"为创刊词,第一本法学专业理论性刊物——《华东政法学报》创刊,并以独到的思想观点和理论功力,成为当时中国法学研究领域最重要的刊物之一。1957年2月,刊物更名为《法学》,坚持"解放思想、不断进步"的治学宗旨,紧贴时代发展脉搏、跟踪社会发展前沿、及时回应热点难点问题,不断提升法学研究在我国政治体制改革中的贡献度,发表了一大批高水平的作品;对我国立法、执法和司法实践形成了重要理论支持,在学术界乃至全社会产生了巨大影响。

1978年12月,党的十一届三中全会确定了社会主义法制建设基本方针,法学教育、法学研究重新启航。1979年3月,华东政法学院复校。华政人勇立改革开放的潮头,积极投身到社会主义法制建设的伟大实践中。围绕1982年宪法制定修订、土地出租问题等积极建言献策;为确立社会主义市场经济体制、加入世界贸易组织等提供重要理论支撑;第一位走入中南海讲课的法学家,第一位 WTO 争端解决机构专家组中国成员,联合国预防犯罪和控制犯罪委员会委员等,都闪耀着华政人的身影。

进入新世纪,在老一辈华政学人奠定的深厚基础上,新一代华政人砥砺深耕,传承中华优秀传统法律文化,积极借鉴国外法治有益成果,为中国特色社会主义法治建设贡献智慧。16卷本《法律文明史》陆续问世,推动了中华优秀传统法律文化在新时代的创造性转化和创新性发展,在我国人民代表大会制度、互联网法治理论、社会治理法治化、自贸区法治建设,以及公共管理、新闻传播学等领域持续发力,华政的学术影响力、社会影响力持续提升。

党的十八大以来,学校坚持以习近平新时代中国特色社会主义思想为指导,全面贯彻党的教育方针,落实立德树人根本任务,推进习近平法治思想的学习研究宣传阐释,抓住上海市高水平地方高校建设契机,强化"法科一流、多科融合"办学格局,提升对国家和上海发展战略的服务能级和贡献水平,在理论法学和实践法学等方面形成了一批"立足中国经验,构建中国理论,形成中国学派"的原创性、引领性成果,为全面推进依法治国,建设社会主义法治国家贡献华政智慧。

建校70周年,是华政在"十四五"时期全面推进一流政法大学建设,对接国家重大战略,助力经济社会高质量发展的历史新起点。今年,学校将以"勇担时代使命、繁荣法治文化"为主题举办"学术校庆"系列活动,出版"校庆文丛"即是其重要组成部分。学校将携手商务印书馆、法律出版社、上海人民出版社、北京大学出版社等,出版70余部著作。这些著作包括法学、政治学、经济学、新闻学、管理学、文学等多学科的高质量科研成果,有的深入发掘中国传统法治文化、当代法学基础理论,有的创新开拓国家安全法学、人工智能法学、教育法治等前沿交叉领域,有的全面关注"人类命运共同体",有的重点聚焦青少年、老年人、城市外来人口等特殊群体。

这些著作记录了几代华政人的心路历程,既是总结华政70年来的学术成就、展示华政"创新、务实、开放"的学术文化;也是激励更多后学以更高政治站位、更强政治自觉、更大实务作为,服务国家发展大局;更是展现华政这所大学应有的胸怀、气度、眼界和格局。我们串珠成链,把一颗颗学术成果,汇编成一部华政70年的学术鸿篇巨作,讲述华政自己的"一千零一夜学术故事",更富特色地打造社会主义法治文化引领、传承、发展的思想智库、育人平台和传播高地,更高水准地持续服务国家治理体系和治理能力现代化进程,更加鲜明地展现一流政法大学在服务国际一流大都市发展、服务长三角一体化、服务法治中国建设过程中的新作为、新担当、新气象,向学校70年筚路蓝缕的风雨征程献礼,向所有关心支持华政发展的广大师生、校友和关心学校发展的社会贤达致敬!

七秩薪传,续谱新篇。70年来,华政人矢志不渝地捍卫法治精神,无怨无悔地厚植家国情怀,在共和国法治历史长卷中留下了浓墨重彩。值此校庆之际,诚祝华政在建设一流政法大学的进程中,在建设法治中国、实现中华民族伟大复兴中国梦的征途中,乘风而上,再谱新章!

郭为禄

叶 青

2022年5月4日

目 录

绪论 全球安全治理:热点议题与复杂性分析 …… 1
 第一节 全球安全治理的范畴与分析 …… 2
 第二节 全球安全治理新的态势及主要表现 …… 5
 第三节 全球安全治理的困境及面临的挑战 …… 17
 第四节 推进全球安全治理的路径 …… 26

第一章 全球网络安全治理:治理边界与中国倡议 …… 32
 第一节 问题的缘起:全球网络安全问题的出现及其表现 …… 32
 第二节 全球网络安全问题的国际治理进展及其领域 …… 40
 第三节 全球网络安全治理的必要性与存在问题 …… 47
 第四节 推进全球网络安全治理的中国策略 …… 52

第二章 全球数据安全治理:现实挑战与中国应对 …… 58
 第一节 问题缘起:数据安全问题的出现及表现 …… 58
 第二节 数据安全问题的全球治理及其困境 …… 68
 第三节 全球数据安全治理的必要性与存在的问题 …… 81
 第四节 推进数据安全治理的中国策略 …… 86

第三章　全球卫生安全治理：治理发展与中国策略 …… 93
- 第一节　问题的缘起：卫生安全问题的出现及其表现 …… 94
- 第二节　卫生安全问题的全球治理 …… 101
- 第三节　全球卫生安全治理存在的问题 …… 111
- 第四节　推进全球卫生安全治理的中国策略 …… 116

第四章　全球生物安全治理：国际治理与中国方案 …… 122
- 第一节　问题缘起：生物安全问题的出现及其表现 …… 122
- 第二节　生物安全问题的全球治理 …… 129
- 第三节　全球生物安全治理的现实挑战 …… 138
- 第四节　推进全球生物安全治理的中国策略 …… 140

第五章　全球生态安全治理：全球治理与中国路径 …… 145
- 第一节　问题的缘起：生态安全问题的出现及其表现 …… 145
- 第二节　生态安全问题的全球治理 …… 152
- 第三节　全球生态安全治理的必要性与存在的问题 …… 165
- 第四节　推进全球生态安全治理的中国策略 …… 172

第六章　全球能源安全治理：治理变革与中国规划 …… 180
- 第一节　问题的缘起：能源安全问题的出现及表现 …… 180
- 第二节　能源安全问题的全球治理 …… 187
- 第三节　全球能源安全治理的必要性与存在的问题 …… 194
- 第四节　推进全球能源安全治理的中国策略 …… 201

第七章　全球舆论安全治理：话语导向与中国选择 ⋯⋯⋯⋯⋯⋯⋯ 206
　　第一节　问题的缘起：舆论安全问题的出现及表现 ⋯⋯⋯⋯⋯ 206
　　第二节　舆论安全问题的全球治理 ⋯⋯⋯⋯⋯⋯⋯⋯⋯⋯⋯ 216
　　第三节　全球舆论安全治理的必要性 ⋯⋯⋯⋯⋯⋯⋯⋯⋯⋯ 225
　　第四节　全球舆论安全治理中的中国选择 ⋯⋯⋯⋯⋯⋯⋯⋯ 228

第八章　全球智能安全治理：风险识别与中国启示 ⋯⋯⋯⋯⋯⋯ 238
　　第一节　人工智能：作为新的历史起点的深刻技术革命 ⋯⋯⋯ 239
　　第二节　技术多维嵌入：人工智能在国家安全治理中的
　　　　　　应用范式 ⋯⋯⋯⋯⋯⋯⋯⋯⋯⋯⋯⋯⋯⋯⋯⋯⋯ 245
　　第三节　安全格局之变：人工智能在国家安全治理中的
　　　　　　风险识别 ⋯⋯⋯⋯⋯⋯⋯⋯⋯⋯⋯⋯⋯⋯⋯⋯⋯ 255
　　第四节　对中国的启示：人工智能时代国家安全治理
　　　　　　路径选择 ⋯⋯⋯⋯⋯⋯⋯⋯⋯⋯⋯⋯⋯⋯⋯⋯⋯ 273

绪论
全球安全治理：热点议题与复杂性分析

当今世界正处于百年未有之大变局，大国博弈全面加剧、国际体系和国际秩序深度调整，人类文明发展面临的新机遇、新挑战层出不穷，故而，世界面临的挑战与风险更为复杂、应对的难度倍增。国际社会不仅要解决尚未得到根治的传统政治难题，更要面对由全球化负面效应引发的各种非传统安全风险。新冠病毒感染疫情在全球范围内的蔓延加速了世界格局与国际秩序中各种要素的变化及其作用机制的发生，其结果是，在后疫情时代，国际权力结构变迁下的国际安全秩序"漂流"、地缘经济秩序强化下的"经济主权"回归、机制碎片化加剧下的全球安全治理"肌无力"以及国际共识弱化下的"价值基石"瓦解等要素的交织共振，将催化百年未有之大变局，进而加剧了国际社会所面临的不确定性和复杂性。鉴于此，本书在深入分析全球安全治理的新态势的基础上，充分考虑未来国际秩序变化、全球经济发展、国际规范重塑等一系列事件中的不确定性，在审视自身治理经验和国际社会背景的基础上，积极推动国际社会就全球安全治理形成共同的规范、标准和指导原则，同时提供中国方案，丰富和充实全球安全治理的内涵与实践，利用中国智慧为解决人类社会正在面临的重大问题做出独特贡献。

第一节　全球安全治理的范畴与分析

一、全球安全治理的范畴

20世纪90年代后,全球治理这一术语开始被运用到国际关系研究中,它通常指的是从安全到人权再到环境等一系列问题上对国家关系之间的一种协调机制。目前,安全作为一种"获得自由"的状态,已经扩散到了各种不同的领域,影响着国家在军事、政治、经济和环境等领域的决策。可以说,安全无处不在。因此,在全球治理中,安全领域的问题显得尤为重要。

全球安全问题主要包含两个方面,即传统安全问题和非传统安全问题。传统安全是指以军事和政治为核心,以维护国家主权、领土完整为主要内容的安全;而非传统安全则是传统安全的延伸与拓展,囊括了以军事和政治为核心的传统安全在内的其他所有危及人类的生存与发展的安全问题,其中也包括了原先尚未暴露出来或尚未引起人们关注的一系列多元、复杂而又不为人们所熟悉或重点关注的安全议题。[①] 传统安全观以国家中心主义为价值取向,强调维护国家安全以及保持国家主权的完整,而非传统安全观则是以全球中心主义为价值取向,它更多地关注全人类的共同安全与利益。当今世界,传统安全问题对国

---

① 参见余潇枫、林国治:《论"非传统安全"的实质及其伦理向度》,载《浙江大学学报(人文社会科学版)》2006年第6期。

际安全的威胁日益消退,但并不是完全消失,而跨国风险、大规模报复武器、全球气候问题、网络安全、生物安全等非传统安全问题随着经济全球化、跨国组织以及新技术的发展越来越成为全球安全问题研究的重中之重。因此,面对传统安全问题与非传统安全问题的交叉威胁,加强全球安全治理成为维护全人类社会安全的必然要求。

"全球安全治理"将全球治理理念应用于全球安全问题的解决。它的兴起嵌入在冷战结束后关于全球化、跨国风险和世界自由主义的突出叙述中。首先,全球安全治理的适用是基于这样一种假设,即国际恐怖主义、主权国家的脆弱性和其他跨国安全风险只是对国家间战争或核武器威胁等传统安全的补充,并没有完全取代它们。其次,全球安全治理建立在跨国风险对民族国家维护安全的传统方法构成挑战的基础上,并强调了跨国治理新方法的必要性。例如,乌尔里希·贝克(Ulrich Beck)有一个著名的论点:世界风险社会中风险的跨国性不可避免地迫使各国在强制性的世界主义基础上寻求合作。① 最后,全球安全治理强调"共享安全",而共享安全的价值前提是以"全球命运共同体"为考量,寻求"共存""共依""共有""共和""共建""共创"的方式。② 因此,全球安全治理的许多应用都将"全球命运共同体""全球共生"等理念作为保障人类社会和平与安全的价值意蕴。

二、关于全球安全治理的复杂性分析

全球安全治理是一个复杂的现象,它既包括一般的全球治理,又包

---

① Ulrich Beck, Living and Coping with World Risk Society, http://globernance.org/en/u-beck-living-and-coping-with-world-risk-society/, visited on 2020-10-06.
② 参见余潇枫:《共享安全:非传统安全研究的中国视域》,载《国际安全研究》2014年第1期。

括其特殊分支——安全领域。① 我们认为全球化背景下的全球安全治理问题,是一个可以受人类共同努力影响和协调的过程。同时,它也是我们这个时代的全球治理问题中最为紧迫的一个。而欲解决这一问题,必须使人类社会所有运作领域(特别是安全领域)在内的所有国家和人民得到同步和公平的发展。并且全球安全治理不仅要解决传统安全问题,还强调解决以复杂性、发散性为特点的安全新挑战。因此,作为应对全球安全问题的协调机制和治理新方法,全球安全治理具有复杂性的特点。

人类社会存在于一个复杂的全球空间中,而在这样的空间中还存在着其他生物,因此,全球安全治理的复杂性首先来源于社会政治和生物地理系统之间不可预测的相互作用。② 这些相互作用表明,由于人类活动的影响不断扩大,全球生活发生了根本性的变化。例如:艾滋病在全球范围内的迅速传播以及高致死率导致联合国安理会不得不采取措施进行控制,并将其列为全球安全威胁。其次,全球安全治理的复杂性还表现为全球安全议程经常以"复杂"或"非传统"安全挑战为特征。这些新的挑战有别于传统安全概念,它们往往具有跨国性和横向性,既超越国家边界,又超越国内和外部安全规定的分离。③ 这种具有国内和国际双层性质的复杂的安全威胁,无疑为全球安全增添了许多不确定的风险。最后,国际政治是物质和规范权力重新分配和分化的结果,因此全球安全治理的复杂性还来自于多层次参与主体之间的复杂关

---

① Global Security Governance: Conceptual Approaches and Practical Imperatives, https://ibima.org/accepted-paper/global-security-governance-conceptual-approaches-and-practical-imperatives/, visited on 2020-01-01.

② Emilian Kavalski, The Complexity of Global Security Governance: An Analytical Overview, 22 *Global Society* 423 (2008).

③ Coping with Complexity: An Organizational Perspective on European Security Governance, https://cadmus.eui.eu/handle/1814/6417, visited on 2020-01-15.

系。有学者将全球治理理解为帮助国家、国际政府组织、公民社会和跨国公司等所有行为者,理解和解决跨界问题的非正式或正式的思想、价值观、规范、程序和机构的总和。[①] 各行为主体之间的利益与安全诉求不尽相同,当两个或两个以上国家或国际组织发生冲突时,参与主体之间的矛盾将会激化,各种利益的交叉也使得全球安全问题日趋复杂化。

总而言之,全球生活的不断变化,超越国家边界的安全挑战以及参与主体的多元利益关系说明全球安全治理应是一个复杂的治理过程或治理机制。而目前,思考全球安全治理的复杂性有助于我们深入分析全球安全治理中的困境及挑战,探寻推进全球安全治理的路径。

第二节 全球安全治理新的态势及主要表现

冷战后,国际社会对国际政治的关注由"高政治"转向"低政治",在安全领域即表现为由传统安全转向对非传统安全问题的关注,如恐怖主义、大规模杀伤性武器扩散、网络攻击、气候变化等问题。而此时,在百年未有之大变局和后疫情时代的交互影响下,全球安全治理又出现了新的态势,主要表现在全球网络安全、全球数据安全、全球卫生安全、全球生物安全、全球生态安全、全球能源安全、全球舆论安全、人工智能安全等八个方面。

---

① Thomas G. Weiss & Rorden Wilkinson, Rethinking Global Governance? Complexity, Authority, Power, Change, 58 *International Studies Quarterly* 207 (2014).

一、全球网络安全

网络空间虽然只有几十年的发展历史,然而,它却在全球范围内快速扩散,有力地颠覆了传统治理领域的观念和现实。有学者称,网络空间是全球安全治理和规则制定的新兴领域。① 目前,网络空间一直处于不断的演进之中,大数据、云计算、物联网等新技术还在不断扩展网络空间的外延,信息通信技术的不断突破加速了传统人类社会的解构与重建。② 并且,网络空间是建立在互联网基础架构和信息内容之上,在物理世界、社会、人与网络互动中不断演进的新空间。③ 这个新空间与民众的日常经济社会生活息息相关,其面临的威胁,即网络空间安全问题也日益受到社会各界的重视。劳拉·德纳迪斯(Laura DeNardis)在《互联网治理全球战争》中将网络安全问题定义为:互联网治理中最重要的领域之一,也是应对个人身份验证、关键基础设施保护、网络恐怖主义、蠕虫、病毒、垃圾邮件、间谍活动、拒绝服务攻击、身份盗窃以及数据拦截和修改等相关问题的领域。④ 而本研究认为,网络空间本质上是由世界各地的网络信息系统基础设施创造的独特领域,在此领域中,安全是一个免受伤害和威胁的动态过程或状态。

---

① 参见黄志雄主编:《网络空间国际规则新动向:〈塔林手册2.0版〉研究文集》,社会科学文献出版社2019年版,第1页。
② 参见阚天舒、李虹:《网络空间命运共同体:构建全球网络治理新秩序的中国方案》,载《当代世界与社会主义》2019年第3期。
③ 参见鲁传颖:《网络空间治理与多利益攸关方的理论与实践探索》,华东师范大学2016年博士学位论文,第38页。
④ Laura DeNardis, *The Global War for Internet Governance*, Yale University Press, 2014, p.88.

全球网络安全是全球安全治理的重要组成部分。随着社会信息化程度日趋成熟，网络基础设施逐步完善，网络已成为人类生活中不可或缺的一部分，但同时也给全球安全治理带来严峻挑战。在国家主权方面，随着信息技术的蓬勃发展和网络空间的全球拓展，国家治理的各种活动和利益诉求已覆盖网络空间领域，传统的主权概念被注入新的内涵，网络空间中的国家主权已成为各国博弈的焦点。在国家安全方面，当前网络空间中的威胁和风险已经渗透到现实世界当中，并且影响到物理世界的经济社会秩序，由此衍生出来的国家安全态势正在发生重大变化。在全球监管方面，网络空间监管的早期思想家强调了法律制度和执法在有效合法地监管网络空间方面的弱点，不能普遍适用于网络空间中产生的威胁和所面临的挑战。[①] 在意识形态方面，在错综复杂的国际形势中，一些国家会借助互联网的流动性和渗透性推销自己的价值观念和意识形态，更有甚者把网络空间当作推行文化霸权主义的主要渠道，进而对其他国家文化发展产生重大影响和挑战。

二、全球数据安全

大数据时代，数据安全关乎国家安全、公共利益和个人权利，一系列数据安全问题给公民的人身、财产安全乃至国家安全带来了巨大的负面影响。从人类社会信息化发展阶段来看，数据安全大致可以划分为三个阶段：以单机应用为主要特征的数字化阶段（信息化 1.0）、以联网应用为主要特征的网络化阶段（信息化 2.0）以及以数据的深度挖掘

[①] David R. Johnson & David Post, Law and Borders: The Rise of Law in Cyberspace, 48 *Stanford Law Review* 1367 (1996); David G. Post, Anarchy State and the Internet, *Journal of Online Law*, Article 3, 1995.

和融合应用为主要特征的智能化阶段(信息化3.0)。当前我们正处于数字经济时代也就是数据安全的第三个阶段,相较于数字化、网络化阶段的数据安全特征,数字经济时代的数据安全问题具有更多新的特点。第一,从治理主体看,数据安全是一种牵涉多主体、多环节、多方向的复杂性问题;第二,从治理过程看,数据安全问题已从静态治理转变为动态治理;第三,从治理方式看,数据安全是一种兼顾安全性和促进数据开发利用并重的安全;第四,从治理意义来看,数据安全已成为国家安全的重要组成部分。

作为全球治理的细分治理领域之一,全球数据安全治理具有其独特内涵。一方面,它有助于促进全球数字经济的健康发展,为全球数据交往提供指引。全球数据的安全治理可以通过构建相应的全球数据贸易规则为数据主权提供较为明确的预期。另外,它有助于弥合数字鸿沟,帮助发展中国家推进和完善国内数字治理。全球主要互联网国家的数字治理理念及其对数据的认知差异较大,所采取的战略及政策侧重点不尽相同,而全球数据安全治理就意在弥补这种无规制的状态。此外,它还可以促进全球治理体系的完善,最大程度发挥数据所带来的全球价值。全球治理体系的完善有赖于全球各个领域尤其是重点领域治理机制的统筹协调,因此,只有加快形成全球范围内的跨境数据流动规则,促进全球数据资源的合作利用和开放共享,才能切实推动全球治理体系的完善。推行全球数据安全治理,一方面是回应全球数据发展之关切,另一方面更因为推行全球数据治理本身具有重要的意义和极大的优越性。[①] 在新冠病毒感染疫情加速数字化转型进程的背景下,

---

[①] 蔡翠红、王远志:《全球数据治理:挑战与应对》,载《国际问题研究》2020年第6期。

全球数据规则体系和治理机制间的不协调将成为各国深入发展数据安全治理不得不面对的关键问题。

三、全球卫生安全

随着时代变化以及卫生外延的扩展，公共卫生界对卫生与全球政治、社会和经济结构之间的联系的认识越来越明确，这包括其更清楚地认识到疾病在全球化世界中所构成的威胁，特别是病原体在全球的迅速传播。为了应对这些关切，公共卫生界越来越倾向于战略性地利用安全语言，以获得解决全球卫生问题的更大的政治关注。当前卫生安全问题主要表现为四类，分别是传染性疾病、抗生素耐药性、空气污染和核生化事件。其特点在于：一是跨区域性强，全球化时代，密集且迅速的贸易与人口流动也增加了相关细菌或病毒传播的风险，一国卫生危机可能会蔓延全球；二是不确定性强，病毒变异可能性大且发病条件复杂；三是隐蔽性强，空气传播、飞沫传播等特性使得多种病毒或细菌难以被察觉；四是破坏性强，由于病原体流动范围大、科技预测差、很难肉眼发现并防范[1]，相关卫生危机一旦出现，将破坏整个世界发展的进程。而全球卫生治理正是对这种危机的预防和应对。

2020年新冠病毒感染疫情的暴发和持续，使得全球卫生安全治理又一次进入到人们的视野中。一方面，卫生安全问题已成为影响世界发展进程的重要因素。以新冠病毒感染疫情为例，这场疫情引发了第二次世界大战以来最严重的经济危机。大多数国家的经济都受到了全球供应链中断、对进口商品和服务的需求减弱、国际旅游业下降、商务

---

[1] 参见欧斌：《构建公共卫生安全全球治理体系》，载《东方论坛》2020年第2期。

旅行减少等因素的综合影响,这对中小企业和企业家的打击尤其严重,失业率和寻求援助的人数不断增加。① 世界发展进程被破坏的现实说明有效的全球卫生安全治理已刻不容缓。另一方面,全球风险要求国际社会共同进行全球卫生安全治理。流行性疾病的暴发和传播已成为对国家和全球安全的重大威胁,与非传染性疾病、生物恐怖主义等一同造成巨大破坏,引起全球政治经济发展失衡,破坏了国家间的双边、区域和多边发展战略。而各国相互协调的卫生政策以及其他行为体的相互配合是促进全球卫生安全的重要基础。

四、全球生物安全

在一个快速变化的世界中,生物安全逐步显现,且处于医疗、生物、生态、社会经济和政治系统等领域的交叉点。作为新出现的全球安全问题,生物安全产生的背景是:(1)随着生物安全面临的挑战日益加深,国际社会不断增设生物安全的全球议程,加深了人们对生物安全的科学认知。(2)全球化的发展加速了病原体的传播,贸易壁垒和运输成本的降低完善了全球农业供应链,但也为病原体跨越国界并引起食源性疾病提供了更多的途径。(3)生物技术和生命科学的创新步伐不断加快,为生物安全研究提供了客观条件。

在新冠病毒感染疫情大流行的视阈下,全球生物安全治理是一个新的课题和难题,其面临着多重挑战与问题。首先是全球合作的挑战:相关国家欠缺政治互信。国际社会缺乏强有力的透明度措施以及相关

---

① The Territorial Impact of COVID-19: Managing the Crisis and Recovery Across Levels of Government, https://www.oecd.org/coronavirus/policy-responses/the-territorial-impact-of-covid-19-managing-the-crisis-and-recovery-across-levels-of-governmnet-a2c6abaf/, visited on 2021-12-20.

的信任体系来澄清全球生物科学研究和发展的意图和能力。其次是全球执行的挑战:生物安全治理机制仍不完善。二战以来,生物科学和生物技术发展迅速,并在全球得以传播和普及,但其与管理故意滥用或意外释放的相关风险的规范和治理机制的发展并不相称。最后是全球应对的挑战:相关机构调查未知生物事件的能力不足。在公共卫生危机期间,迅速确定疾病暴发的源头,对于评估疾病再次暴发的可能性、获取疾病传播信息以及帮助制定医疗对策极其重要,但目前没有任何一个机构可以发挥好这个作用。面对全球生物安全的新动向,中国必须采取更加坚定和更加明确的战略,既有效维护自身在全球生物安全治理中的利益,又能够在全球生物安全治理中做出应有的贡献。

五、全球生态安全

随着人类文明现代化进程的加快,全球性生态危机也随之出现。目前,世界正面临人口过度增长、气候异常、生物多样性丧失、氮磷循环紊乱、土壤退化和水体污染等一系列生态挑战。这些挑战倒逼世界各国政府及国际组织开始关注生态安全对于人类发展的影响。一般来说,生态安全的本质体现在两个方面:一是生态风险。具体而言,生态风险指的是生态系统外一切对生态系统构成威胁的要素的作用的可能性。如地震、火灾、海啸等自然灾害的发生对原有生态系统结构或功能所造成的损害。生态风险一般具有不确定性、客观性以及危害性。二是生态脆弱性。生态脆弱性指一个生态系统在特定时空下容易受到伤害和损失的性质。这种性质是系统自然环境与各种人类活动相互作用的结果。因此,国家一般通过设立生态脆弱保护区来防止生态系统受到破坏。

格伦登·舒伯特(Glendon Schubert)在《进化政治》一文中指出："化石记录了一些已经灭绝动物的捕食是如此的成功,以至于它们把自己给饿死了……人类也不可能在破坏自身所处的生物群落的同时,使自己的生存环境免遭受生物群落退化的威胁。"①人类是生物群落这个集合中的一个元素,因此我们无法脱离生态系统失衡对人类的影响。当前,生态破坏已经成为一个全球性的问题。具体来说,全球生态安全问题主要表现在两方面:第一,环境与生态意义上的安全问题。从生态学的角度而言,任何生态系统都具备自我调节功能,并且生态系统的结构越复杂,物种种类越多,自我调节功能就越强。但是生态系统的自我调节功能是有限度的,超过这个限度生态系统将失去自我调节功能。②因此,当重大自然灾害或人为破坏超出生态系统的自我调节限度时,将会对生态环境造成严重的后果。第二,社会意义上的生态安全。人类生活在地球这一大的生态系统之中,所以当生态破坏或者资源短缺的时候,往往会对人造成直接的影响。鉴于此,对全球生态安全的治理不可或缺。但传统全球生态治理秩序是由西方国家主导的,已经无法适应当前全球治理的形势,因此,提出新的全球生态安全治理机制成为全球安全治理的重要任务。

六、全球能源安全

能源作为国家经济发展及科技进步的必要供应,国家对能源供应的控制能力直接影响一个国家的全球政治地位。由此,能源也成为影响全球安全的重要因素,全球多次局部战争的爆发均与能源相关,尤其

---

① Glendon Schubert, Evolutionary Politics, 36 *Western Political Quarterly* 175(1983).
② 参见林育真、付荣恕主编:《生态学(第二版)》,科学出版社2011年版,第155页。

是中东战争,石油多次成为中东战争爆发的导火索。随着全球化的发展,能源安全已经变成一个全球公共问题,其与全球安全治理相辅相成、相互依存。进入21世纪以来,由于能源价格波动上升、化石燃料供需不平衡、能源系统去碳化压力和地缘政治紧张局势,能源安全在全球安全治理中的重要性不断增加。由于能源市场自由化发展迅速、发展中国家能源需求不断升级以及政治动荡和大规模自然灾害造成的化石燃料供应持续不稳定,能源安全的重点由确保石油和天然气两个主要能源的供应逐步扩展到新能源领域。但无论是哪个领域,能源安全都是国家安全和全球安全治理的主要内容。

能源安全与经济社会发展息息相关,全球能源安全治理是全球安全治理的重要组成部分,对全球安全治理的有效性具有重要意义。当前,国际能源体系正在发生结构性变动,传统能源亟待转型,能源供需、运输与定价均需重新审视。在这样的一个转型过程中,全球能源安全治理也面临着许多困境和挑战。第一,国家间能源安全治理高度分散并存在冲突。全球能源安全治理缺乏明确的目标和优先事项,阻碍了国家间的协调和沟通。能源领域处处有国家和机构参与治理的身影,但因为他们的行动往往是为了应对一系列突发的危机,由此出现了不协调和滞后的现象。[1] 第二,全球能源安全治理结构复杂化与碎片化程度显著。当前,全球能源安全治理机制相互叠加。然而,既有的能源安全治理平台与行动框架呈现出发展不成熟、区域化趋向和偏重消费方的实际不足,导致了实践进展迟滞、参与主体有限、运行机制不畅的发展困境。第三,新保守主义的霸权意识形态在全球能源安全领域兴起。新保守主义呼吁全球霸权的意识形态是建立在通过提供国家利益

---

[1] Navroz K. Dubash & Ann Florini, Mapping Global Energy Governance, 2 *Global Policy* 6 (2011).

和有效利用国家权力来实现重大的政治、安全和经济影响的基础上的，能源是其重要筹码。因此，在能源潜力高的地区（如中东和波斯湾），新保守主义者会有明显优势。

七、全球舆论安全

在全球化、信息化的新形势下，舆论是公众意见和态度表达的合集，关乎国家利益的维护和社会的安全稳定。一方面，舆论会影响国家政策的制定，保罗·伯斯坦（Paul Burstein）提出：舆论对政策的影响至少占到1/3，它的影响具有实质性和重要性，甚至还会更多。[①] 国家舆论安全的社会动员能力能够使与之相关的特定人群突然陷入一个利害攸关、容易引起思想共鸣的环境中，其价值判断、利害权衡以及心理指向都趋于一致，此时更有利于国家外交政策以及其他国家政策的制定与统筹。另一方面，舆论影响国家政治安全，舆论对政治安全的作用，体现在舆论对政权和社会制度的巩固与支持作用，当然，其也可能产生破坏与反对作用。正向的舆论，是维系、巩固社会制度和政权的舆论，反之，反向的舆论，将起到涣散人心、动摇根基、瓦解信任的作用。因此，正向的舆论，对一个国家的政治安全至关重要。此外，舆论还在社会控制中发挥着独特的作用，在一个社会中，当人们各种不满、抱怨情绪逐渐积累到一定程度后，就会给社会的稳定运行带来严重危害，进而可能导致重大的社会动荡，这就是舆论非安全状态。舆论就是这样一种维护社会安全运行的"消气孔"和"安全阀"。[②]

[①] Paul Burstein, The Impact of Public Opinion on Public Policy: A Review and an Agenda, 56 *Political Research Quarterly* 29 (2003).

[②] 参见濮端华：《舆论缓释：维护社会舆论稳态的"安全阀"》，载《中华新闻报》2003年10月14日。

舆论作为非传统安全的支点,在和平与发展的时代主题下,全球舆论安全治理不仅是国际关系研究的重要范畴,也是主权国家处理国际事务和安全问题的重要课题。首先,全球舆论安全是国家形象及软实力体现的重要一环。约瑟夫·奈曾认为:在信息世界中,政治"可能最终依赖于谁的故事能赢"[①]。因此一个国家在国际社会中的舆论传播和掌控能力直接关系到这个国家的软实力的发挥和提升。其次,全球舆论安全是国家获取国际话语权的重要战略资源。在某种程度上,国际话语权就是国家影响和控制国际舆论的能力。特别是随着现代科技的快速发展,国内舆论与国际舆论的分界日益模糊、相互影响日益明显,二者交织融合的新态势使舆论对国家内政外交的影响显著增强。[②]最后,全球舆论安全是信息化时代下各国博弈的中坚力量。在技术变革背景下的后真相政治时代,舆论场域充斥的种种工具化、政治化的谎言在误导受众,这加剧了侵蚀媒体与民众的反智主义的盛行,使得国际舆论在大国战略博弈中有着更为激进化的呈现。

八、全球人工智能安全

作为新一轮科技革命和产业变革的核心驱动力量,人工智能技术的发展与应用在为社会提供强大发展动力的同时,也对国家安全治理造成了一系列影响。人工智能技术能够基于进化赋能的实践应用,在传统安全、非传统安全以及两者间的重叠领域,为国家安全提供更为有

---

① 〔美〕约瑟夫·奈:《软力量——世界政坛成功之道》,吴晓辉、钱程译,东方出版社2005年版,第117页。
② Thomas Risse-Kappen, Public Opinion, Domestic Structure, and Foreign Policy in Liberal Democracies, 43 *World Politics* 479 (1991).

效的维护和保障机制。对于国家安全而言,人工智能的创新性蕴涵了高度的战略价值,但其演进路径的不确定性则带来了相应的风险。而全面评估人工智能技术对国家安全治理带来的机遇与挑战将是解决这一技术安全悖论的关键所在。

人工智能不仅对全球安全及其战略行为模式具有极强的"破壁效应",同时这一技术的应用也存在着超出预期设想的可能。具体来看,人工智能技术将对全球安全产生一定冲击,而这种冲击主要表现五个方面:(1) 将对现有国际战略竞争平衡产生一定的冲击。在人工智能军事化应用的影响下,全球安全的客观外延性与主观意向性极有可能发生重叠,进而导致国际体系出现更大的不稳定性与不确定性。(2) 将进一步拉大国际行为主体间的能力代差。技术强国凭借自身在人工智能技术上的优势而成为新的权力中心。这将使得个别技术强国的主观竞争意愿体现为国家之间的技术竞争现实,技术弱国愈发落后于技术强国。二者之间的能力差距越大,国际竞争中的消极因素便会越多,全球发展中的不均衡和不公正现象也会越多。(3) 将导致使资本获得"超级权力"。人工智能技术的复杂性以及科技企业的优势将导致后者在相关技术治理准则的制定中拥有相当大的话语权。因此,人工智能在一定程度上将强化资本权力的垄断地位,其中科技巨头企业极有可能成为新型的权力中枢。(4) 将导致全球安全治理面临新的挑战。人工智能将导致依靠劳动密集型产业和依赖信息不对称而存在的部分行业遭受极大冲击。这种不平等与不对称扩大了人工智能所造成的社会各产业间、群体间与阶层间在发展能力、资源占有程度与社会影响力等方面的失衡。(5) 将加剧"技术恐怖"现象的发生。情感、道德等主观性因素无法被充分嵌入人工智能的决策机制,基于历史数据的算法模型对潜在的突发性变化并不具备完全的预判能力与应变能力。因此,全面评估人工智能技术对全球安全治理带来的机遇与挑战将是解决这一技术安全悖论的关键所在。

第三节　全球安全治理的困境及面临的挑战

长期以来,全球安全治理取得了不少成就。在打击跨国犯罪、恐怖主义等直接危害国际安全的有组织行动和人道主义援助、全球气候治理、网络安全等方面都表现出了独特的作用和优势。但是,在后疫情时代,国际体系格局深刻变化,全球安全治理也面临着许多困难和挑战。

一、国际权力结构变迁将导致国际安全秩序"漂流"

世界格局的多极化和均衡化发展是一个持续的过程,其变化不确定性的后果也是多种多样的。但不可否认的是,权力转移过程中的大国竞争与冲突是未来全球安全治理发展的主要背景和首要影响因素。尽管目前大国关系的主要基调仍是"斗而不破",但国家间的实力对比与既有权力结构间的错位,将不可避免地加剧传统大国与新兴大国之间的战略博弈。就其对全球安全治理的影响而言,其主要表现就是权力结构变化之于国际合作的影响。例如,新冠病毒感染疫情所凸显的全球领导力危机就印证了国际格局变迁所导致的国际合作危机,或者说权力结构变迁中的大国竞争削弱了全球安全治理的主要领导者之间的合作意愿,加剧了现有多边合作机制的分裂。正如美国对外关系委员会主席理查德·哈斯(Richard Haass)所指出的,当前全球性危机的主要特征是"大国领导力减弱""全球合作动摇"与"大国不和",而这些都可以被视为"失序时代"的开端。① 现行国际安全秩序承压能力不断遭到削弱将对国家间的战略互信形成重大挑战,而权力政治逻辑所主导的国家间互动的不断强化则会创造一个更容易发生冲突和对抗的地缘政治环境。如在军控问题上,与中俄积极推动大国合作形成鲜明对比,特朗普政府把国际军控作为大国竞争手段,将军控议题意识形态化,妄图基于地缘斗争需要重塑军控机制,抛弃所谓"坏"协议和签署"好"协议,大国军控合作难上加难。②

后疫情时代,国际权力结构的变迁并不会停滞,国际权力分化的趋势也不会改变。无论是基于自身能力还是制度性要求的考量,都将会推动更多的国家行为体参与国际安全秩序的塑造与维护,国际与区域组织、跨国公司等非国家行为体也同样将在其中扮演非常重要的角色。与此同时,新冠病毒感染疫情所带来的一系列"后遗症"势必将继续冲击西方国家及其所主导的"自由主义世界秩序"(the liberal world order)。③ 其中,传统大国同新兴大国间原有的结构性矛盾在短期内仍难以得到有效缓解,并且随着更多国家对多边机制的功利态度的不断凸显,传统大国也会更多地通过规则制定和议程设置打压等手段来限制新兴大国。其结果是,全球安全治理机制所蕴含的国家竞争因素将更加显著。例如,拜登政府明确将中国定性为"最严峻的竞争对手"(most serious competitor),且更加强调通过利用多边机制和加强国际动

---

① 〔美〕理查德·哈斯:《失序时代:全球旧秩序的崩溃与新秩序的重塑》,黄锦桂译,中信出版社2017年版,第417—418页。
② 傅小强:《国际安全进入高风险时期》,https://mp.weixin.qq.com/s/9EJ83KQDsfOt8eZ-8TWvhg,2021年8月25日访问。
③ Brantly Womack, International Crises and China's Rise: Comparing the 2008 Global Financial Crisis and the 2017 Global Political Crisis, 10 *The Chinese Journal of International Politics* 383 (2017).

员等手段来开展对华博弈。就此而言,全球安全治理条件下的多边外交不仅将成为大国竞争的重要手段,而且大国间的竞争对于全球安全治理的作用也可能会从原先单向的阻滞转变为推动和阻滞并行。换言之,大国博弈的新阶段或者说新常态回归全球多边平台的可能性会增大,各方将重点围绕塑造全球规范、规则和制度展开激烈竞争,但其议题大多会限定在气候、公共卫生、经贸等特定领域,区域化、泛集团化的特征会逐步显现出来。现阶段所出现的"有限的多边主义"等概念就是对此现象的一种描述。①

当然,疫情冲击之下国家实力的受损及各方保守主义势力的抬头,导致部分国家参与全球安全治理的能力及意愿都受到了一定的影响,这些国家在短期内将减少在国际事务中的资源投入,而更多地关注其国内事务。② 同样值得注意的是,为了避免体系层次的大国竞争加剧所带来的被迫选边站队的盖然性,并满足自身在相关治理议题上的功能性诉求,更多的中小国家将会采取追求"收益最大化"和"风险应对"的对冲战略。换言之,大国战略竞争的日趋激烈,压缩了中小国家的战略选择空间,导致其普遍和频繁地两面下注的可能性不断增加。③ 尽管这一行为方式有助于平抑大国竞争所产生的影响,但中小国家以对冲战略为导向的外交政策所带来的不可预见性同样会增强未来国际格局变化中的不确定性。④

---

① Anthony Dworkin, Americans Before Allies: Biden's Limited Multilateralism, https://ecfr.eu/article/americans-before-allies-bidens-limited-mulbilateralism, visited on 2021-05-30.
② 参见宋国友:《中美关系与2030年世界秩序的不确定性》,载《人民论坛·学术前沿》2017年第15期。
③ 参见曹玮:《选边还是对冲——中美战略竞争背景下的亚太国家选择》,载《世界经济与政治》2021年第2期。
④ 参见杨洁勉:《中国应对全球治理和多边主义挑战的实践和理论意义》,载《世界经济与政治》2020年第3期。

二、地缘经济秩序强化将导致"经济主权"回归

经济全球化促进了资源的自由配置和产业的梯次分工,但是产业转移势必会削弱产业迁出国的部分生产能力,导致其在面临危机时难以在短期内获得足够的基础物资供给。新冠病毒感染疫情之下的全球产业链、供应链与价值链的暂时性休克,凸显了全球经济相互依赖的脆弱性。以供应链为例,无论是疫情暴发初期人员、货物流动受限所导致的供应链断裂,还是在经济重启时因需求不足而导致的供应链停摆,都充分暴露了这一脆弱性对于国家和企业所产生的负面影响。①

后疫情时代,安全视角之下提升经济的自主性(self-reliance)与韧性(resilience)将成为国际社会的长期主题。国家行为体势必会采取更多的实际措施,推动与国家安全相关的关键产业链或产业链的关键环节收缩到国内或重置到"可靠的"邻国和盟国,并加大推行关键生活、生产物资本土化供应政策的力度。② 部分国家和地区也会通过加快区域经济合作和推动区域一体化,抵御潜在的外部风险。出于分散风险的目的,跨国企业同样会进一步收缩产业链和供应链,其经济活动也会呈现更多的本土化和区域化特点。同时,新冠病毒感染疫情所凸显的全球经贸网络的脆弱性将强化国家间战略竞争的敏感性。经济全球化之下的相互依赖并非由单一的经济利益交换所主导,战略与安全也是

---

① Homi Kharas, Global Development Cooperation in a COVID-19 World, https://www.brookings.edu/wp-content/uploads/2021/01/Global-Development-Cooperation-COVID-19-World.pdf, visited on 2021-05-30.

② Carla Norrlöf, Is COVID-19 the End of US Hegemony? Public Bads, Leadership Failures and Monetary Hegemony, 96 *International Affairs* 1281 (2020).

国家行为体必须加以考虑的因素。一方面,新兴大国的崛起及其与传统大国经济差距相对缩小,尤其是当两者之间的经济规模、发展前景相对接近且相互间互动的竞争性更为突出的情况下,后者就会将其关注重点从对经济利益的追求转向对相对优势的护持;另一方面,当传统大国认为其他国家利用经济上的相互依赖来谋求战略优势,或者新兴大国认为传统大国利用经济上的不对称的相互依赖关系对其进行打压时,那么两者之间寻求"独立"或者说"脱钩"的动机就会进一步加强,并都希冀改善那些涉及关键基础设施或影响军事姿态的脆弱性。① 例如,在疫情背景下,美国、日本和部分欧洲国家强化了构筑所谓"安全且富有韧性的供应链"的意愿,并纷纷加大了对各自国内半导体产业的投资。因此,无论是出于维持供应链弹性的考虑,还是出于遏制竞争对手的用意,国家行为体都会弱化对相互依赖关系所带来的经济收益的考量,而转向寻求创造"独立领域"以避免正和博弈的绝对收益追求对国家安全产生的潜在威胁。②

长期来看,新冠病毒感染疫情所推动的全球经贸的结构调整确实来自商业、技术和社会的内在动力,但"安全思维"相较于"经济思维"重要性的上升将导致国家经济治理失序与增长失速的风险增大。对绝大部分国家而言,受限于其自身的生产能力和市场容量,其国内供应链的弹性远小于全球供应链,所谓的"自给自足"并不能显著增强其抵御风险的能力,反而会变相增加生产成本和本国国民的隐形税。③ 与此

---

① Henry Farrell & Abraham L. Newman, Weaponized Interdependence: How Global Economic Networks Shape State Coercion, 44 *International Security* 42 (2019).

② Anthea Roberts, Henrique Choer Moraes & Victor Ferguson, Toward a Geoeconomic Order in International Trade and Investment, 22 *Journal of International Economic Law* 655 (2019).

③ Global Supply Chains are Still a Source of Strength, Not Weakness, https://www.economist.com/leaders/2021/03/31/global-supply-chains-are-still-a-source-of-strength-not-weakness, visited on 2021-05-30.

同时,在信息不充分和互信欠缺的情况下,国家对供应链安全过度担忧所引发的政策后果,反而会扭曲国家间正常的供给关系,导致部分具有高度周期性的行业出现建设过度的后果,进而损害由经济全球化所形成的规模效应和分工专业化效应。此外,经济层面的全面或者选择性"脱钩"也会反向对其他安全领域产生负面的连锁效应,最后形成因规避脱钩风险而不得不强化脱钩行动的"脱钩悖论"。[1]

三、治理机制碎片化加剧将导致全球安全治理机制"肌无力"

机制碎片化(regime fragmentation)是全球安全治理体系发展过程中不可避免的一大特征。一方面,权力的分散使得全球安全治理的制度性安排向多层面和多领域发散,不同行为体、组织与机制之间的互动也加速了这一进程;另一方面,治理主体多样化、行为领域扩散化、利益诉求多元化以及新议题大量涌现催生了国家社会对多元治理机制的需求。因此,全球安全治理机制的碎片化所呈现的"竞争性多边主义"(contested multilateralism)的特质,呼应了当前国际格局权力分散及利益多元的诉求,并在一定程度上增强了体系的韧性,拓宽了各类主体参与全球安全治理的渠道。[2]

然而,本书所强调的全球安全治理机制碎片化是一种由原有治理机制改革滞后、新兴治理机制职能冗余以及新旧治理机制之间缺乏互

---

[1] Willy Shih, Global Supply Chains in a Post-pandemic World, 98 *Harvard Business Review* 82 (2020).

[2] Julia C. Morse & Robert O. Keohane, Contested Multilateralism, 9 *The Review of International Organizations* 385 (2014).

动所呈现的制度失灵现象。新兴大国国际话语权的增强削弱了传统大国对于议程设置的垄断能力。一方面,为了绕开现有制度安排对自身的限制以及继续保持引领国际规范的能力,传统大国就会倾向于选择或者创建符合自身利益偏好的排他性全球或地区安全治理机制。例如,为了绕开现有国际机制的桎梏,部分西方国家政府已经就不同的议题,提出了诸如"技术12国"(T-12)、"民主10国"(D-10)等新的国际架构,并试图以所谓的"微多边"联盟,强化自身在特定的全球或地区问题中的作用。① 另一方面,出于对相对利益的追求以及向新兴大国施加压力,部分西方发达国家即使在现有的机制中处于优势地位,也会通过所谓的"负结构性权力"(negative structural power)来阻碍现有的治理机制的运作或者阻碍其他国家对现有治理机制的改革。② 以WTO贸易争端解决机制中的中美贸易裁决为例,尽管美国在绝大多数裁决结果中都处于有利地位,但美国政府对其未能在WTO贸易争端解决机制中取得更多特权颇为不满,继而选择通过阻挠上诉机构启动法官遴选程序,来阻碍争端解决机制的正常运行。③

在全球安全治理机制呈现"武器化"(weaponization)的趋势之下,国际机构事实上就更难以担负起全球安全治理的协调责任,反而会沦为大国政治博弈的阵地。④ 在不同机制之间重叠、抵牾、失调的背景下,原有治理机制作用逐渐弱化且可信度下降,新兴治理机制功能存在

---

① Jared Cohen & Richard Fontaine, The Case for Microlateralism: With U. S. Support, Small States Can Ably Lead Global Efforts, https://www. foreignaffairs. com/articles/world/2021-04-29/case-microlateralism, visited on 2021-05-30.
② Doug Stokes & Martin Williamson, The United States, China and the WTO after Coronavirus, 14 *The Chinese Journal of International Politics* 23 (2021).
③ 参见郑宇:《21世纪多边主义的危机与转型》,载《世界经济与政治》2020年第8期。
④ 参见汪卫华:《疫情之下国家治理与全球治理的再审视》,载《国际政治研究》2020年第3期。

冗余且尚未得到危机检验,新旧治理机制之间也极易出现"恶性竞争"。在此背景下,议题竞争将导致制度建构的沉没成本和边际成本不断扩大。也就是说,这一系列因素所带来的效率低下、规则模糊、议程竞争等因素将对全球安全治理的有效开展造成扰动。例如,新冠病毒感染疫情就凸显了全球安全治理机制碎片化以及不同机制之间的互斥性竞争。因此,在后疫情时代,权力因素所嵌入的国家间竞争仍将继续推动全球安全治理机制碎片化的趋势,而全球安全治理机制的碎片化作为国家间竞争乃至冲突的表现,也将进一步制约国际社会在多边领域合作的空间。①

四、全球安全治理共识的弱化将加速"价值基石"的瓦解

国家行为体的价值理念是决定其利益偏好的重要因素之一,而各方对共同利益的认知则是建立和维持国际合作的重要前提之一。无论是对于全球性问题的认知,还是围绕全球安全治理目标及其实现方案的选择,全球安全治理的参与者往往都是基于共同的价值理念,就具体事项达成初步共识后,再对如何决策与执行作出选择。各个国家对全球性公共问题认知的绝对利己思维会大大削弱国际合作的基础,而文化、意识形态层面的偏见更是将国家间的矛盾加以放大。此外,全球安全治理体系有效性的不足也会扩大其所承载的基础价值观念的分歧。尤其是,随着大国在各个领域内的战略竞争的加剧,国家之间的战略互信本就面临着严重的缺失。实际上,不同国家对于全球安全治理的认

---

① 参见赵可金:《疫情冲击下的全球治理困境及其根源》,载《东北亚论坛》2020年第4期。

知及其参与能力的迥异本身就使得国际社会难以达成协调一致。

就新冠病毒感染疫情而言,这一突发性的全球危机本是最为纯粹的全球安全治理问题,但国际社会并未出现大多数人所预期的那种合作。面对新冠病毒感染疫情的冲击,美国特朗普政府的优先政策也演变成了孤立主义。与此不同的是,中国在对内严格管控的情况下,积极加强与俄罗斯、巴基斯坦、日本等周边国家的合作。显然,政治文化和意识形态的偏见是导致这一现象出现的重要原因。在疫情暴发初期,西方国家政府基于所谓的"制度优势",不认为疫情会对自身造成过大的影响,并将"制度落后"视为中国遭受疫情冲击的主要原因。但是,当疫情在西方世界出现大规模蔓延时,西方国家政府现实的糟糕应对与其所主张的"制度优势"形成了鲜明的对比。为了尽量消解预期落差以及推卸抗疫失职的政治责任,部分西方国家政府从侧重鼓吹自身的"制度优势"开始转向对中国进行大量的无端指责,即使是中国正常的对外援助活动也被贴上了"扩大影响力"的政治标签。新冠病毒感染疫情凸显了价值分歧与国际共识缺失对于全球安全治理所形成的阻碍。① 疫情激化了国际社会在价值理念层面的固有差异和冲突,尤其是当这种文化冲突与权力竞争相叠加时,国际社会所存在的结构性矛盾在骤然间就会变得异常激烈。而西方国家政府对中国的污名化行为和政治化攻击本质上是以"西方中心主义"和文明失落心态来看待异质文明,用二元对立思维和权力政治思维来解决权力转移难题。② 在后疫情时代,国际社会不确定性的增加还将强化国家的实用主义倾向,不少国家特别是西方发达国家转向对实在利益的追求,同时推卸道义

---

① 参见王正毅:《物质利益与价值观念:全球疫情下的国际冲突与合作》,载《国际政治研究》2020年第3期。
② 参见郭树勇:《大危机下的国际合作与外交转向:国际政治社会学的视角》,载《当代世界与社会主义》2020年第3期。

责任，其结果是，国家间的相互信任基础进一步遭到弱化。

因此，无论是由于权力政治思维的强化，还是对本国利益的优先追求，抑或是内部压力的外部转移，国家间的分歧和对抗极有可能随着全球性文明价值共同承诺的缺失而不断扩散，全球安全治理的制度规范及其价值理念则会因此而遭受深刻的冲击。① 尤其是，因特定利益所引发的保护主义意识和付诸实施的排外手段极有可能以"国家安全"或者"民族利益"为由，且假借多边主义之名再度大行其道。鉴于基础性价值的削弱同低效或者无效的治理结果之间存在正反馈循环，国际社会参与集体行动的离心力因而会进一步增强，制约各国参与全球安全治理合作的意愿。②

第四节　推进全球安全治理的路径

作为解决全球安全问题的全球安全治理体制，面对后疫情时代对全球安全提出的新挑战，如何有效推进全球安全治理的有效实施成为首要任务。笔者认为可以利用大国协调机制推进全球合作的建立，辅以非政府组织在全球安全治理中的弥补作用，同时完善法律框架，让国际法充分发挥监督作用，并在新治理理念下推动战略伙伴关系的建立。

---

① Stephen M. Walt, The Election is Over, The Ideological Fight is about to Start, https://foreignpolicy.com/2020/11/07/the-election-is-over-the-ideological-fight-is-about-to-start/, visited on 2021-05-30.

② Arjen Boin, The Transboundary Crisis: Why We Are Unprepared and the Road Ahead, 27 *Journal of Contingencies and Crisis Management* 94 (2018).

一、利用大国协调加强全球安全治理合作

全球安全治理的有效实现与大国协调机制的实践有着密切的关系。在全球安全治理中,大国协调是排他性的大国主导的有意识的安全合作,强调大国的自我克制。① 这种大国合作一般体现为全球性大国安全合作和区域性大国安全合作。在全球性大国安全合作中,联合国是大国协调最具代表性的合作组织。在面对国际冲突与风险时,联合国安理会维护国际安全作用的发挥,体现的就是大国协调机制,即安理会五个常任理事国在国际安全等事务领域的合作与协调。② 另一方面,在区域性大国安全合作中,区域合作组织也展现了独特优势。如北约、欧洲安全与合作组织(欧安组织)和东盟区域论坛(ARF),是明确的安全合作组织。③ 另外还有一些区域组织,如非盟、美洲国家组织、G7、G20 等也涉及安全议题。还有许多区域合作组织主要是经济性的,没有明确或直接的安全作用,但即使这样,这些机构也往往通过鼓励其成员之间的一体化发展而促进国家间稳定、避免冲突以及建立国家间的集体生存能力,这些都是区域性大国安全合作的重要表现。所以,大国协调机制作为一种治理途径,一方面可以将古老大国约束在国际规则范围内,另一方面也可以使新兴国家融入全球安全治理中。赫德利

---

① 参见王磊、郑先武:《大国协调与跨区域安全治理》,载《国际安全研究》2014 年第 1 期。

② 参见肖欢容、张沙沙:《全球安全治理的缘起及挑战》,载《江西社会科学》2018 年第 11 期。

③ Alyson J. K. Bailes & Andrew Cottey, Regional Security Cooperation in the Early 21st Century, https://www.sipri.org/sites/default/files/YB06ch04.pdf, visited on 2021-05-30.

•布尔(Hedley Bull)提出:"大国是客观存在着的,不可能因为人们的主观意愿而消失。整个世界政治体系到底处于和平、安全状态,还是战争、不安全状态,这主要是由这些大国内部的统治集团所决定的。只要大国继续处于这么一种地位,那么大国之间的和谐关系总是比大国之间的纷争更有助于世界秩序的维持。"[1]因此,我们认为大国协调机制能够促进国家间的协调与合作,避免国际冲突和矛盾,加强国际社会应对全球安全问题威胁的能力,维持世界和平与稳定局面,推进全球安全治理体系的发展。

二、发挥非政府组织在全球安全治理中的中坚作用

当代安全威胁的复杂性和跨国性使得主权国家不得不与其他行动者合作,以便有效地维护本国国家和公民的安全。这里的其他行动者既包括其他主权国家,也包括国际组织、非政府组织和私营公司。目前,由于新的安全威胁主要针对个人而不是国家,许多政府认识到,以国家主权为基础的系统在打击跨国扩散犯罪、恐怖主义活动或艾滋病毒传播时可能相当低效。[2] 而在全球运作的非政府组织却可以提供一定程度的安全保护。例如,非政府组织已经成为冷战后在前南斯拉夫、索马里和伊拉克等地区维护人类安全的关键行动者。非政府组织是一种多边协会,既包括国际红十字会等国际组织,也包括美国难民委员会等地区或国家的区域性组织。在国家安全实践中,非政府组织不仅提供人道主义援助,同时也以冲突和解的方式来解决国家安全问题,如在

---

[1] 〔英〕赫德利·布尔:《无政府社会:世界政治秩序研究》(第二版),张小明译,世界知识出版社2003年版,第241页。

[2] Elke Krahmann, *From State to Non-State Actors: The Emergence of Security Governance*, Palgrave Macmillan, 2005, pp. 3-19.

军备控制、艾滋病毒传播、气候变化、网络安全等领域游说政府和国际组织,直接或间接地为国家安全做出贡献。在全球安全方面,安全概念的扩大促进了诸如难民、环境、卫生、生态等新问题的产生,而非政府组织在长期的安全救助中积累了相当多的经验,还具备更全面的安全政策。并且,非政府组织凭借其结构特征与文化特征带来的资源优势,有效地弥补了主权国家和政府间国际组织在全球安全治理能力上的缺陷。① 因此,在全球安全治理变革的过程中,非政府组织的力量不容小觑,应充分发挥非政府组织在全球安全治理中的作用,助推全球安全治理机制的完善。

三、完善国际法为全球安全治理奠基

近几十年来,国际社会的性质发生了巨大的变化,随着国际格局日益复杂,法律的国际化也变得更加必要。而国际法可被视为一系列务实的规范、原则和规则,为各国政府、国际组织和其他多边协会提供司法框架,以便维护主权国家在国际社会中获得安全和机会的权利和利益。虽然当前的国际法尚不完善,但不可否认的是,它已迅速发展成了一个可信的世界规则体系。② 一方面,国际法为个人实现基本价值和自由以及保护国内安全提供了核准的保证。国际法有许多分支,如国家责任法、国际人道主义法、人权法等。其中,国际人道主义法在禁止和限制新的或现有的武器方面持续发挥作用,它不仅加强了对平民的保护,规定了战争期间的行为限度,并且限制了主权国家的军备力量。

---

① 参见陈璨蕴:《NGO 在全球安全治理中为何受到阻碍——制度与观念的互动视角》,外交学院 2006 年硕士学位论文,第 39 页。
② Denise Garcia, Future Arms, Technologies, and International Law: Preventive Security Governance, 1 *European Journal of International Security* 94 (2006).

另一方面,国际法在国际舆论中也发挥着重要作用。如果一个国家违反了国际法,那么法律义务就会引发该国对其声誉成本的担忧。① 而这种声誉的影响会对行为者产生无形的压力,迫使行为者遵守规则。例如,2003年美国绕开联合国对伊拉克发动战争,但它仍要假借反恐的名义进行战争,就是为了寻找一个合法的借口以保护美国在国际社会的声誉。因此,尽管主权国家之间处于无政府状态,但国际法在国际社会中仍有一定地位。它不仅直接地干预国家之间的武装力量以维护国际安全,同时也发挥着国际舆论监督的作用,迫使国家履行法律义务。但是,现行国际法在全球政治框架中还有很多不明确的地方,一些部分缺乏精确性,可能会影响国际秩序和安全。所以,在全球安全治理中,应以规范性为基础,建立一个明确的法律框架来限制国家在国际关系中的行为自由,并使国际法成为可以让主权国家对国际安全层面的行为负责的法律基础。

四、建立战略伙伴关系突破传统安全治理困境

战略伙伴关系是中国引入安全治理的新做法,建立战略伙伴关系一直是中国区域安全战略的核心。但这种做法也被其他地区的行动者所采用,包括日本、印度和澳大利亚等国家。这些伙伴关系已经超越了传统的安全协议,包括政治对话、贸易和投资协议、第二轨道机制、公共外交倡议、文化和教育交流,并试图阐明共同的公共政策立场或执行它们的进程。②但是,战略伙伴关系不同于联盟,一方面其并不约束各国

---

① Daniel W. Drezner, The Power and Peril of International Regime Complexity, 1 *Perspectives on Politics* 65 (2009).

② H. D. P. Envall & Ian Hall, Asian Strategic Partnerships: New Practices and Regional Security Governance, 8 *Asian Politics & Policy* 87 (2016).

进行军事合作或使用武力来保卫盟友,也不是为了应对共同威胁而形成的合作关系。另一方面,其并不明确显示出对政策协调的共同目的,也不对特定的系统原则或特定的秩序建设项目作出确定的承诺。这些战略伙伴关系仅仅是为了进一步促进特定领域的共同利益而建立相关协调机制,在出现利益冲突和分歧的政策议程时管理实际和潜在的冲突。[①] 如中国与印度建立的战略伙伴关系,印度希望得到中国的一些投资和技术,以升级其基础设施和制造业基础;而中国看到了一个潜在的利润丰厚的资本、商品和服务目的地,这样的共同利益是维持中印战略伙伴关系的重要支撑。因此,战略伙伴关系是对全球范畴内行为体关系的一种再定位,认为包括国家在内的国际行为体之间不应当是敌对关系,也不完全是仅仅为利益展开合作或是竞争的利益攸关方。[②] 目前,战略伙伴关系的迅速扩散及其规定范围的迅速扩大,正在补充建立和维持区域安全的现有联盟和体制安排。尽管各区域安全环境有着很大的差异,但这种新型区域安全治理理念也为全球安全治理提供了一种新的思考。

在全球化背景下,国家安全被视为一个开放、有活力的社会体系,是国际安全和全球治理体系的组成部分。国际社会中出现的一系列新的变化表明:世界现有的力量和利益平衡已经被打破,在全球层面上已经形成了越来越复杂的全球性挑战和威胁。传统问题与非传统问题对全球安全的交互作用在后疫情时代背景下更加凸显,这无疑为全球安全治理提出了更多的治理困境。因此,基于全球安全治理的整体性、全球性等特点,需要整个国际社会共同努力来应对全球安全治理中的各种挑战。

---

① H. D. P. Envall & Ian Hall, Asian Strategic Partnerships: New Practices and Regional Security Governance, 8 *Asian Politics & Policy* 87 (2016).
② 参见秦亚青:《全球治理失灵与秩序理念的重建》,载《世界经济与政治》2013年第4期。

第一章
全球网络安全治理:治理边界与中国倡议

网络空间虽然只有几十年的发展历史,然而,它在全球范围内快速扩散,有力地颠覆了传统治理领域的观念和现实。由网络空间衍生出来的各种问题和难题,正与现实空间发生相互作用和影响,给国家安全和全球治理带来深远的挑战。面对这些问题和挑战,国际社会应该在相互尊重、相互信任的基础上,加强对话合作,推动互联网全球治理体系变革,共同构建和平、安全、开放、合作的网络空间,建立多边、民主、透明的全球互联网治理体系。[①]

第一节 问题的缘起:全球网络安全问题的出现及其表现

一、网络安全的概念

科幻作家威廉·吉布森(William Gibson)在其 1984 年的小说《神

[①] 《习近平谈治国理政》(第二卷),外文出版社 2017 年版,第 532 页。

经漫游者》中创造了"网络空间"一词,用以指代"双方同意的幻觉"。①对于这些艺术家来说,他们口中的网络空间与今天通常意义上的网络空间概念是完全不同的。从20世纪90年代初开始,"网络空间"一词成为互联网和因互联网而创造的虚拟世界的事实上的同义词。正如一些学者指出的那样,在这个网络空间的扩展定义中,虽然网络空间包括信息技术基础设施的各个方面,而不仅仅是互联网,但互联网仍然是网络空间概念的核心。②因为,网络空间是计算机网络(及其背后的用户)的世界,信息在其中存储、交换和披露。③ 从更深层次的角度来说,网络空间又被概念化为三层互连的网络:社会、信息和地理空间(物理),这些代表了网络空间中间接的人为因素。人们既是网络空间的一部分,也是网络空间的积极组成部分。

至于"安全"的概念,同样可以从三个不同的层面进行概念化和分析,即个人、国家和国际。质言之,安全是一个民族国家试图消除或管理影响其生存的威胁。因此,该概念主要适用于军事和政治,适用于存在性的威胁。然而,当今的安全概念已经扩展到包括经济、环境和社会性质的威胁,即使这些威胁不具有威胁生存的性质,譬如当前频繁出现的网络安全。其实,安全是一种动态过程或状态,其目标是使人和物不受伤害。安全还是一种特定的技术状态,即"满足一定指标要求的物态,也就是过去信息安全界关注的重点"④。

---

① Milton Mueller, Is Cybersecurity Eating Internet Governance? Causes and Consequences of Alternative Framings, 19 *Digital Policy*, *Regulation and Governance* 415 (2017).

② Ibid.

③ Hamid Jahankhani, Arshad Jamal & Shaun Lawson eds., *Cybersecurity*, *Privacy and Freedom Protection in the Connected World*, Springer, 2021, pp.253-267.

④ 参见杨义先、钮心忻:《安全通论——刷新网络空间安全观》,电子工业出版社2018年版,第3页。

有学者指出,网络空间是建立在互联网基础架构和信息内容之上、物理世界、社会、人与网络互动中不断演进的新空间。① 这个新空间与民众的日常经济社会生活息息相关,其面临的威胁,即网络空间安全问题也日益受到社会各界的重视。劳拉·德纳迪斯（Laura DeNardis）在《互联网治理的全球战争》一书中将网络安全问题定义为互联网治理中最重要的领域之一,涉及个人身份验证、关键基础设施保护、网络恐怖主义、蠕虫、病毒、垃圾邮件、间谍活动、拒绝服务攻击、身份盗窃和数据拦截和修改等问题。② 相关学者认为网络安全是旨在保护组织资产免遭未经授权访问或授权滥用的技术、流程和实践的集合。未经授权的人员可以被归类为黑客、民族国家活动家和脚本小子,而滥用其分配权限的授权人员被称为恶意内部人员。③ 国内学者方滨兴主张,网络空间安全涉及网络空间电磁设备、信息通信系统、运行数据和系统应用等方面存在的安全问题……以及它所承载的数据来自防范和应对因使用或滥用信息通信技术系统而导致的政治安全、国防安全、经济安全、文化安全、社会安全等方面的风险。④ 基于以上的分析,笔者认为网络空间本质上是由世界各地的网络信息系统基础设施创造的独特领域,在此领域中,安全是一个免受伤害和威胁的动态过程或状态。

---

① 参见鲁传颖:《网络空间全球治理与多利益攸关方的理论与实践探索》,华东师范大学 2016 年博士学位论文,第 38 页。
② Laura DeNardis, *The Global War for Internet Governance*, Yale University Press, 2014, p. 88.
③ Gurdip Kaur, Ziba Habibi Lashkari & Arash Habibi Lashkari, *Understanding Cybersecurity Management in FinTech Challenges, Strategies, and Trends*, Springer, 2021, pp. 17-34.
④ 参见方滨兴:《保障国家网络空间安全》,载《信息安全与通信保密》2001 年第 6 期。

二、各国深度介入网络空间的缘由

1. 信息资源是吸引各方参与的根本性因素

信息资源是一种有别于土地、河流、森林和矿产等有形资源的可再生资源,它能够在网络空间源源不断地生产,并在互联网分享和传播扩散而创造新的价值。随着人类社会进入第四次科技革命,信息的重要性以及处理海量信息带来的知识和力量不言自明。对于那些有能力和知识来存储、处理和分析信息资源的主体来说,这个新时代将赋予其更广泛的潜力。互联网和数字技术极大地增强了信息在现代社会中的作用,因为信息不仅是网络的命脉,还产生了知识,这将不可避免地导致赋权。正如福柯所说,"没有知识就不可能行使权力,知识也不可能不产生权力"[1]。

在网络空间中,权力的构成要素也在发生变化,信息成为权力的主要来源和资源。尽管互联网最初是建立在信息开放透明和自由交换的基础上,但这些原则逐渐受到挑战,公司、政府机构甚至国际组织都试图利用信息技术的赋权潜力。网络、信息和新兴技术的出现也不可避免地挑战了权力和治理关系的传统观念,从而对全球化背景下的政治经济秩序提出了新的挑战。政府通过广泛的立法或间接的政策措施来管理网络空间,将国家治理的触手延伸到虚拟领域。

---

[1] See Michel Foucault, *Power/Knowledge: Selected Interviews and Other Writings, 1972-1977*, Vintage, 1980.

2. 网络空间的军事战略价值愈加受到重视

互联网最初是美国的一个军事项目,用于在发生核攻击时促进通信的分散化,到了20世纪90年代中期才开始面向社会公众推出。互联网在被商业和政府采用之前,其使用范围仅限于研究和讨论。从某种程度来说,互联网的技术演进有赖于万维网技术的普及,以及将其治理的重要部分委托给非国家行为者。后来互联网才渗透到社会生活的方方面面。实际上,大多数现有的规范倡议——包括联合国 GGE、塔林手册和数字日内瓦公约,都依赖于战争的概念框架。①

网络空间和信息技术的发展使战争变得越来越自动化。信息技术为智能化决策和可视化部队的出现创造条件,因为部署了无人机和监控设备,整个战场变得"清晰可见"。随着可观察数据变得更加精细和算法的持续改进,智能系统将能够支持指挥官决策。此外,网络在间谍和军事战略领域也大放异彩。网络间谍逐渐成为当今间谍活动的主流形式之一,由于网络间谍具有隐蔽性好、效率高、破坏力大、打击防范难等特点,其存在使国家网络安全甚至国家主权都面临着新的挑战和威胁。在军事战略领域,2011年美国国防部发布首份《网络空间行动战略》,正式把网络空间列为与陆海空太空并列的美军"行动领域"。《2019年国防授权法案》对网络空间军事力量建设还给予倾斜,优先考虑美国网络司令部、网络任务部队和网络作战工具与能力的准备情况。在过去的几年里,世界范围内越来越多的国家开始承认网络空间是下一个军事领域,而如何通过军备控制措施来规范这一领域的发展,以及

---

① Julia Slupska, War, Health and Ecosystem: Generative Metaphors in Cybersecurity Governance, 34 *Philosophy & Technology* 463 (2021).

军备控制是否适用于该领域的问题尚未得到解答。另一方面,国际社会正在努力就具有约束力的国家行为规范以及国际法的既定规则如何适用于这一新领域达成一致。①

3. 网络空间已然成为一种特定的治理领域

在传统国家治理过程中,边界在地理和领土上定义民族国家方面发挥着重要作用。有形的边界,如港口或过境点,是一个国家控制人员、货物和服务等进出的通道。因此,边界定义了国家间的联系和互动的治理范围。随着以互联网为主体的网络空间成为人类生活新空间,国家治理面临着前所未有的压力与挑战。作为现实社会的重要组成部分,网络空间治理是国家治理的重要领域。② 然而,网络空间作为一种虚拟空间,具有虚拟性和流动性,使得边界和范围在网络治理过程中不再有实质意义。

可以说,网络空间的治理边界不再是地理意义上的边界。因此,国家治理主体必须研究各种网络链接和机构,以了解网络空间属性和信息资源交换互动的情况,从而更好地维护国家和民众利益。进而言之,国家和国家间组织应制定与其他国家网络空间连接的要求和条件,包括技术标准、信息交换和国际网络规范,以实现持续的技术和服务网络。当然,网络空间的国家治理是具有不同目标和观念的多个利益相关者之间相互作用的结果。网络治理不仅涉及合作,还涉及竞争和冲突管理。如有关数据跨境流动的法律规制问题已经成为中美之间监管

---

① The Alleged Demise of the UN GGE: An Autopsy and Eulogy, https://cpi.ee/wp-content/uploads/2017/12/2017-Tikk-Kerttunen-Demise-of-the-UN-GGE-2017-12-17-ET.pdf, visited on 2021-05-10.

② 参见杨怀中、朱文华:《网络空间治理及其伦理秩序建构》,载《自然辩证法研究》2018年第2期。

的焦点问题。2020年8月6日,特朗普政府以可能损害美国国家安全为由禁止了TikTok和Wechat两款产品在美国的使用。这实际反映了数据跨境自由流动与保护国家安全之间的紧张冲突。①

三、治理与网络安全治理

1. 治理的内涵

1989年,世界银行在一篇题为《撒哈拉以南非洲:从危机到可持续增长》的报告中提出了"治理危机"概念,②用于解释发展中国家可持续发展的动力问题,其初衷是关注发展中国家的治理能力问题。继而,"治理"成为过去几十年中公共管理领域使用频率最高的概念之一,被界定为社会认同和价值观念产生的政治过程。根据世界银行的说法,治理是行使政治权力来管理国家事务。因此,"治理"是利益相关者相互互动以影响政策结果的方式。在此过程中,治理包括决定如何行使权力、如何给予公民发言权以及如何就相关问题作出决定的传统、制度和流程。

伴随着实践的发展,治理概念被越来越多的学者用以指代20世纪后期发生的范式转变。③ 这种转变涉及从"管理"到"治理"的转变,它描述了范式的演变以及不同治理主体之间的关系,涉及政府、民间社会组织和市场。这种新的"秩序"被标记为"治理"或"良好治理"。这意味着,"治理"被描述为通过与"公民社会"的其他主体的伙伴关系以更

---

① 马其家、李晓楠:《论我国数据跨境流动监管规则的构建》,载《法治研究》2021年第1期。

② 俞可平主编:《治理与善治》,社会科学文献出版社2000年版,第1页。

③ R. A. W. Rhodes, The New Governance: Governing without Government, 44 *Political Studies* 652 (1996).

好的方式满足公民的福利需求,以克服由于政府结构、法律问题或行政程序。① 罗西瑙(James N. Rosenau)将治理广义地定义为"人类活动各个层面的规则体系——从家庭到国际组织——其中通过行使控制来追求目标具有跨国影响"②。这种理解非常广泛,"治理"一词也因此用于表示国家内部和国际上的政策挑战和改革。

2. 网络安全治理

如前所述,网络治理研究受到治理理念的演变影响,而前者又与新兴技术的演进相关。网络空间一直处于不断的演进之中,大数据、云计算、物联网等新技术还在不断扩展网络空间的外延,信息通信技术的不断突破加速了传统人类社会的解构与重建。③ 并且,自网络空间成为特定的治理领域以来,网络安全作为一个研究主题、政策目标和实践领域,已经远远领先于大多数其他与网络治理相关的政策领域。数据泄露、黑客攻击、网络诈骗、区块链加密和安全问题占据了网络治理的主导地位,并已成为世界各国优先立法和监管的议程。所以有学者称,网络空间是全球治理和规则制定的新兴领域。④

当前,网络安全治理已成为网络治理的重中之重。网络安全治理也不限于网络空间的单一领域。相反,网络安全治理还牵涉到治理原则、规范、规则和程序。换句话说,越来越多的针对特定网络安全问题的制度和机制出现,为应对现代社会面临的各种风险提供治理框架。

---

① Arie Halachmi, Governance and Risk Management: Challenges and Public Productivity, 18 *International Journal of Public Sector Management* 300 (2005).
② James N. Rosenau, Governance in the Twenty-First Century, 1 *Global Governance* 13 (1996).
③ 参见阙天舒、李虹:《网络空间命运共同体:构建全球网络治理新秩序的中国方案》,载《当代世界与社会主义》2019 年第 3 期。
④ 参见黄志雄主编:《网络空间国际规则新动向:〈塔林手册 2.0 版〉研究文集》,社会科学文献出版社 2019 年版,第 1 页。

例如,2021年8月17日,国务院发布《关键信息基础设施安全保护条例》,对关键信息基础设施安全保护的适用范围、监管主体、评估对象等基础要素作出界定,并为安全保护工作开展提供系统指引和工作遵循。①

第二节 全球网络安全问题的国际治理进展及其领域

互联网发展引发了从区域到国际层面的一系列经济、社会和政治关系的调整,网络安全已成为影响国家互动方式的主要问题之一。当前,不同治理主体都一直在大力推动建立全球网络治理机构和制度,从而承担新的安全治理责任并相应地重塑相关议程。

一、全球网络安全治理的发展

1. 主权国家与网络治理空间的扩大

可以说,在当今世界没有网络安全就没有国家安全,维护网络安全的能力和水平已经成为衡量一国综合国力的显著标志之一。此外,网络用户之多、应用之广、覆盖面之大,使得网络安全对国家安全牵一发而动全身。② 网络安全旨在保护个人和组织以及主权国家免受攻击者

---

① 《又一网络安全法规出炉 关键信息基础设施进入强监管时代》,https://www.sohu.com/a/484277909_114986, visited on 2022-05-20.

② 参见阚天舒、莫非:《总体国家安全观下的网络生态治理——整体演化、联动谱系与推进路径》,载《当代世界与社会主义》2021年第1期。

的恶意行为的侵害,它涵盖了网络空间的关键数据、基础设施、资产和声誉等有形和无形的资源。以网络攻击为例,攻击者的目标就是金融、医疗卫生、交通、体育、贸易等所有为国家经济社会做出贡献的关键部门。这些重要领域一旦受到网络攻击,后果不堪设想。因而,主权国家往往通过一系列国家行动来创建、改革或扩大网络治理空间来维护安全。诚如福柯所言,在现代社会中,"我们需要看待事物,而不是从纪律社会取代主权社会以及随后由政府社会取代纪律社会的观点;实际上有一个三角形,即主权—纪律—政府,它的主要目标是人民,其基本机制是安全机构"[1]。

从维护网络主权和国家安全的角度来说,近年来诸多主权国家都在通过制定一系列法规制度对网络进行治理,积极履行国家职能。因而,网络治理机构被赋予了一些新的安全功能属性,进而扩大了国家在互联网中的影响和治理空间。进入21世纪后,美国、中国、俄罗斯、英国和法国等国家纷纷设立网络治理机构,出台网络安全的国家战略,不断调整网络安全治理政策和体制,积极开展网络安全领域的治理行动以实现整体国家安全。另一方面,国家还可能通过参与改变或改革现有国际组织来影响网络治理空间的规模,从而改变它们承担的一揽子职能。同时,国家也可以通过发起国际倡议或规范来影响网络治理空间的行为。2018年法国总统马克龙在联合国互联网治理论坛(IGF)上宣布巴黎倡议网络空间合作措施。这些合作措施包括:采取措施防止意在造成损害的恶意信息通信工具及实践的扩散;采取措施预防包括私营部门在内的非国家行为体为其自身或其他非国家行为体的目的发

---

[1] Graham Burchell, Colin Gordon & Peter Miller, *The Foucault Effect Studies in Governmentality*, *with Two Lectures by and an Interview with Michel Foucault*, University of Chicago Press, 1991, p.102.

动黑客攻击,促进网络空间负责任国际行为规范和建立信任措施的广泛接受和实施等。①

2. 国际组织和网络治理空间的扩展

在国际层面,越来越多的全球和区域组织积极参与网络空间的安全和治理。联合国作为一个全球性的权威组织,正尝试将网络安全在内的新问题和新领域列入其议程。联合国 2000 年成立了联合国信息安全政府专家组机制(UNGGE),它包括网络安全领域的主要国家参与者,致力于提出适用于网络空间的行为规则。还发布了关于国际行为准则的建议,通过这些报告识别和解释了网络威胁,制定了网络空间治理和责任的基本规则,并提出了构建国际合作机制的措施。作为制定网络空间国际规范的重要平台,UNGGE 曾分别于 2013 年和 2015 年达成共识,确认国际法特别是《联合国宪章》适用于网络空间。②

互联网扩张带来的治理挑战,也催生了新兴的跨国机构,如互联网名称与数字地址分配机构(ICANN)和互联网治理论坛等。③并且,许多国际组织尝试采取不同的举措和形式来解决网络安全问题。国际电联全球网络安全议程(GCA)于 2007 年启动,作为促进网络安全和增强信息社会信心和安全的国际合作框架,其涉及网络安全的许多方面:法律措施、技术和程序措施、组织结构、能力建设和国际合作。2017 年成立的全球网络空间稳定委员会(GCSC)则主张国家和非国家行为者既不应故意、也不应默许损害互联网公共核心的普遍可用性或完整性,

---

① 黄志雄、潘泽玲:《〈网络空间信任与安全巴黎倡议〉评析》,载《中国信息安全》2019 年第 2 期。
② 参见徐龙第:《网络空间国际规范:效用、类型与前景》,载《中国信息安全》2018 年第 2 期。
③ 周长青:《8 个维度塑造网络强国》,载《信息安全研究》2021 年第 9 期。

从而损害网络空间的稳定的行为等。① 在过去几年中,北约和欧盟加强了在网络方面的治理和合作。2019 年 12 月 17 日,北约和欧盟的高级官员在布鲁塞尔的联盟总部会面,他们讨论了预防、阻止和应对恶意网络活动的方法。②

二、全球网络安全治理的主要领域

1. 网络空间中的主权博弈

1648 年欧洲各国经过三十年战争后缔结了《威斯特伐利亚和约》,第一次以条约形式确认了国家的主权权利。《威斯特伐利亚和约》通过对主权的确认,以及它所保障的主权国家的平等、和平解决争端等原则,开创了在人类历史上未曾有过的一种新的国家间关系的体系。③ 随着信息技术的蓬勃发展和网络空间向全球的拓展,国家治理的各种活动和利益诉求已渗入网络空间领域,传统的主权概念被注入新的内涵,网络空间中国家主权已成为各国博弈的焦点。

网络空间主权问题引出了两种对立的观点:支持"主权作为一种规则"和支持"以主权为原则"。双方同时假定国际法适用于网络空间——领土主权存在于网络空间中,如同在经典领域中一样。④ "主权

---

① 参见徐培喜:《全球网络空间稳定委员会:一个国际平台的成立和一条国际规则的萌芽》,载《信息安全与通信保密》2018 年第 2 期。
② NATO, European Union Experts Review Cyber Defence Cooperation, https://www.nato.int/cps/en/natohq/news_172157.htm?selectedLocale=en, visited on 2021-05-15.
③ 参见唐士其:《主权原则的确立及其在当代世界的意义》,载《国际政治研究》2002 第 2 期。
④ Harriet Moynihan, The Application of International Law to State Cyberattacks: Sovereignty and Non-Intervention, https://www.chathamhouse.org/2019/12/application-international-al-law-state-cyberattacks/2-application-sovereignty-cyberspace, visited on 2020-05-20.

作为一种规则"观点的支持者在很大程度上依赖于现行国际法,主张将它直接应用到网络空间。① 因此,为了从一般原则建立法律规则,他们声称存在一种国际习惯,该习惯的存在得到了国际判例的认可。另一种观点的支持者支持"以主权为原则"的做法,认为即使主权是每个国家在其行为中都必须考虑的重要原则,但它本身并不会导致国际义务。② 这种方法并不注重前者提议的习惯国际法,相反,它强调其应用的细节。当然,关于主权理论在网络空间的认知争论从未得到解决。

2. 网络领域的国家安全

随着互联网成为新时期的全球核心基础设施,网络安全与网络空间国家安全逐渐成为全球性议题。③确保网络空间的安全,是全球化时代维护国家安全的重要因素。这对于维护一个国家的经济稳定和国家安全具有重要作用。④ 杰维斯(Robert Jervis)在其对国际关系中的安全困境的经典博弈论中分析指出,当国家难以预测对手之间的进攻和防御姿态时,冲突中的优势在于进攻而不是防守。在这种情况下,各国由于无法从行动中明确判断他国意图,因此存在内在的互不信任,都有先发制人的冲动。国家网络安全形势的特点就是:很难发现对手是采取进攻还是防御态势,优势在于进攻而不是防守。在这种情况下,安全困境便产生了。⑤

---

① Michael N. Schmitt & Liis Vihul, Respect for Sovereignty in Cyberspace, 95 *Texas Law Review* 1639 (2017).

② Gary P. Corn & Robert Taylor, *Concluding Observations on Sovereignty in Cyberspace*, Cambridge University Press, 2017, p.207.

③ 参见王军:《观念政治视野下的网络空间国家安全》,载《世界经济与政治》2013年第3期。

④ Brett Williams, Cyberspace: What is It, Where is It and Who Cares? https://www.armedforcesjournal.com/cyberspace-what-is-it-where-is-it-and-who-cares/, visited on 2020-03-10.

⑤ Robert Jervis, Cooperation under the Security Dilemma, 30 *World Politics* 167 (1978).

网络空间中的不安全因素还可能来源于除主权国家之外的其他行为体。例如,2021年5月7日,美国最大的成品油管道运营商科洛尼尔管道运输公司遭到网络攻击,致使美国交通部下属的联邦汽车运输安全管理局发布"区域紧急状态声明"。① 同年6月,全球最大肉食品加工供应商JBS遭遇黑客袭击事件,导致其美国工厂被迫关停,公司最终向黑客支付了1100万美元赎金。2021年7月27日,美国拜登总统在国家情报局的国家反恐中心发表重要讲话,指出网络威胁正在对现实世界造成损害和破坏,严重的网络攻击最终可能会引发战争。② 这些事件都表明,当前网络空间中的威胁和风险已经渗透到现实世界当中,并且影响到物理空间的经济社会秩序,由此衍生出来的国家安全态势正在发生重大变化。

3. 网络安全和全球监管挑战

网络安全的全球治理模式还没有成功地在各国之间达成共识,因为世界上存在众多具有不同法律和社会结构的国家,难以建立一种符合各国网络空间价值观的新的治理和监管模式。有学者强调了法律制度和执法在有效合法地监管网络空间方面的弱点,认为其不能普遍适用于网络空间中产生的威胁和所面临的挑战。③ 甚至支持将法律作为控制网络行为的主要工具的学者也承认,每当法律受到互联网的全球性和技术新颖性的挑战时,新的参与者和工具,如在线中介和新软件,

---

① 参见赵子鹏、张奇:《解读重大勒索攻击事件下的网络安全态势及应对》,载《中国信息安全》2021年第6期。
② 张涛:《拜登喊话:严重网络攻击将引发现实战争!》,http://k.sina.com.cn/article_7517400647_1c0126e47059018oit.html,2020年12月30日访问。
③ David R. Johnson & David Post, Law and Borders: The Rise of Law in Cyberspace, 48 *Stanford Law Review* 1367 (1996).

都可能在规范网络行为的过程中发挥作用。① 还有学者更明确地认为需要积极引入新的监管参与者和工具,通过使用技术完善网络中的架构控制机制。②

布坎南(Ben Buchanan)在研究中提到网络空间中国家安全监管困境的存在。通过允许民族国家以不进行暴力武装侵略的方式相互攻击或监视,网络环境中的安全困境比在核武器中的生存威胁要小。但是,出于同样的原因,它扩大了国家产生的网络不安全的范围,并使新形式的网络不安全活动更加频繁。③ 事实证明,有必要构建一个全球网络治理的互动模式,鼓励不同主体之间对话、信任和参与。我们也要认识到,治理模式的转变过程需要时间,要能够在文化上改变那些根深蒂固的结构和理念。2020年9月24日,欧盟委员会提交了欧盟数字金融战略,这是一个计划路线图,并附有一系列立法提案。该举措是欧盟委员会"塑造欧洲数字未来"更广泛战略的一部分,旨在采用最新技术(如在线平台)建立法律框架,加强对网络领域和金融服务领域的监管。④

4. 网络中的文化和意识形态安全

习近平总书记在全国宣传思想工作会议上强调"宣传思想阵地,我们不去占领,人家就会去占领"⑤。网络空间的发展还渗透到一个国

---

① Jack L. Goldsmith, Against Cyberanarchy, 65 *The University of Chicago Law Review* 1199 (1998).

② Joel R. Reidenberg, Lex informatica: The Formulation of Information Policy Rules through Technology, 76 *Texas Law Review* 553 (1998).

③ Ben Buchanan, *The Cybersecurity Dilemma: Hacking, Trust and Fear Between Nations*, Oxford University Press, 2017, pp. 107-108.

④ Christian M. Stiefmueller, New Frontiers in Cyberspace-Recent European Initiatives to Regulate Digital Finance, https://link.springer.com/chapter/10.1007/978-3-030-80840-2_3, visited on 2022-03-20.

⑤ 参见习近平:《胸怀大局把握大势着眼大事 努力把宣传思想工作做得更好》,载《人民日报》2013年8月21日第1版。

家的文化和意识形态领域,使得不同领域的问题相互交织,进而形成更加复杂的网络文化安全威胁。

在错综复杂的国际形势中,一些国家会借助互联网的流动性和渗透性推销自己的价值观念和意识形态,更有甚者把网络空间当作推行文化霸权主义的主要渠道,进而影响一个国家的文化发展。有学者明确提到,美国凭借自身的技术、资本、信息和话语等优势,正在互联网空间对中国进行一场前所未有的意识形态战略攻势。这种攻势具体表现为:以核心技术为支撑实施网络渗透;以资本优势为主导进行网络策反;以信息强权为利器开展网络舆论围攻;以话语霸权为载体强化网络宗教传播。[①] 因此,我们要特别警惕这些负面信息、虚假事实等逐渐渗透于民众思想,侵蚀主流意识形态的权威性、主导权和话语权。

第三节 全球网络安全治理的必要性与存在问题

一、全球网络安全治理的必要性

进入信息社会或者网络社会,网络安全越来越成为社会大众最主要的关切之一。更为严峻的是,网络安全俨然成了国际政治的热点问题。[②] 一方面,网络犯罪和网络恐怖主义等日益蔓延,已成为全球治理

[①] 参见刘建华:《美国对华网络意识形态输出的新变化及我们的应对》,载《马克思主义研究》2019 年第 1 期。

[②] 郑永年:《网络世界濒临绝对的不安全》,https://new.qq.com/rain/a/20210827A02U3C00,2021 年 10 月 12 日访问。

领域的重要议题之一。众所周知,互联网是人们进行社会交流的最常见形式之一,其特殊性在于它是一个全球性的网络,将数百万台计算机相互连接起来,没有国界,政府也难以采取有效的跨国治理措施。而互联网的匿名性,又使得识别这些犯罪行为的痕迹变得更加复杂。犯罪学理论认为,如果一项行动被认为是匿名执行的,则会导致有罪不罚的感觉增加,进而引发代理人实际实施犯罪的风险增加。近年来,网络犯罪比例已大幅提高,开始出现新的攻击方式。例如,黑客编写病毒、植入木马程序、远端操控等。世界范围内利用网络作为工具侵害个人隐私信息、侵犯知识产权等的网络违法犯罪时有发生,网络电信诈骗、网络恐怖主义等已成为全球公害。网络犯罪可以说是世界各国的公敌,在网络犯罪面前,没有哪个国家能够置之度外,只有依靠世界各国的共同努力,才能克敌制胜。因为每一个国家都是利益攸关者,每个国家都应承担自己的责任。

另一方面,网络世界中网络安全问题的重要性增加,针对国家关键基础设施的网络攻击威胁日益严重。当今世界,网络已经覆盖到国家的政治、军事、经济乃至社会生活的各个领域,网络关键基础设施成为支撑国家经济运行和社会正常运转的神经系统。一旦这些涉及金融、能源、国防、交通等重点领域的网络信息系统遭受攻击和破坏,将会直接导致政治、经济和社会秩序的混乱,国家也会面临严重的生存危机。除金融部门外,网络攻击在其他行业也很普遍,如医疗保健、教育、中央和地方政府以及交通运输,医疗保健则是其网络攻击的最大目标。据相关统计,2020年以来,27%的关于新冠病毒感染疫情的网络攻击以银行或医疗保健组织为目标。[①] 受新冠病毒感染疫情影响,全球规模的

---

① 《134项统计数据带你了解2021年的网络安全趋势》,https://new.qq.com/omn/20210226/20210226A09CVQ00.html,2021年4月25日访问。

在线办公、在线支付、在线社交等活动变得更加频繁,社会对关键信息基础设施的依赖前所未有。2020年以来,美国和委内瑞拉电网遭破坏、以色列供水部门遭到网络攻击、巴西高级选举法院遭受重大网络攻击、温哥华公交系统遭勒索软件攻击,等等。①

二、全球网络安全治理存在的问题

1. 全球网络安全治理传统秩序和治理框架存在缺陷

联合国在2000年开始研究网络安全治理框架,以建立更加灵活和分阶段的全球网络安全治理结构。采取透明的信任建立措施、创建网络文化、提高各国在该网络安全治理方面的重视程度以及重申对国家主权的尊重。但是,网络安全问题涉及的领域和主体众多,仅仅依靠联合国等相关国际组织或各主权国家,难以充分解决全球网络安全治理问题。此外,市场和社会组织同样在网络安全治理中发挥重要作用,如网络保险作为针对某些网络安全问题的解决方案取得了很好的效果。②

网络安全问题是一个全球治理问题,相关国家和国际组织已经意识到全球网络安全治理层次单一所带来的问题,着力推动多元化的治理机制。例如,各国通过组建国际电信联盟在信息交换治理方面进行合作,负责普及技术标准和法规,以促进可靠、快速和高效的信息交换。

---

① 参见刘阳:《2020年全球信息安全态势综述》,载《保密科学技术》2020年第12期。

② Angelica Marotta, Fabio Martinelli & Stefano Nannia et al., Cyber-insurance survey, 24 Computer Science Review 35 (2017).

但是,长期以来,西方国家凭借技术优势在一些国际组织中占据主导地位,而将诸多发展中国家排除在全球网络安全治理机构的决策层之外,这就导致了传统治理秩序和模式的合法性、代表性和执行性问题。其结果可能就是强化了某些国家对网络空间的控制,从而在更大范围内产生网络霸权问题。可以说,当前全球网络安全治理体系和机制存在的合法性问题,实际上就是现实当中国际关系体系结构不平等、不均衡的客观反映。

2. 发展中国家和发达国家在网络治理问题上存在较大分歧

当前,发展中国家与发达国家在网络主权、网络安全以及网络治理模式等问题上存在较大分歧。网络发达国家凭借技术和资源的优势,主张网络空间属于全球公共领域并适用现有国际法,应由"多利益攸关方"共同治理,排斥主权国家对网络空间的管辖,不认同网络空间国家主权的概念。这一主张遭到了以中国为代表的广大发展中国家的反对,特别是在 2013 年"棱镜门事件"之后,国际社会对网络空间与国家主权之间关系的争论更加激烈。①

在西方发达国家看来,如果把全球网络安全治理等议题交由政府间国际组织解决,互联网治理前景将不明朗,可能导致网络攻击、网络武器威胁等风险的上升,网络犯罪、恐怖主义和主权国家结合的可能性更大。在发展中国家看来,政府间的国际组织具有网络空间安全治理的权威,网络安全与国家安全紧密相关,应以国家为核心来主导网络治理机制。并积极推动建立了由政府组织主导的信息社会世界峰会

---

① 参见左文君:《从全球治理看国际网络空间安全治理的实践难题及法治困境》,载《南都学坛》2019 年第 5 期。

(WSIS)和世界电信发展大会(WTDC)等。另外,在网络安全的认知上,西方发达国家认为网络安全是"机器的安全"。假设只要机器是安全的,依赖于机器的社会功能就会受到保护。相比之下,中国等发展中国家则认为,网络安全不仅是机器的安全,也是国家的安全。除非国家本身在基本定义范围内受到保护,否则信息的传播将威胁到政治系统。进而言之,没有网络安全就没有国家安全。①

3. 网络安全治理对军事等传统安全领域的治理乏力

网络空间通常被称为"第四战场",而联合国、互联网名称与数字地址分配机构和全球互联网治理联盟等其他国际组织对网络领域军事安全问题的治理也缺乏约束力,因而导致网络军事领域出现治理真空状态。网络空间的安全问题涉及的领域较多,其中既有网络生物安全、意识形态安全、金融安全等非传统安全问题,也有政治安全和军事安全等传统安全问题。但是,随着全球网络安全风险日益上升,网络冲突升级、网络武器扩散和不负责任的国家攻击等军事领域安全的问题也十分突出,成为影响全球网络安全治理成效的重要因素。

近年来,网络技术在军事领域的运用日益广泛。网络安全声明越来越多地被运用于外交政策和军事冲突,以及国家享有特权的其他国家形式的监管和控制。劳森(Lawson)在对美国网络安全话语的分析中就表明,虚拟世界广泛使用"战争"类比:一方面,网络战争被视为前所未有的军事威胁;另一方面,类似于冷战的威慑战略,虚拟环境的复杂性在其治理谈判中发挥了超越技术的全球政策层面的作用。② 与此

---

① 习近平:《树立正确的网络安全观》,http://politics.people.com.cn/n1/2016/0420/c1001-28291543.html,2020 年 5 月 20 日访问。
② Sean Lawson, Putting the "War" in Cyberwar: Metaphor, Analogy, and Cybersecurity Discourse in the United States, https://doi.org/10.5210/fm.v17i7.3848, visited on 2020-05-20.

同时,某些国家的军队已制定出网络空间战略来强化其军事能力,有时是用于威慑他国,有时是用于"主动防御"或"黑客攻击"。例如,美国在与 ISIS 恐怖组织的斗争中就使用了网络攻击。[①] 为了在网络空间中建立信任和保证安全,部分国际组织尝试制定明确的网络武器使用规则,并进一步确立相关治理规则以保障网络空间的和平发展。

第四节 推进全球网络安全治理的中国策略

中国在网络空间主权理念指导下,提出构建网络空间命运共同体,推动全球网络安全治理秩序朝着更加公平合理的方向发展,这将有助于推动世界各国在更大程度、更高层面上参与网络空间治理,从而实现创新发展、开放共享和安全秩序。

一、坚持主权原则,构建网络空间命运共同体

习近平总书记在出席第二届世界互联网大会开幕式时强调,"互联网是人类的共同家园,各国应该共同构建网络空间命运共同体,推动网络空间互联互通、共享共治,为开创人类发展更加美好的未来助力"[②]。一方面,中国坚定地维护国家在网络安全治理中的主权,积极

[①] Cyber-Attack Against Ukrainian Critical Infrastructure, https://www.cisa.gov/news-events/ics-alerts/ir-alert-h-16-056-01, visited on 2021-12-20.

[②] 《习近平出席第二届世界互联网大会开幕式并发表主旨演讲》,http://www.xinhuanet.com/world/2015-12/16/c_1117480771.htm,2021 年 5 月 20 日访问。

推动构建网络空间命运共同体。在全球网络治理的新阶段,网络空间领域呈现的问题和治理挑战愈加复杂,国际组织和主权国家在全球网络中扮演的角色和影响力的不对称性和不平等性都在加剧。中国始终坚持互联网"发展与安全"并重、积极维护世界人民的共同精神家园、保护网络空间生态环境。另一方面,中国致力于在网络安全国际对话和规则制定中发挥主动作用。主张"国际网络空间治理,应该坚持多边参与、多方参与,由大家商量着办,发挥政府、国际组织、互联网企业、技术社群、民间机构、公民个人等各个主体作用,不搞单边主义,不搞一方主导或由几方凑在一起说了算"①。进而积极参与国际组织和主权国家间的网络安全治理合作,维护好全球网络安全。

二、出台国家战略,整体谋划网络安全发展

网络空间使国家主权和国家治理的边界延伸到虚拟空间,同时网络空间的各项活动和安全问题又会反映到现实经济社会当中,对国家安全和利益产生不可忽视的影响。因而,我们要从国家战略层面出发,整体谋划部署一国的网络安全问题。2016年出台的《国家网络空间安全战略》,初步体现了中国建设网络强国的后发优势,更加全面、清晰、准确地认识网络空间对国家安全的冲击和挑战,以及内在蕴含的战略机遇,构建较为完整有效的网络空间战略布局,同时对推进全球网络空间治理新秩序的建设做出自己的贡献。② 此外,以《中华人民共和国网络安全法》(以下简称《网络安全法》)为核心的网络空间法治体系也逐

---

① 《习近平谈治国理政》(第二卷),外文出版社2017年版,第536页。
② 参见王珂玮、郑再:《浅析〈国家网络空间安全战略〉》,载《数字通信世界》2019年第2期。

步完善。2021年8月4日,《中国共产党党内法规汇编》由法律出版社公开出版发行,该书正式解密公开《党委(党组)网络安全工作责任制实施办法》(以下简称《实施办法》)。《实施办法》作为网络安全领域的党内法规,它的公开发布将对厘清网络安全责任、落实保障措施、推动网信事业发展产生巨大影响。① 还有学者建议应当将我国网络安全法升级为网络空间安全法,为规制网络安全法中现已涉及的个人信息保护、违法信息监管、数据跨境传输、未成年人网络保护、知识产权保护等内容提供依据。②

三、加快技术研发,动态感知网络安全风险

社会信息化程度日趋成熟,网络基础设施逐步完善,网络已成为人类生活中不可或缺的一部分。随着全球网络安全事件的频繁发生,网络安全研究变得十分紧迫,加快网络安全技术研发和应用也被提上日程。正如习近平总书记所强调的,"当今世界,网络信息技术日新月异,全面融入社会生产生活,深刻改变着全球经济格局、利益格局、安全格局。世界主要国家都把互联网作为经济发展、技术创新的重点,把互联网作为谋求竞争新优势的战略方向"③。欧盟出台系列网络安全战略,重点发展网络防御能力。一方面确保数字经济安全发展,另一方面在网络空间中传播和维护欧盟的价值观念。俄罗斯的网络安全战略

---

① 林星辰:《〈党委(党组)网络安全工作责任制实施办法〉解读》,https://www.secrss.com/articles/33271,2021年12月20日访问。
② 参见寿步、黄冬冬、陈龙主编:《网络空间治理前沿》(第一卷),上海交通大学出版社2020年版,第3页。
③ 习近平:《加快推进网络信息技术自主创新 朝着建设网络强国目标不懈努力》,http://news.cnr.cn/native/gd/20161009/t20161009_523184967.shtml,2021年5月20日访问。

尤其重视信息技术的发展。重点开展打造政府云平台、发展以芯片和操作系统为重点的信息技术等专项工作。① 可以说，网络空间安全治理，离不开科学技术的进步和发展，更离不开关键技术的支撑。因而，还要调动社会各方参与的积极性，切实增强网络安全的预警能力，并加强关键共性技术、前沿引领技术、现代工程技术、颠覆性技术等创新。② 例如，态势感知（SA）被引入网络安全领域，其能够第一时间发现网络中潜在的安全风险，并充分评估这些隐患的影响程度。③ 这些技术创新能够帮助网络安全治理主体掌握当前网络形势，构建网络安全保障技术支撑体系。

四、促进国际合作，构建网络安全治理新秩序

"在威斯特伐利亚之后，网络时代是否可能实现均势？或者换言之，均势的条件是什么，传统均势与网络均势有何不同？权力的平衡不是对权力的庆祝，而是试图限制权力的使用。当代国际体系的最大需要是达成一致的秩序概念。"④网络安全治理的重要性和复杂性决定了在这一问题上开展国际合作的紧迫性和必要性，即加强主权国家和国际或地区组织之间的合作，同时吸纳社会公众、跨国公司等不同层次的主体，共享信息，协调联动一起应对网络威胁。从某种意义上来讲，全

---

① 参见林涛：《国外网络安全战略研究》，载《办公自动化》2018年第8期。
② 参见张忠钰：《网络安全亟须军民融合发展》，载《解放军报》2018年2月2日第10版。
③ Xiaorong Cheng & Su Lang, Research on Network Security Situation Assessment and Prediction, 2012 *Fourth International Conference on Computational and Information Sciences*, 2012, pp. 864-867.
④ Jussi M. Hanhimäki, World Order: Reflections on the Character of Nations and the Course of History, 15 *Cold War History* 255 (2015).

球网络空间是一个深度互联、唇齿相依的利益整体,各国基于网络互联而共荣,当然也会基于网络互联而俱损,在网络空间中并不存在可以独善其身的"例外国家"或"例外主体"。① 因而,全球网络空间稳定性委员会(GCSC)就提出:"在不损害其权利和义务的情况下,国家和非国家行为者不应进行或故意允许故意和实质性损害互联网公共核心的普遍可用性或完整性,从而损害网络空间稳定性的活动。"②

五、边界、安全和网络安全治理的未来

在全球网络安全治理中,网络安全的重要性取决于不同主体对于治理边界和网络主权的认知。如前所述,我们至少可以通过两种不同的维度来理解全球网络安全治理:作为一种治理结构和作为一个治理过程。作为一种结构的安全治理,是关涉全球网络治理中"多利益攸关方"模式、"政府主导"模式等治理模式之间的对立与冲突,致使各国在与网络空间安全相关的制度结构和对安全的共同理解上存在分歧。在这里,网络边界仍然发挥着重要作用,这些边界既有网络安全治理的范围边界,也有发达国家通过优势技术和法律制度人为构建起来的边界。与此同时,某些霸权国家网络安全治理也存在内在的模糊性,其一边鼓吹网络自由、淡化网络主权,另一边又不断加强对网络空间的控制,追求超越国家主权范围的"全球网络主权"。③ 将网络安全治理作

---

① 参见董青岭:《网络空间威慑与国际协作:一种合作治理的安全视角》,载《太平洋学报》2020 年第 11 期。
② Call to Protect the Public Core of the Internet: New Delhi, https://cyberstability.org/news/global-commission-proposes-definition-of-the-public-core-of-the-internet/, visited on 2021-05-20.
③ 参见叶征、赵宝献:《关于网络主权、网络边疆、网络国防的思考》,载《中国信息安全》2014 年第 1 期。

为一个过程的理解,与结构性理解有着根本的不同。这种观点认为网络安全治理不是关于网络安全治理模式变成了什么,而是国际社会可以通过合作构建人类命运共同体,共同为安全治理做了什么。从本质上讲,这种合作共治的倡议超越了网络政治边界,因为它是特定的愿景目标,而不是基于意识形态和治理能力水平的政治考虑。边界是流动的,因此这一倡议主张更新传统的治理秩序,强调建立对话协商机制以化解网络安全问题和治理冲突,以更加灵活的方式吸引一些全球网络安全治理的参与者。

第二章
全球数据安全治理:现实挑战与中国应对

第一节　问题缘起:数据安全问题的出现及表现

传统数据安全指数据自身安全层面的静态风险,主要表现为攻击者利用网络系统漏洞破坏数据内容的完整性、保密性和可用性。进入数字经济时代以来,最大化地实现数据价值需要依赖于大量多样数据的汇聚、流动、处理和分析活动,而这种流动性的数据密集型活动所涉及的治理主体更加多元,利益诉求更加多样,治理议题更加丰富,数据安全概念的内涵与外延均在不断扩充、延展。①

一、数据安全的界定及其基本属性

"数据安全治理"概念的出现,是人类社会信息化发展的不断深入以及智能技术融合推进的综合结果。2021年3月,世界银行报告提出,"数据安全治理"是一种新的数据社会契约方式,应从国家和国际

---

① 参见阚天舒、张纪腾:《后疫情时代下全球治理体系变革面临的挑战及中国选择——基于实验主义治理视角的分析》,载《国际观察》2021年第4期。

的层面展开治理:国家层面即政府应当充分了解各行为体的利益诉求,并完善相关法律法规以保障数据安全的使用;国际层面应加强双边、地区间和全球范围的国际合作,促进数据治理的协调统一。① 该界定也与联合国经济社会局(UNDESA)的观点不谋而合。联合国经济社会局对"数据安全治理"的定义建立在"数据治理"之上,即通过系统性的多维方法来制定数据相关问题的制度政策、建立组织机构、协调国家战略并简化针对数据的管理模式。② 同样,高德纳咨询公司(Gartner)将数据安全治理定义为"数据治理的一个子集,贯穿于数据治理的各个环节,强调数据的安全属性,用于制定并实施数据安全政策,实施一套统一的规则来处理和保护基本数据"③。

国内学术研究则按照人类社会信息化发展三个阶段的划分,对"数据安全治理"作出了不同界定。④ 首先,在始于20世纪80年代的数字化(信息化1.0)阶段,由于通信技术的落后,数据安全即指静态层面的信息内容,侧重于保护信息的完整性、保密性和可用性。其次,在20世纪90年代中期的网络化阶段,由于计算机和数字技术的大规模应用和普及,出现了具有极强破坏性、复制性和传染性的蠕虫和木马等网络传播病毒,因此,这一阶段对数据安全的治理不仅要确保数据安全的完整性、保密性和可用性,而且要求网络系统能够提供"稳定可靠运

---

① Data for Better Lives Focuses on How Data Can Improve the Lives of Poor People and Advance Development Objectives, https://blogs.worldbank.org/opendata/world-development-report-2021-data-better-lives-leveraging-greater-value-data-help-poor, visited on 2021-05-30.
② Strengthening Data Governance for Effective Use of Open Data and Big Data Analytics for Combating COVID-19, https://www.un.org/development/desa/dpad/publication/un-desa-policy-brief-89-strengthening-data-governance-for-effective-use-of-open-data-and-big-data-analytics-for-combating-covid-19, visited on 2020-12-30.
③ Michael M. Cook, Securing the Digital Business, https://www.rsa.com/content/dam/en/analyst-report/gartner-securing-the-digital-business.pdf, visited on 2022-05-30.
④ 梅宏:《大数据:发展现状与未来趋势》,http://www.npc.gov.cn/npc/c30834/201910/653fc6300310412f841c90972528be67.shtml,2020年5月30日访问。

行"和"持续提供服务"的能力。①再次,在以"人机物"三元融合为特征的智能化阶段,数据安全风险内涵已扩展到对其承载的个人权益和国家利益的安全保护,具体分为三个层次:第一层次是确保数据载体上的信息内容安全。第二层次是对数据主体权益的保护。其中又可细分为维护主体尊严的权利、消极控制数据使用的权利以及数据移转权(数据携带权)等。第三层次是维护敏感性数据上所承载的国家利益、公共安全以及社会经济发展等内容。②鉴于此,虽然国内外研究对"数据安全治理"的概念界定略有差异,但综合来看,可以将其定义为国际行为体对数据产生、收集、储存、流动等活动环节提供的安全保护,既包含制定并完善数据治理议题领域中的相关政策、法律法规,协调各行为体之间的利益诉求,同时也涉及国际行为体提供数据安全保障的能力。③

二、各国参与数据安全治理的原因

随着全球数字经济化的加速发展,数据对各国经济发展的重要性不言而喻,与之相伴的数据安全风险也与日俱增。主权国家均意识到

---

① 参见刘金瑞:《数据安全范式革新及其立法展开》,载《环球法律评论》2021年第1期。

② 参见覃庆玲、彭志艺、李晓伟:《全球数字经济浪潮下数据安全保护体系》,载《信息安全与通信保密》2020年第2期。

③ 需要特别澄清的是"数据安全治理"与"数据治理"之间的区别及关系。一般而言,"数据治理"侧重"制度化"的治理过程,即通过完善相关数据治理体系,以驱动数据产业发展和提升数据经济价值为优先目标;"数据安全治理"作为数据治理的基础保障以及重要部分,更侧重于数据的安全属性,并通过组织构建、制定战略规则等,平衡数据治理的安全性与可用性。近年来,虽然数据治理也在不断强调要重视数据安全,但相对于数据安全治理而言,数据治理中的安全属性依旧居于从属地位,无法深层次、系统性地应对日益严峻的数据安全风险。当前,数据安全问题已日益泛化,贯穿于数据治理的始终,如何在保障数据实现价值最大化的同时,通过有效的数据安全治理为数据治理持续注入正能量,使数据的治理和使用更加安全是重中之重,而其实质也是数据安全治理与数据治理全方位融合的过程,这也与本书探讨的"数据安全治理"概念与目标更加契合。

数据资源背后所蕴含的战略价值,同时,对数据安全治理的理解也已经上升至"国家安全"和"国家竞争力"层面。在此背景下,数据安全治理领域正成为世界各国竞争的新高地,各国参与数据安全治理也是确保对内安全和强化对外竞争的关键所在。

1. 数据安全形势日益严峻促使各国参与数据安全治理

当前,各国对数据的依赖因数据缺乏安全性而面临越来越大的威胁。[1]物联网、人工智能等前沿数字技术的快速发展,已经衍生出了更具有持续性和隐蔽性的数据安全风险,给数据安全风险保障工作带来了极大的挑战。数据安全问题的爆发性、危害性与日俱增,对国家安全、经济发展、社会发展和个人隐私安全皆带来了严峻挑战。自"棱镜门"事件曝光以来,各国际行为体就深刻意识到,数据安全带来的威胁不只是网络和物理层面的入侵,还存在着干预政治、操控舆论、颠覆政权等风险。[2]尤其是,数据安全领域面临以美国为首的数据霸权国家在网络空间以"善良的管家"面目来掩盖其变相侵犯他国数据主权、对他国进行监控的事实。由此,数据安全被迅速提升到备受国际社会关注的层面。由于各国对数据安全问题的顾虑增加,发展中国家不断强化数据出入境的约束与限制,而部分西方发达国家的经济战略显露"保护主义"思维,并在全球数字领域实施"战略围剿",进而引发"数字失序"现象。总体来看,虽然主权国家已经意识到数据安全治理的重要

---

[1] Data Security Governance, https://www.iri.com/blog/vldb-operations/data-security-governance, visited on 2020-12-30.

[2] Rethinking Data Centers as Resilient, Sustainable Facilities, https://www.datacenter-dynamics.com/en/whitepapers/rethinking-data-centers-as-resilient-sustainable-facilities, visited on 2021-12-30.

性,但由于各国治理理念、价值诉求、规则制度等方面的差异,难以从全球层面形成统一的数据安全治理框架,再加上各国对数据安全保障能力显著不平衡,共同制约了全球数据安全治理的发展与合作。[1] 因此,各国深度参与数据安全的治理,不仅对内有助于建立规范的数据治理制度和机制,有利于提升国内数据安全治理能力和基本保障;对外也有利于引导数据交往方式的全新变革,在为破解全球数据安全治理难题提供合理性价值引领的同时,也为全球数据安全治理体系创新贡献智慧和新方案。

2. 数据蕴含的战略性经济资源是各国加强数据安全治理的客观性因素

"全球经济是一台数据永动机:它消耗数据,处理数据,并产生越来越多的数据。"[2]根据中国信息通信研究院发布的《全球数字经济新图景(2020年)》统计,全球数字经济体量连年增长,2019年全球数字经济总规模超过31.8万亿美元,全球数字经济占GDP比重高达41.5%。[3]数据作为数字经济的核心要素,正成为塑造国家核心竞争力的战略制高点,数据资源的多寡决定了一国参与国际竞争能力的高低,也直接影响该国在国际社会中的数据影响力乃至政治经济影响力。[4]

---

[1] Matthew P. Goodman, Governing Data in the Asia-Pacific, https://www.csis.org/analysis/governing-data-asia-pacific, visited on 2021-12-30.

[2] Matthew Slaughter & David McCormick, Data is Power: Washington Needs to Craft New Rules for the Digital Age, https://www.foreignaffairs.com/articles/united-states/2021-04-16/data-power-new-rules-digital-age, visited on 2021-12-30.

[3] 中国信息通信研究院:《全球数字经济新图景(2020年)——大变局下的可持续发展新动能》,http://www.caict.ac.cn/kxyj/qwfb/bps/202010/P020201014373499777701.pdf,2021年5月30日访问。

[4] 参见保建云:《大数据、人工智能与超级博弈论——新时代国际关系演变趋势分析》,载《国家治理》2019年第11期。

美国等西方发达国家和政治经济组织已将数据安全治理纳入政治议题,数据安全立法也已经纵深化和精细化,各国政府在数据安全领域的战略博弈与数据资源争夺加剧。例如,美国依托《澄清境外数据的合法使用法案》(Clarifying Lawful Overseas Use of Data Act,以下简称"云法案")实施跨境数据流动领域内的"长臂管辖原则";欧盟依托《通用数据保护条例》(General Data Protection Regulation,以下简称"GDPR")实施"内松外严"的个人数据流动保护体系,对境内外数据处理活动作出了具体规定,也对其他国家数据安全立法产生直接影响。可见,为了抢先获得数据资源领域的话语权,以美国为首的西方发达国家正凭借其在网络空间和数据技术上的优势,不遗余力地攫取发展中国家的数据资源、争夺数据控制权。在此态势下,各国完善数据安全相关法律法规,是有效获取数据资源、提升国际竞争力的关键步骤。同时,面对后疫情时代全球经济下滑的新态势,国家以立法形式推动数字经济治理,也是有效优化产业结构、促进就业和推动经济增长的优先选项。

3. 数据安全治理领域已经成为主权国家战略博弈的新场域

数字经济时代,一国对数据资源掌控力以及保障数据安全的能力也是其国家竞争力的体现。事实上,2013年美国"棱镜门"事件的曝光,推动了各国政府将数据治理与国家安全、网络安全、隐私保护等政策紧密挂钩,加剧了世界各国在数据空间的战略博弈。欧盟发布《欧洲数据保护监管局战略计划(2020—2024)》,旨在从前瞻性、行动性和协调性三个方面应对数据安全的风险挑战[1];美国发布《美国全球数字

---

[1] Wojciech Wiewiórowski, The EDPS Strategy 2020-2024, https://ec.europa.eu/info/sites/default/files/devco_sp_2020_2024_en.pdf, visited on 2021-05-30.

经济大战略》(2021),设立"新兴技术与数据的地缘政治影响委员会"(Geo Tech Commission),将"数字现实政治"作为数据基础战略,以全面保障美国利益[①];中国发起《全球数据安全倡议》,向国际社会呼吁应全面客观看待数据安全问题。[②]当前,国家竞争焦点已经从资本、土地、人口资源的争夺转向对数据的争夺,数据安全上升至国家战略层面已成为全球共识。主权国家也正通过密集出台数据竞争战略、提升数据安全保障能力、构建配套政策、加大资金投入等方式,不断抢占数据安全治理领域的制高点。同时,由于数据价值的敏感性以及主权国家围绕数据不断变化的规则战略,数据安全风险持续上升[③],数据安全治理领域也正成为未来中长期大国规则博弈的聚焦点。

三、数据安全问题的表现及特点

"数据安全"问题的缘起与深化是数字技术的发展、数据增量的累加以及国际环境的变化等多方面因素交织的综合结果,全球数据安全治理可被视为大国权衡经济利益后从多维度、多角度、多层次作出的战略抉择。[④]相较于数字化、网络化阶段中的静态数据安全特征,智能化阶段中的数据安全问题更具复杂性、动态性、平衡性以及整体性等特点。

[①] Robert D. Atkinson, A U. S. Grand Strategy for the Global Digital Economy, https://itif.org/publications/2021/01/19/us-grand-strategy-global-digital-economy, visited on 2021-12-30.

[②] 《全球数据安全倡议》,https://www.fmprc.gov.cn/web/wjbzhd/t1812949.shtml, 2020年9月8日访问。

[③] Ambassador Robert Holleyman, Data Governance and Trade: The Asia-Pacific Leads the Way, https://www.nbr.org/publication/data-governance-and-trade-the-asia-pacific-leads-the-way, visited on 2021-12-30.

[④] 参见杨楠:《大国"数据战"与全球数据治理的前景》,载《社会科学》2021年第7期。

1. 数据安全治理呈现出主体多元化、利益诉求多样化的特征

智能化阶段之前的数据安全问题无论是主体还是内容都呈现出单一化、固定化和模式化的特征。例如，在数据活动中以"点对点"的数据交换为主，即公司内部对客户信息、客户对服务的评价等信息的传输。①由于在整个数据处理过程中数据主体清晰、过程明确，数据流动发生频次有限和零散，因此相应的规制措施也只需聚焦传输主体而不用考虑更为复杂的数据流动过程。②但进入智能化阶段后，数据呈指数级增长并伴有常态化跨境流通，数据的流通广泛分布于国家、企业、社会组织与公民个人之间，传统的治理结构历经调整，更为平权化、多元化的治理模式正在崛起。③由于数据治理主体的多元化，也必然呈现出利益诉求以及治理手段等差异化的特征，突出表现在主权国家数据治理战略不兼容、主权国家与企业和个人之间出现数据权益冲突、利益难以平衡等问题，这些都对数据的存储、管理及使用带来压力。有学者指出，"数据安全治理可以通过建立一个强大的数据治理框架以增强数据的流通性、准确性和安全性"④。而当前的困难在于，无法协调不同类型组织之间的战略目标和规则制度，进而导致数据治理框架不兼容。

---

① 参见刘维：《跨境数据流动监管措施在 GATS 下的合规性分析》，载《理论月刊》2018 年第 3 期。
② Chatham House, Data Governance and Security, https://www.chathamhouse.org/topics/data-governance-and-security, visited on 2021-12-30.
③ 参见王向民：《大数据时代的国家治理转型》，载《探索与争鸣》2014 年第 10 期。
④ Forbes, Data Governance is Risk Number One, https://www.forbes.com/sites/insights-kpmg/2019/12/10/data-governance-is-risk-number-one/? sh = 7ccf858491c8, visited on 2021-12-30.

2. 数据安全治理是一种兼顾安全性和可用性的相对安全问题

"相对安全"理念认为,安全价值仅具有首要和基础地位,而不具有终极和最高地位,安全只是发展的基础和前提,应努力摈弃追求绝对安全的行为。①在智能化阶段,数据活动涉及多主体、多环节,这也意味着数据安全并不存在绝对的安全,而是应确保数据处于有效保护和合法利用的状态。在此逻辑下,数据安全涵盖了两方面特征:其一,从数字经济的角度出发,数据作为社会政治经济发展的新引擎,各类新技术、新产业的研发正是建立在海量数据的开发利用之上,"数据治理"和"数据管理"是平衡安全性和可利用性的关键。②信息网络能成为"促进发展的机器"的关键,主要来自它与"颠覆性创新"机制的耦合。③数据的安全和利用应看作是一体之两翼、驱动之双轮,而最佳的数据安全治理在于能够实现最大限度地利用数据与使风险最小化之间的平衡。④ 其二,由于各国的政策目标、政策措施和数据处理能力存在差异,进而对数据安全的利益诉求与面临的外在现实约束均有所不同。因此,相应的数据安全治理机制及制度选择并不存在绝对的一致性,也不存在"绝对模板",而是应根据各国的国情特点,在"良好的数据保

---

① 参见刘跃进:《系统思维下的大安全格局与理念》,载《人民论坛》2021年第8期。
② Forbes, Data Governance is Risk Number One, https://www.forbes.com/sites/insights-kpmg/2019/12/10/data-governance-is-risk-number-one/? sh = 7ccf858491c8, visited on 2021-12-30.
③ 参见〔美〕克莱顿·克里斯坦森、〔加拿大〕迈克尔·雷纳:《创新者的解答》,李瑜偲、林伟、郑欢译,中信出版社2010年版,第22—24页。
④ Rachel Serpa, Building a Data Governance Framework that Makes Data Accessible and Minimizes Risk, https://www.sigmacomputing.com/blog/building-a-data-governance-framework-that-makes-data-accessible-and-minimizes-risk, visited on 2021-05-30.

护"与"数据开发利用"两个目标之间展开。①

3. 数据安全治理是一种动态且持续的弹性治理过程

传统数据安全治理更加强调数据自身层面所承载信息的静态安全②,但是在智能化阶段中,这种孤立且缺乏弹性的安全治理框架远远不够。③数据只有在自由流通过程中才会对社会发展产生重要的经济价值,数据的价值也会随着数据的流动速度、活跃程度及传输规模而日益增加。因此,面对处于快速流转之中的数据体系,数据安全治理也应从动态发展的角度进行持续性补充与更新。从其表现形式来看,一方面应维持数据的"流入"与"流出"的动态平衡性,实现数据质量从"无序杂乱"趋向"清晰治理"。例如,在政府数据开放与共享过程中,通过对杂乱无序的数据进行分析、挖掘及可视化输出后,有效提高数据服务的匹配度与精确度,从而激发数据的效用价值。④另一方面应借助数据技术,通过对数据的全面采集,构建从"事前预警""事中监管"到"事后追责"相结合的动态数据安全防护体系,从而为各行各业提供全方位、全过程的数据安全保障。

---

① 参见黄宁、李杨:《"三难选择"下跨境数据流动规制的演进与成因》,载《清华大学学报(哲学社会科学版)》2017年第5期。
② Stef Schinagl & Abbas Shahim, What Do We Know about Information Security Governance? "From the Basement to the Boardroom": towards Digital Security Governance, 28 *Information and Computer Security* 261 (2020).
③ Laima Kauspadiene et al., High-level Self-sustaining Information Security Management Framework, 5 *Baltic Journal of Modern Computing* 107 (2017).
④ 参见阙天舒、吕俊延:《智能时代下技术革新与政府治理的范式变革——计算式治理的效度与限度》,载《中国行政管理》2021年第2期。

第二节　数据安全问题的全球治理及其困境

数据的价值在全球经济中迅速增长,然而数据却是一种有争议的经济资源。①当前,各国际行为体对全球数据安全并未形成统一的治理框架,现有的全球数据安全治理框架是由未被普遍接受的单边、双边和多边框架以及贸易规则拼凑而成的②,相关治理议题涉及公民个人、社会、经济以及国家安全等层面。目前,多领域多维化的数据安全问题造成多元数据主体的治理诉求差异,这也导致全球数据安全治理发展过程中出现规则碎片化以及机制效用不足、治理乏力等情况。多方面因素交织互构,使得各国际行为体治理难以达成共识,合作意愿持续降低,增加了全球数据安全治理的复杂性。

一、全球数据安全治理概况

"全球数据安全治理"已经被各国际行为体提上日程,然而,无论是国际组织层面还是主权国家层面,对数据安全问题的治理皆未形成全球性的规制体系。传统治理机制在应对数据安全治理问题时频频受

---

① Dan Ciuriak, Data as a Contested Economic Resource: Framing the Issues, https://ssrn.com/abstract=3496281, visited on 2021-12-30.
② Matthew P. Goodman, Asia Pacific-Governing Data in the Asia-Pacific (CSIS), https://www.csis.org/analysis/governing-data-asia-pacific, visited on 2021-12-30.

阻,而一些新机制和新制度本身就存在诸多短板和软肋,难以发挥作用。既有国际组织在全球数据安全治理中动力不足,而主权国家出于各自利益诉求、价值理念以及经济需求的考量,形成的数据安全治理模式和规则存在较大差异。由于这些数据安全治理规则存在一定程度的不兼容性,也难以在全球层面有效对接,进而造成全球数据安全治理呈现"分而治之"的状态。

1. 国际组织:以区域性组织和国际经贸机制为主导

全球数据安全的治理问题早已经引起国际社会的重视。1990年,联合国发布《计算机处理的个人数据文档规范指南》,对个人数据治理给予规范性指导。[1]此后,经济合作与发展组织(OECD)、亚太经济合作组织(APEC)和世界贸易组织(WTO)等纷纷开展多边规制行动,致力于把数据安全战略行动向纵深推进。然而,面对风险性和不确定性日益倍增的数据安全现状,关于全球数据安全的治理路径或解决方案却迟迟未能取得实质性进展,当前的国际合作机制仍然散落于多边、区域性组织以及经贸规则之中。

第一,经济合作与发展组织以便利性和协调性为基准,进行了全球数据安全治理的早期探索。1980年,OECD发布的《隐私保护与个人数据跨境流动指南》(以下简称《指南》)就个人数据保护提出了八项基本原则,这些原则已成为国际公认的个人信息立法范式。[2]《指南》还呼吁,各国应尽量减少以保护个人隐私和自由为名义的数据安全措施,从

---

[1] Guidelines for the Regulation of Computerized Personal Data Files, https://www.refworld.org/pdfid/3ddcafaac.pdf, visited on 2021-05-30.

[2] 参见刘文杰:《被遗忘权:传统元素、新语境与利益衡量》,载《法学研究》2018年第2期。

而规避其对数据自由流动所造成的不利影响。1985年,OECD在《跨境数据流动宣言》中以便利性和协调性为前提,形成了全球数据安全治理体系的雏形。①同时,该宣言也指出,阻碍全球数据安全治理体系构建的根本障碍在于"难以调和各国差异化的数据治理规制"。2019年,OECD在《关于数字安全风险管理建议》中进一步强调应加强数据安全领域内的国际合作,形成数字国际伙伴关系,以规避各国政策的差异,并使国内政策发挥最大作用。②简而言之,OECD作为全球首个提出数据隐私保护治理框架的国际组织,通过区域性示范原则使得各国际行为体初步形成数据安全保护的原则共识,这为开启全球数据安全治理奠定了基础。

第二,APEC以自愿性和灵活性为基准,成为美国增强全球数据安全治理话语权的工具。APEC建立了亚太地区第一套数据隐私协同治理框架,其运作是通过非约束性的承诺与基于成员自主自愿、协商一致的合作原则,强调开放对话及平等尊重各成员意见。2004年,APEC设立了"数据隐私小组",并提出了APEC"隐私框架",概括性地提出了数据保护最低标准的参考指引。为了更好地发挥实质性效果,2011年,美国在APEC中主导设立了跨境隐私规则体系(Cross-Border Privacy Rules,以下简称"CBPRs"),将其定义为"规范成员个人数据跨境流动的自愿性数据隐私保护计划"③。虽然CBPRs依旧具有自律性和非强制性的特点,但加入CBPRs的相关行为体需要制定符合该体系的数据

---

① OECD, Guidelines on the Protection of Privacy and Transborder Flows of Personal Data, https://www.oecd.org/sti/ieconomy/declarationontransborderdataflows.htm, visited on 2021-12-30.
② OECD, Recommendation of the Council on OECD Legal Instruments Digital Security of Critical Activities, https://legalinstruments.oecd.org/en/instruments/OECD-LEGAL-0456, visited on 2021-12-30.
③ 弓永钦、王健:《APEC与欧盟个人数据跨境流动规则的研究》,载《亚太经济》2015年第5期。

隐私政策及规则,并由 APEC 认证的问责代理机构进行评估。该模式体系构建的初衷是在一套既定的隐私原则以及规则框架之下,以扩大行为体共识的方式来平衡个人隐私保护和数据自由流动,推动区域经济一体化持续增长。① CBPRs 作为针对性较强的合作机制,虽然能够在数据的自由流动和隐私保护之间起到平衡作用,但其本质上具有强烈的"美国色彩",而其约束力较弱的特征也与美国国内宽松且碎片化的数据治理机制特点相符合。美国将该机制作为实施"数据霸权"的工具,在各个国际场合坚持推行 CBPRs 体系,并试图通过修改规则的方式来满足自身利益需求,在不断削弱各国数据管理限制的同时,以期在全球数据安全治理中夺取规则治理话语权。②

第三,WTO、《区域全面经济伙伴关系协定》(RCEP)、二十国集团(G20)以经济贸易为基准,致力于消除数据流动阻碍。现有的和新兴的国际经贸机制与全球数据安全治理的相关性仍未得到充分重视。③ WTO 作为全球贸易规则以及"电子商务"规则谈判的国际组织,其使命在于确保国际贸易尽可能顺畅、可预测和自由地流动,但随着数据全球化的不断深入以及数据安全形势的不断变化,其配套的法律规则却没有更新和发展。同时,各成员国在《服务贸易总协定》(GATS)下作出的承诺高度不均衡,其对限制性数据政策的约束力在 WTO 争端解决机制中几乎没有得到检验。RCEP 为国际数据治理创建了一个新模板,

---

① APEC, Updates to the APEC Privacy Framework, http://mddb.apec.org/Documents/2016/SOM/CSOM/16_csom_012app17.pdf, visited on 2021-12-30.
② 参见杨楠:《大国"数据战"与全球数据治理的前景》,载《社会科学》2021 年第 7 期。
③ Thomas Streinz, RCEP's Contribution to Global Data Governance, https://www.afronomicslaw.org/category/analysis/rceps-contribution-global-data-governance-0, visited on 2021-12-30.

即将数字安全、数据流动与各国经济利益相协调的新尝试。①但 RCEP 在规则执行中也存在一些缺陷,如对数据自由流动例外规则中"安全"内涵界定模糊、对个人数据保护要求不足等。另外,鉴于当前全球和区域内的地缘政治风险不断增加,以及国际贸易局势日益紧张,RCEP 的首要任务是要进一步推动经济一体化发展进程,②同时,在各成员国的文化、社会、经济和政治异质性较强的情况下,RCEP 还要从长远考虑如何调和国家之间差异化的利益诉求。③ G20 领导人曾在 2019 年提出了关于"具有信任的数据自由流动"(DEFT)的"大阪行动路线"构想,旨在促成全球数据政策协调框架。虽然大部分国家都承认促进跨境数据流动具有潜在经济和社会效益,但由于各国对隐私或数据安全有着不同的理解和界定,要在实践中真正实现该治理框架存有一定难度。④

2. 主权国家:围绕本国利益形成差别化数据安全治理模式

主权国家在全球数据安全治理方面日益呈现出"新数字孤立主义"的倾向。⑤虽然主权国家普遍意识到全球数据安全治理以及合作的

---

① UNCTAD, RCEP Agreement a Potential Boost for Investment in Sustainable Post-COVID Recovery, https://unctad.org/system/files/official-document/diaeiainf2020d5_en_0.pdf, visited on 2021-12-30.

② Thomas Streinz, RCEP's Contribution to Global Data Governance, https://www.afronomicslaw.org/category/analysis/rceps-contribution-global-data-governance-0, visited on 2021-12-30.

③ Markit, RCEP - The Game-Changer in the Post-COVID-19 Global Economy? https://ihsmarkit.com/research-analysis/rcep-the-gamechanger-in-the-post-covid19-global-economy.html, visited on 2021-12-30.

④ Hiroki Sekine, Collective Action can Spark Innovation for Data Flows, https://www.chathamhouse.org/2021/06/collective-action-can-spark-innovation-data-flows, visited on 2021-12-30.

⑤ Data Center Dynamics, The World Needs a Data WTO, https://www.datacenterdynamics.com/en/opinions/the-world-needs-a-data-wto, visited on 2021-12-30.

重要性和紧迫性,但却不断颁布单边限制数据流动的法规。无论是欧盟的《通用数据保护条例》(GDPR)对个人数据保护的规制,还是美国出台的"云法案",抑或是部分发展中国家推行的数据本地化监管政策,皆是出于自身的利益诉求、价值理念以及经济需求的考量,并试图在全球层面输出"本国模式",以期扩大自身数据安全治理模式的影响力。但实际上,主权国家的数据安全治理模式存在一定的不兼容性,这在不同程度上阻滞了全球数据安全治理的发展。按照主权国家对数据安全保护的程度,大致可以分为宽松型、严格型和折中型的数据安全治理模式。

第一,以维护数字竞争优势为核心,实施数据"宽松保护"的安全治理模式。这类数据安全治理模式拥有数字竞争优势以及良好的数据市场规模,因此,使用该模式的主权国家更加强调数据的经济利益。这种模式以美国为典型,美国凭借强大的数字技术以及市场优势,对数据的自由流动实施宽松保护治理。美国以"事后问责"的方式来规范数据跨境流动行为,即仅在数据安全事件发生之后,依托"云法案"对相关数据控制主体进行问责。美国在数据安全领域建立"宽松型模式"主要出于两方面因素的考虑:一方面以经济利益为导向,依托长臂管辖治理,以多边合作建立"数据盟友",不断扩大治理范围[1];另一方面,美国试图在全球数据领域争夺规则主导权。长期以来,美国虽然对外一直倡导数据应"无国界"自由流动,但美国惯以国家安全为由,借"安全化"策略作为提升其国际数据竞争力的重要手段,同时通过政府介入,为美国互联网企业的全球扩张提供强有力支撑。因此,美国推行数据"宽松型保护"治理模式,不仅能使数据的高效流动汇聚于本国,支

---

[1] Electronic Privacy Information Center, Electronic Communications Privacy Act (ECPA), https://epic.org/privacy/ecpa, visited on 2021-05-30.

持其鼓吹的数据自由流动规则,也有利于减少本土互联网产业受到国际贸易规则的限制,保障美国企业对全球数据的掌控,提升美国在全球数据安全治理领域内的主导地位。

第二,以强调个人数据隐私为核心,实施数据"严格保护"的安全治理模式。采用该类数据安全治理模式的国家或政治经济组织的数字技术和市场规模往往刚刚起步,更加注重个人隐私保护、企业发展以及外部对国家安全的影响等因素,要求在对数据实行高标准的保护下,推行数据的自由流动。以欧盟为例,欧盟 GDPR 的出台被称为是"世界上最严苛的隐私安全法",该机制对任何涉及欧盟公民数据的地区或国家都施加了数据权利和义务。[①]虽然 GDPR 是由欧盟发起并制定的新规则,但其带来的影响是全球性的。[②]截至 2021 年 7 月,已经有 16 个国家建立了类似 GDPR 的数据隐私治理机制。[③]"严格型"安全治理模式可以概括为三个原则:一是充分性原则,建立以"白名单制度"为核心的数据保护机制。与美国"事后问责"形成鲜明对比的是,欧盟以"事前规制"的方式提前考察数据接受国是否达到欧盟的充分性认定原则,符合欧盟数据保护标准的国家或地区则被列入"白名单"。二是所有涉及个人相关信息的数据活动都应提前取得当事人同意。三是在确保数据安全的环境下,鼓励数据在欧盟内部自由流动,实施"内松外严"的治理政策。欧盟委员会《在全球化世界中交换和保护个人数据》表明了其出台 GDPR 的根本用意,主要内容包括三方面:一是欧盟的数据保护理念和推崇的价值观应该是全球数据安全治理的标杆。二是面

[①] What is GDPR, the EU's New Data Protection Law? https://gdpr.eu/what-is-gdpr, visited on 2021-12-30.

[②] Smirity Kaushik, Data Privacy: Demystifying the GDPR, https://ischool.syr.edu/data-privacy-demystifying-gdpr, visited on 2021-12-30.

[③] Mike Woodward, 16 Countries with GDPR-like Data Privacy Laws, https://securityscorecard.com/blog/countries-with-gdpr-like-data-privacy-laws, visited on 2021-12-30.

对主权国家差异性的数据保护治理规则,欧盟应抓住时机,把握全球数据安全治理规则制定的话语权。三是对个人数据隐私保护始终保持坚定的态度。但这并不意味欧盟放弃数据流动的经济利益。相反,欧盟近年来正试图在高标准的数据保护标准体系下构建出各类数据跨境流动机制,从而满足数据跨境流动的市场需求。

第三,以利益均衡为核心,实施数据"折中保护"的治理模式。相较于上述两种以"针对性"的方式来规制数据安全问题的治理战略,数据"折中保护"型模式形成了一条介于两者之间的数据安全治理思路,其所对应的治理目标也介于上述两种治理模式之间。该模式在尊重和保障数据主体主权的前提下,试图寻找介于"数据自由流动"与"数据安全"之间的平衡路径。根据罗伯特·亚历克西(Robert Alexy)的"权衡法则","一个原则的未被满足程度或受限程度越高,另外一个原则在运用过程中能被满足的重要性就越大"①。因此,基于该法则,需要在全球数据安全治理实践中对"数据自由流动原则"和"数据安全原则"的运用进行权衡比较。具体可以分为三个步骤:第一步,确定"数据自由流动原则"在运用过程中未被满足的程度或受到限制的程度;第二步,确定与"数据自由流动原则"相冲突的"数据安全原则"在运用过程中能被满足的重要性程度;第三步,将第一步所确立的未被满足程度与第二步所确立的被满足的重要性程度进行比较,从而判断出"数据安全原则"在运用过程中的被满足重要性程度是否能证立"数据自由流动原则"的未被满足程度。②从当前跨境数据流动治理的实践来看,受数据类型多样化、数据治理利益诉求多元化以及地缘政治规制角力等

---

① Robert Alexy, On Balancing and Subsumption: A Structural Comparison, 16 *Ratio Juris* 433(2003).
② 参见许可:《自由与安全:数据跨境流动的中国方案》,载《环球法律评论》2021年第1期。

复杂因素影响,"数据自由流动"与"数据安全"之间的动态平衡在短期内难以实现。因此,该模式只是一个理想化的、各国亟待达成的全球数据安全治理规则的新秩序、新规则。

二、全球数据安全治理的主要领域

数字技术的快速发展使得数据治理领域正在不断拓宽,与之相伴的数据安全问题在个人权利、社会发展、经济利益和国家安全等多个方面持续涌现,因此,全球数据安全的治理与维护是一个极其复杂的系统。按照数据主体以及议题领域的属性划分,大致可以将当前的全球数据安全治理领域归纳为以下四类。

1. 个人权利:对个人数据隐私的治理

在数字经济快速发展的背景下,数据已经成为战略性经济资源以及重要的生产要素。其中,个人数据蕴含的商业价值愈加凸显的同时,也滋生了个人数据隐私泄露的风险。一方面,部分数字平台为了攫取数据红利,过度采集用户的各类个人信息,而其在未经数据主体同意或授权的情况下采集个人数据,违背了个人的知情同意权,削弱了数据主体的监管能力;另一方面,前沿科学技术的发展和应用,使得个人隐私边界日益模糊,技术对数据的高度依赖性也使得新类型的隐私侵权行为方式不断涌现。①此外,数据主体的保护意识不足、数字平台获取用户数据的隐秘性、数据共享与个人隐私的冲突,都加剧了个人数据隐私泄露的风险。

---

① 参见阚天舒、张纪腾:《人工智能时代背景下的国家安全治理:应用范式、风险识别与路径选择》,载《国际安全研究》2020年第1期。

事实上,世界各国均对个人数据隐私保护问题给予高度重视,但依旧面临诸多挑战。就治理政策而言,被称为"有史以来最严苛"的欧盟GDPR是当前国际社会援引最多的法律条例。GDPR确定了"原则上禁止,有合法授权时允许"的个人数据使用原则,赋予数据主体知情权、访问权、修正权等在内的七项数据权利。由其可分化为两类基本的治理模式:第一类是除非获得明确许可,个人数据不得跨境流动;第二类则是原则上允许个人数据跨境流动,但监管机关有权加以禁止或限制。例如,欧盟成员国、俄罗斯以及部分推崇数据本地化存储的国家大都采取了第一种模式;而美国则推崇第二种模式,其通过监管部门的干预权约束个人数据跨境流动,以减轻企业在跨境数据流动上的合规成本。

2. 社会发展:对数据开放与共享问题的治理

政府数据开放与共享即是指政府数据资源内部生成、协同共享和开放利用的过程。[①]标准化、规范化的数据开放与共享治理,不仅有助于充分挖掘和开发数据资源的全部价值,使其更好地服务于全球经济社会的发展,而且可以建立起科学完善的相关制度和机制,为各主权国家的数据交往提供指引,加强全球数据安全治理合作意愿。近年来,随着数字政府的推进以及开放政府合作伙伴(OGP)等国际组织的成立,政府数据开放与共享的治理议题也变得尤为重要。[②] 2015年,《国际开放数据宪章》(ODC)确立了开放数据的六大准则,分别为"默认开放""及时全面""可获取和可使用""互操作性""统一标准性"以及"包容

---

① 参见陈亮:《政府数据开放的几个待解难题》,载《人民论坛》2019年第12期。
② Keping Yao $ Mi Kyoung Park, Strengthening Data Governance for Effective Use of Open Data and Big Data Analytics for Combating COVID-19, https://www.un-ilibrary.org/content/papers/10.18356/27081990-89, visited on 2021-12-30.

性发展和创新"。2020年12月,经济合作与发展组织协助各国政府建立健全组织体系、完善数据共享开放平台,加快规则制定和实施数据共享,提高了数据开放与共享的公开性、透明性以及协作性。[①]

然而,由于治理的复杂性,该议题领域依旧面临数据安全风险。首先,治理主体之间存在"不愿共享""不能共享"以及"不会共享"的问题。在数据资源即"权力"和"财富"的认识背景下,数据保护主义、数据民族主义思维破坏了政府、企业以及个人之间的数据协作治理,导致了"数据孤岛"和"数据鸿沟"等现象的出现。此外,各治理主体在数据资源搜集、存储、处理、传输能力以及技术发展水平方面还存在差异。进一步加剧了"数据孤岛"等现象,进而导致治理主体的合作基础薄弱、治理效果不尽如人意。[②]其次,数据开放与共享过程中的防控难度系数较高。由于这些数据往往具有体量庞大、类型丰富、流动频率高等特征,一旦在法律法规、技术保障水平、安全管理机制或数据主体保护意识等方面出现欠缺和疏漏,就会带来严峻的安全风险。再加上治理主体之间的数据开放程度不一,难以平衡个人隐私与社会利益之间的矛盾,这就使得数据安全防护的薄弱点层出不穷,存在潜在的数据安全隐患。

3. 经济利益:对数字平台数据垄断与数据权属问题的治理

近年来,数字平台企业之间屡屡出现恶性竞争行为,这不仅使用户

[①] OECD, Open Data & Covid-19: Looking Forward towards Government Readiness & Reform, https://www.oecd.org/gov/digital-government/6th-oecd-expert-group-meeting-on-open-government-data-summary.pdf, visited on 2021-12-30.

[②] Angelina Fisher & Thomas Streinz, Confronting Data Inequality, https://www.iilj.org/wp-content/uploads/2021/04/Fisher-Streinz-Confronting-Data-Inequality-IILJ-Working-Paper-2021_1.pdf, visited on 2021-12-30.

权益沦为利益扩张的牺牲品,而且也引发了一系列数据安全问题,消耗了互联网行业在维护网络生态安全中的治理动能。①从危害表现形式来看,一方面,数字平台企业基于特殊的市场产生的"数据杀熟""数字化卡特尔""掠夺性定价"等行为②,成为平台企业形成数据垄断的重要手段,其滥用市场支配地位,引发了一系列诸如破坏行业生态、扰乱市场竞争秩序、压制创新、侵犯个人隐私等的数据安全问题③;另一方面,数据自身具备的多重属性以及复杂权利责任关系,使得数据权属标准难以统一,进而导致数字平台企业之间产生数据权属界定不清晰、配套规则缺失以及数据类型划分难等问题,加剧了数据安全治理的难度。随着数字平台企业的日益发展,其所带来的数据安全问题愈加严重,主权国家相继通过加大反垄断力度、提高罚金等方式来抑制数字平台企业的恶性竞争。据统计,美国已有超过 30 个州向亚马逊、谷歌、苹果、脸书(Facebook)等在内的大型互联网科技巨头提起反垄断相关诉讼。欧盟出台《数字市场法案》与《数字服务法案》,致力于构建公平和安全的数据市场竞争环境。④日本则成立了数字市场竞争政策研究小组,专门处理数字市场的反垄断难题等。此外,新加坡、韩国和澳大利亚等国也对大型互联网科技巨头提起反垄断诉讼,以确保构建公平有序的市场环境。

---

① 参见阚天舒、莫非:《总体国家安全观下的网络生态治理——整体演化、联动谱系与推进路径》,载《当代世界与社会主义》2021 年第 1 期。
② ICN, Big Data and Cartels, https://www.internationalcompetitionnetwork.org/wp-content/uploads/2020/06/CWG-Big-Data-scoping-paper.pdf, visited on 2021-12-30.
③ Maurice E. Stucke, Here Are All the Reasons It's a Bad Idea to Let a Few Tech Companies Monopolize Our Data, https://hbr.org/2018/03/here-are-all-the-reasons-its-a-bad-idea-to-let-a-few-tech-companies-monopolize-our-data, visited on 2021-12-30.
④ Fredrik Erixon, "Too Big to Care" or "Too Big to Share": The Digital Services Act and the Consequences of Reforming Intermediary Liability Rules, https://ecipe.org/publications/digital-services-act-reforming-intermediary-liability-rules, visited on 2021-12-30.

4. 国家安全：对主权国家数据主权与数据跨境流动问题进行治理

数据基于网络媒介在各主权国家之间的跨境流动与存储已经成为常态，然而数据的跨境自由流动也孕育着各类潜在的数据安全风险。首先，从国家主权安全的视角看，数据的跨国界流动造成了数据来源地与储存地的割裂、数据控制者与所有者的分离以及数据管辖权与治理权的模糊①，进而引发了各国在数据管辖权以及确认目标数据所在地方面的矛盾。例如，"微软海外邮件数据授权案"的争议焦点就在于，一国政府对本国企业在域外的数据是否享有控制权或管辖权。②其次，从各国数据隐私保护的视角看，由于各国数据安全和隐私保护水平不一致，当用户数据从保护水平较高的地区流向保护水平较低的地区时，可能存在数据泄露的风险。从当前主权国家的实践看，美国采取宽松型数据安全治理模式，即在确保自身对数据资源有效掌控的同时，利用长臂管辖原则来压制对手的数据权利，以此保障本国的数据安全；欧盟采取严格型数据安全治理模式，为了制衡数据强国对自身数据主权的损害，以相对独立的战略认知和价值体系等形成一套自我模式，并强调在尊重和保障数据相关主体权益的情况下加以实施（参见表2-1）。

---

① 参见邵怿：《论域外数据执法管辖权的单方扩张》，载《社会科学》2020年第10期。
② 在2013年"微软海外邮件数据授权案"中，美国政府与微软公司之间对存储在海外服务器上的数据授权产生了纷争，该案件持续了五年之久。美国联邦调查局向纽约法院提出了索要微软公司某客户的个人数据诉求，然而，这些数据存储于微软公司位于爱尔兰的服务器上，微软公司拒绝了联邦调查局的请求。微软公司坚持认定，美国法院不具备针对存储于爱尔兰境内数据的管辖权，只有当其前往爱尔兰并经爱尔兰法院许可才能拿到该数据。而美国司法部则认为微软属于美国公司，因此检方有权要求企业提供数据。

表 2-1　全球数据安全治理领域汇总

治理主体	治理领域		主要风险
个人	数据隐私保护		1. 滋生数据泄露风险 2. 侵犯个人知情同意权 3. 削弱主体监管能力
国家/政府	跨境数据流动	数据主权	1. 境外管辖权扩张 2. 数据霸权主义 3. 缺乏规则共识
		数据保护	
		数据开放	
企业	数据确权		1. 数据垄断 2. 数据权益冲突 3. 数据产权不清晰

第三节　全球数据安全治理的必要性与存在的问题

数据安全问题的复杂性使得全球数据安全治理在起步阶段便遭遇多方面的现实挑战。多元主体需求的多样化、数据治理机制的效用不足、数据安全治理的碎片化以及数据霸权主义等因素,共同制约了全球数据安全治理的良性发展。

一、全球数据安全治理存在的问题

1. 多元数据主体利益诉求的差异性成为全球数据安全治理的首要难题

全球数据安全治理涉及各国政府、私营部门以及公民个人等治理主体,这些主体相互间存在着不同的利益主张和价值诉求,进而引发全球数据治理机制建构的多层次冲突。[①]首先,主权国家之间存在对数据权属认识不统一、对数据安全认知的规制路径以及治理理念不一致的差异。例如,美国采用以市场主导和行业自律结合的事后规制路径,实行分散监管的立法模式;欧盟则采用以个人数据权利以及法律为主导的事前规制路径,实行高度统一的立法模式。与此同时,主权国家在数据治理领域内的博弈态势,势必会加剧全球数据安全治理的难度。其次,各国政府、私营部门以及公民个人之间存在数据权益失衡的现象。例如,个人与企业数据权属的界限不明,导致企业侵犯个人数据权利的行为屡见不鲜;主权国家与企业数据资源不对称,使得主权国家无法切实掌握数据资源并对其展开有效治理,亦无法解决国家数据主权与个人数据权利不相协调等问题。[②]由此可见,全球数据安全治理中的治理主体难以就价值目标以及实践标准达成共识,如何弥合上述分歧,塑造具有包容性和共识性的全球治理规制,是优化全球数据安全治理体系

---

① 参见鲁传颖:《网络空间中的数据及其治理机制分析》,载《全球传媒学刊》2016年第4期。
② 参见蔡翠红、王远志:《全球数据治理:挑战与应对》,载《国际问题研究》2020年第6期。

的重要问题。

2. 全球数据安全治理机制效用不足阻碍治理进程

近年来,民粹主义、贸易保护主义、科技脱钩等"逆全球化"声浪不断。尤其是处于新冠病毒感染疫情叠加百年变局的关键时期,各国"单边主义"和"保护主义"政策交互推行,使全球治理体系既暴露出老问题,又面临新挑战。全球数据安全治理作为全球数据治理的新兴领域之一,自产生起便始终处于"参与的赤字"以及"责任的赤字"中①,相应的数据安全治理机制始终无法发挥应有作用。一方面,由于全球数据安全治理规则处于"空白期",不同性质的国际组织围绕全球数据安全治理议题设置存在区别,规则间的异质性也增加了谋求全球共识的成本,削弱了治理机制的效用;另一方面,由于全球数据竞争优势逐渐呈现"由西向东"的趋势,美国和欧盟在数据领域内的优势正逐渐消失,新兴发展中国家也正致力于发展新兴科技,提出参与全球数据安全治理的诉求,各国际行为体围绕"谁定规则"这一问题展开博弈,进而造成各国合作意愿逐渐降低,阻碍了全球数据安全治理进程。②此外,数字技术的快速发展使数字治理议程持续深化,衍生的数据安全问题也愈发严峻,进而导致全球数据安全治理领域内的"盲点""难点"不断增加。在这种情况下,现有机制还未对当今困境和问题作出回应的同时,又面临一系列新的治理问题。③总之,全球数据治理规则的建设以及主权国家的数据处理能力远远落后于数字技术的发展,而相应的治

---

① 参见吴志成、迟永:《"一带一路"倡议与全球治理变革》,载《天津社会科学》2017年第6期。

② Stephanie Seagl, Whose Rules? The Quest for Digital Standards, https://www.csis.org/analysis/whose-rules-quest-digital-standards, visited on 2021-12-30.

③ 参见杨楠:《大国"数据战"与全球数据治理的前景》,载《社会科学》2021年第7期。

理制度供给、数据能力与数据技术之间的"剪刀差"也将会随时间持续扩大,进一步削弱全球数据安全治理机制的有效性。

3. 数据安全治理规则的碎片化导致国际合作进程受阻

全球数据安全治理的核心议题在于,如何在数据的"安全流动"与"发展利用"之间找到一个符合各国际行为体实际需求的平衡点。各国价值诉求、治理目的以及规制路径不同,因此应当在不同程度上对主权国家出台的数据流动限制以及约束性措施作出统一标准。①然而,全球数据安全治理的现状却呈现出规则碎片化的趋势,使得全球数据安全治理框架趋于分而治之的局面。数据安全治理规则的碎片化在以美国为首的主要国际行为体中已初见端倪。美国和欧盟长期以来在数据治理领域存在着难以调和的分歧,虽然两者皆在不同程度上对数据保护作出了规定,但美国的"市场话语"体系与欧盟的"权利话语"体系之间存在根本矛盾,这种矛盾冲突也在2020年8月欧洲法院宣布《欧美隐私盾牌》协议无效后达到顶峰。直至今日,双方就如何制定协调一致的合作机制前景仍不明朗。②与此同时,越来越多的主权国家正通过推行数据本地化措施,应对数据安全风险。根据信息技术和创新基金会统计,"2017年以来,全球范围内实施的数据本地化措施的数量增加了一倍多"③。事实上,数据本地化措施会使跨境数据传输变得更加昂

---

① Erol Yayboke, Data Governance Principles for the Global Digital Economy, https://www.csis.org/analysis/data-governance-principles-global-digital-economy, visited on 2021-05-30.

② Nigel Cory & Ellysse Dick, How to Build Back Better the Transatlantic Data Relationship, https://itif.org/publications/2021/03/25/how-build-back-better-transatlantic-data-relationship, visited on 2021-05-30.

③ Nigel Cory & Luke Dascoli, How Barriers to Cross-Border Data Flows are Spreading Globally, What They Cost, and How to Address Them, https://itif.org/publications/2021/07/19/how-barriers-cross-border-data-flows-are-spreading-globally-what-they-cost, visited on 2021-05-30.

贵和耗时,大量数据存储在境内服务器也会扩大网络攻击风险点,取得适得其反的效果。

最重要的是,全球数据本地化趋势加剧,会造成全球数据流动的新"壁垒",严重阻碍全球数据安全治理的深入推进。从全球层面而言,全球数据安全治理大致分为宽松型、严格型和折中型三大类数据安全治理模式,但细加审视,各国对数据跨境流动的限制程度、本地化存储的程度以及豁免规定等不尽相同[1],再加上各国涉及的区域、双边法律也有所不同,进而致使各国在参与全球数据安全治理中出现了规则及制度的不兼容。因此,主权国家依据自身的治理偏好对数据安全治理进行诠释和演绎,不仅削弱了全球数据安全合作的可能性,引发了规则竞合与管制的冲突[2],而且随着主要经济体的战略竞争愈加分散,加大了建立统一规范的全球数据安全治理规则和体系的难度。

4. 数据霸权主义给全球数据安全治理带来多重挑战

数据霸权是传统霸权在数字经济时代的延续,即指数据资源的富有国凭借数字技术的优势对他国滥用权力,甚至以强权为基础侵犯他国主权的行为,而其实质是数据权利的不平等。[3]美国的数据霸权主义在全球范围内持续扩散,其滥用国家安全名义提升自身数据安全攻防能力,并利用长臂管辖原则,对他国实施大规模数据监控,甚至在数据安全问题中引入意识形态和政治制度等因素,将数据安全问题政治化,

---

[1] 参见冯洁菡、周漾:《跨境数据流动规制:核心议题、国际方案及中国因应》,载《深圳大学学报(人文社会科学版)》2021年第4期。

[2] 参见杨楠:《大国"数据战"与全球数据治理的前景》,载《社会科学》2021年第7期。

[3] Michael Kwet, Digital Colonialism: US Empire and the New Imperialism in the Global South, 60 *Race & Class* 3 (2019).

罔顾全球利益和福祉。①美国学者埃伦·伍德(Ellen Wood)指出,"资本帝国主义所追求的是在'任何可能的地方无须借助于政治统治而树立经济霸权'"②。美国实施数据霸权,既受内在经济失衡和外在危机驱动,更重要的是寻求自身的经济绝对安全,以此维护世界霸权地位。③美国这种野蛮行径不仅会对他国的国家安全、数据主权、社会经济等方面造成威胁,也会对现有的国际合作造成极大冲击,在全球范围内引发一系列的安全困境,催生更多的单边主义政策,使得全球数据安全治理以及合作发展受阻。同时,数据霸权主义也将会导致数据生产、流通和消费等多个环节产生权力不平等,加剧"数字无序"的状态,进而造成网络空间分裂,给全球数据安全治理带来多重阻力。

第四节　推进数据安全治理的中国策略

近年来,中国高度重视数据安全治理工作,陆续出台了《中华人民共和国网络安全法》《中华人民共和国数据安全法》《中华人民共和国个人信息保护法》等一系列数据安全治理的法律法规、政策文件和标准规范。习近平总书记强调:"要切实保障国家数据安全。要加强关键信息基础设施安全保护,强化国家关键数据资源保护能力,增强数据

---

① 参见刘皓琰:《数据霸权与数字帝国主义的新型掠夺》,载《当代经济研究》2021年第2期。
② 〔加拿大〕埃伦·M. 伍德:《资本的帝国》,王恒杰、宋兴无译,上海译文出版社2006年版,第2页。
③ 参见杨云霞:《当代霸权国家经济安全泛化及中国的应对》,载《马克思主义研究》2021年第3期。

安全预警和溯源能力。"①然而,在当前全球数据安全治理现状下,中国依然存在立法体系不够完善、数字技术研发创新能力薄弱、国际合作不足等问题。因此,如何在准确把握国际数据安全问题趋势的基础上,进一步夯实参与全球数据安全治理的实力基础,对于中国来说,意义重大。

一、坚持数据安全流动与发展并重的基本立场

哥本哈根学派创始人巴瑞·布赞(Barry Buzan)指出,"安全化的本质是把公共问题通过政治化途径上升为国家的安全问题,并以非常措施应对威胁"②。当前,面对日趋严峻的大国"数据战",尤其是在以美国为首的西方发达国家数据霸权和单边主义盛行的态势下,中国在参与全球数据安全治理的过程中,应坚守维护国家安全、公共安全以及个人隐私安全的底线,同时兼顾数据保护和数据流动。首先,结合中国的具体国情和所处的发展阶段,确定中国对于数据应用发展"开放"与"限制"的程度,在数据利用与维护国家安全之间找到一个恰当的平衡点。不同于美国"宽松型"以及欧盟"严格型"的数据安全治理模式,中国始终奉行"折中型"数据安全治理模式,全面提升中国参与全球数据安全治理的能力。2020年以来,中国已相继签署《区域全面经济伙伴关系协定》(RCEP)和《中欧投资协定》,并向国际社会发起《全球数据安全倡议》,又积极申请加入《全面与进步跨太平洋伙伴关系协定》

---

① 《审时度势精心谋划超前布局力争主动 实施国家大数据战略加快建设数字中国》,https://www.cntheory.com/zyzzjjtxx/dsjjzgzyzzjjtxx/202110/t20211008_20247.html, 2021年5月30日访问。

② 〔英〕巴瑞·布赞等:《新安全论》,朱宁译,浙江人民出版社2003年版,第36页。

（CPTPP），呼吁各国秉持发展和安全并重的原则，平衡处理技术进步、经济发展与保护国家安全和社会公共利益的关系①，但如何真正将该理念贯彻融入中国对外交往实践中还需进一步思考。其次，面对各主权国家差异化的数据安全治理模式，中国秉持求同存异的立场，在尊重他国数据主权和利益诉求的基础上，推进全球数据安全有序流动。此外，在当前变幻莫测的国际形势下，中国也需实时追踪、持续研判全球数据安全领域内的规则变化，及时评估国际博弈各方力量及利益，这既能够有效借鉴域外有益经验，更有利于规范、科学地应对全球数据安全挑战。

二、构建科学系统的数据安全治理制度体系

"宜细不宜粗"的数据安全立法是提高数据安全立法效力的关键因素。②从当前的情况看，除了美国和欧盟等部分国家或国家集团已经具备了较为成熟的数据安全治理体系，包括中国在内的许多国家在数据安全治理体系中仍处于不断探索和完善的阶段。中国数据安全治理制度体系主要由《中华人民共和国网络安全法》《中华人民共和国数据安全法》《中华人民共和国个人信息保护法》三部法律构成。这些法律法规的出台顺应了国内外形势的发展，已经初步形成数据安全治理的总体制度框架，但在实践操作中还需立足于全球视野，进一步细化数据安全治理细则，为中国深度参与全球数据安全治理建立对话基础。

具体而言，一是要根据不同类型的数据，提出不同的安全要求。全

---

① 《全球数据安全倡议》，https://www.fmprc.gov.cn/web/wjbzhd/t1812949.shtml，2020年9月8日访问。

② 参见许可：《数据安全法：定位、立场与制度构造》，载《经贸法律评论》2019年第3期。

面分析"关键数据"面临的安全形势与风险,建立分级分类保护制度,有针对性地提出安全防控要求。①二是要对数据的全生命周期进行全程安全风险评估和审查监管,重视数据的产生、形成、采集和存储等环节可能产生的安全漏洞以及安全风险,做到提前预警,并建立统一的数据安全相关标准。三是要对政府、企业、个人和其他组织在维护数据安全中的权利义务作出明确的规定。在赋予数据主体对数据的所有权、使用权、财产权、人格权、访问权、被遗忘权和可携权等诸多权利的同时,还要明确维护数据安全的职责和义务,做到责任权利相统一。总之,在当前以美国为首的西方发达国家引领制定全球数据安全治理规则的形势下,构建科学完整的数据安全治理制度体系应当双管齐下、内外结合,对内应以建立健全跨境数据流动安全规则体系为抓手,不断细化相关治理制度建设;对外则以合作共赢为目标,提高中国在全球数据安全治理中的话语权。

三、加强数据安全技术研发及技术标准制定

数据技术是数据安全和隐私保护的治理基础及有效工具。从个人隐私保护到国家数据主权,从事前防范到事后追责,全方位、全流程和全领域的数据安全治理离不开关键技术的应用与突破。近年来,中国虽然在数字技术应用领域取得较大进展,基本建立起围绕个人隐私保护、平台运营安全和网络安全等层面的数据安全技术架构,但是在基础理论、核心器件和算法及软件等层面仍明显落后,这也导致中国信息技术长期存在"空心化"和"低端化"问题,不利于中国提升全球数据安全

---

① 参见朱雪忠、代志在:《总体国家安全观视域下〈数据安全法〉的价值与体系定位》,载《电子政务》2020年第8期。

治理话语权以及规则制定权。特别需要注意的是,全球数据安全治理的深入发展为国际社会在新兴技术层面提供了更多合作需求,各国际行为体加强合作是实现技术进步和增强数据安全防护的关键因素。[1]然而,当前的中美博弈正不断压缩中国对外合作空间,美国在技术、投资及科研项目合作等方面不断对中国设置障碍。美国不仅以国家安全为由,依托"长臂管辖"原则,限制域外企业和国家与中国的合作,同时也联合其盟友在技术标准等方面对中国进行联合压制。[2]在此态势下,中国必须从长期战略规划角度予以政策激励,加快关键技术领域自主研发,为全球数据安全治理筑牢根基。一是加大在芯片、操作系统和传感器等关键前沿技术领域"卡脖子"技术方面的科研攻关,尽快提升相关技术领域的自主创新能力。二是加大相关人才培养。中国在云计算、大数据、人工智能和区块链等技术领域的前沿基础理论与高端人才储备尚存在不足,要从应用研究和基础研究两个方向加强基础人才队伍建设。三是加强数字技术国际交流与合作,以全球视野谋划、推动和鼓励创新,充分利用全球创新资源,实施安全、包容和公平的数据合作治理战略。

四、积极开展并促进数据领域的国际交流与合作

互联网技术的发展使得世界各国的依存程度日益加深,国际社会

---

[1] Greater Cooperation Key to Harness Technological Advances for Mankind's Well-Being, Sustainable Development, https://www.un.org/press/en/2018/ga12080.doc.htm, visited on 2021-12-30.

[2] 参见阙天舒、张纪腾:《人工智能时代背景下的国家安全治理:应用范式、风险识别与路径选择》,载《国际安全研究》2020年第1期。

日益成为一个"一荣俱荣、一损俱损"的命运共同体。①面对层出不穷的数据安全问题,没有任何一个国家能够独善其身。虽然主权国家在数据治理规则制定中存在分歧和冲突,但积极开展国际合作依旧是当前促进全球数据安全治理成功的关键因素。同时,为了最大限度地发挥数据的创新和生产力优势,主权国家应基于包容性、互操作性和公平透明的原则,就全球数据安全治理的核心原则达成共识,并制定共同规则。②中国数据安全领域内的国际合作机制相对滞后,而且存在与现行国际规则不兼容、监管制度灵活性不够以及国际规制缺失等问题。在此形势下,中国应加快探索建立相应的国际治理机制、全球数字规则以及安全治理框架。一方面,中国应积极主动参与数据安全治理的多边或双边谈判,在以对等原则、尊重他国数据主权和利益诉求的前提下,建立统一的跨境数据流动规则,形成共同认可的数据保护机制,实现数据有序和安全的流动;另一方面,面对各主权国家努力扩大数据安全流通"朋友圈"的形势,中国也应积极联合友好国家,扩大数据安全流通的国际"朋友圈"。例如,中国可以借鉴亚太经合组织、G20等已有多边机制建构的数据治理规则,依靠与"一带一路"沿线国家、金砖国家、上海合作组织的友好关系,在发展和平衡中提升全球数据安全治理"中国方案"的影响力,并进一步建立"数据命运共同体",推动构建全球数据安全合作治理的新秩序、新格局。

---

① 参见阙天舒、李虹:《网络空间命运共同体:构建全球网络治理新秩序的中国方案》,载《当代世界与社会主义》2019年第3期。
② Nigel Cory, Robert D. Atkinson & Daniel Castro, Principles and Policies for "Data Free Flow with Trust", https://itif.org/publications/2019/05/27/principles-and-policies-data-free-flow-trust, visited on 2021-12-30.

结　　语

　　当今世界已进入数据时代,海量数据的产生与流转成为"新常态"。随着数据价值的不断提高,数据安全风险也与日俱增。相较于数字化和网络化阶段的传统数据安全,当前的数据安全风险具有更为明显的复杂性、动态性、平衡性和整体性等特点,但不可否认的是,数据安全具有安全问题的共性,即本质上是一种动态、平衡和相对的安全,数据安全的治理核心也在于如何保障数据的安全与合法有序流动。为了应对数据安全治理出现的一系列挑战,国际社会各方在实践中不断探索,但鉴于数据安全的技术与应用特性,有效确保全球数据安全仍然面临诸多现实挑战,包括全球数据安全治理面临标准差异化、规则碎片化和诉求多元化等问题。检视中国现有数据安全相关法律法规不难发现,中国数据安全治理依然存在立法体系不够完善、科技自主创新能力薄弱和国际合作不足等问题,这都与维护中国国家安全和数据安全的现实需要存在明显差距。为了更好地发挥数据安全在维护国家安全中的积极作用,在中国的数据安全立法中,要进一步突出总体国家安全观的立法指导思想地位,明晰数据发展与国家安全的辩证关系,构建科学完整的数据安全法治体系。如何在数字经济背景下,推动国际社会就全球数据的发展与安全达成共识,在尊重数据主权的前提下,建立国际数据流动、公开与共享的机制和标准,让数据成为全人类共享的信息科技成果,是未来亟须面对和解决的共同课题。

第三章
全球卫生安全治理：治理发展与中国策略

健康问题无国界，随着全球化的深入，世界的相互依存度日益提高，全球性公共卫生问题已对国家和全球安全形成重大威胁，与非传染性疾病、生物恐怖主义等一同造成巨大破坏，使得全球政治经济发展失衡，破坏了国家间双边、区域和多边发展战略。而各国相互协调的卫生政策以及其他行为体的相互配合是促进全球卫生安全的重要基础。全球各国受政治利益或经济利益驱使发展出了差异较大的卫生理念，所采取的战略及政策侧重点不尽相同，进而导致各国卫生安全治理政策出现冲突，无法在国际层面进行有效衔接。全球卫生安全治理意在对这种无序状态进行规制，世卫组织和联合国等各类多边机构为实现这一目标提供了平台，通过发挥领导功能，统筹多方行为，化解各国冲突。但其治理失效的现实也表明国际社会需要新的全球卫生安全治理策略。在此背景下，中国的"人类命运共同体"理念与各项实践为实现可持续的全球卫生安全治理贡献出了中国智慧。

第一节　问题的缘起：卫生安全问题的出现及其表现

2020年新冠病毒感染疫情的暴发和持续，造成了世界范围内的危机。这场全球大流疫逼停全球交通、经济、娱乐活动，摧毁人类生命，可谓是二战以来从未有过的世界性动荡。此种情形下，国际各行为体如何增进共识并消除分歧，筑起全球卫生安全防线，防止各项卫生问题产生与扩散，成为亟待解决的难题。

一、卫生安全的范畴与基本属性

1. 卫生安全的范畴

随着卫生外延的扩展，公共卫生界更清楚地认识到疾病对全球的威胁，对卫生与全球政治、社会和经济结构和进程之间的联系也越来越敏感。所以，公共卫生界越来越多地利用安全语言，以寻求国际社会对全球卫生问题的更大的政治关注。但是，卫生安全作为公共卫生领域中的抽象术语，有不同的定义，且这些定义通常不完整、不相容，不足以将这一概念与初级的社区卫生保健概念相区分。更重要的是，不同行为体对这一概念的理解和使用存在巨大差异。发达国家使用该术语来表明国家应保护民众免受恐怖主义和流行病等外部风险的影响。① 例如,传染病的快速传播性质对个人、人口或国家构成威胁;严重的疾病负担(艾滋病等)会对社会、政治、经济和军事等领域造成影响,从而威胁国家和地区的稳定;病原体通过恐怖分子或国家资助的生物武器方案实现武器化,并用于对付军队或平民。而发展中国家和许多大型国际组织则在更广泛的公共卫生背景下理解该术语,在其概念中纳入所有传染性和非传染性疾病,并明确将健康与贫困和不平等联系起来。联合国开发计划署在《1994 年人类发展报告》中提出的卫生安全概念与以前以国家为中心的安全概念不同,这种对卫生安全的理解包括保护弱势群体免遭饥饿、疾病和镇压;缓解贫困;赋予人基本的生命权与健康权等。所以,综合来看,如今的卫生安全既要确保一定限阈内(通常是以国家边界为界限)的卫生状态普遍受控,保护每个公民的健康不受威胁或损害,并且能够针对严重公共卫生安全威胁采取必须的防范、准备和应急行动;又要关注不同限阈内的卫生差异,改善包括弱势群体在内的健康状况,致力于全球健康的实现。

2. 卫生安全的基本属性

首先,卫生安全具有跨域性。从内容上来说,卫生安全代表着众多议题的融合。卫生安全涉及文化、地理、人口、流行病学、经济和性别等内容,成功的卫生干预需要对人群的社会环境、行为、习俗和信仰有深刻的理解,仅靠医疗干预并不能解决公共卫生问题。从空间上来说,卫生安全要求加强不同地区主体间的合作。尤其是随着经济贸易和旅行广度与深度的增加,各地无法完全隔绝疾病的传入或传出。而因重大

---

① William Aldis, Health Security As a Public Health Concept: A Critical Analysis, 23 *Health Policy and Planning* 369 (2008).

传染病的传播造成的广泛的公共卫生危机，也就需要跨地区主体的协调应对，以尽可能减少对不同人群、团体、区域以及跨国的群体健康的危害。

其次，卫生安全具有动态性。卫生问题本就处于长期发展变化之中，相关监测技术、医疗技术同样在不断进步。所以，对于卫生安全的认知与理解也应在动态中进行。如今，卫生安全要求突破传统国家界限，关注世界范围内普遍的安全状态，国际社会也将以前专注于初级医疗保健的卫生安全深化为强调人类个体的生命与健康、主权国家的卫生安全以及世界范围内公共卫生安全的多层次的概念。

最后，卫生安全具有差异性。一方面，卫生安全的差异性体现在不同主体间，全球和各国家内部的经济发展水平与财富收入的分化决定了其卫生医疗水平与医疗基础设施存在严重的差异，因此，这也就导致了不同主体间卫生安全程度的差别。另一方面，卫生安全的差异性体现在不同时间阶段中。曾经受限于落后的医疗技术，人们对天花、鼠疫、肺结核等疾病束手无策，如今已有有效的治理手段，卫生安全程度显著提高。但在现有的发展水平和条件下，任何一个国家都仍然无法保证每一个人能获得"完全健康"，全民健康亦无法实现。

二、卫生安全问题的类型与特点

1. 卫生安全问题的类型

当前卫生安全问题主要分为四种，分别是传染性疾病、抗生素耐药性、空气污染和核生化事件。

第一，传染性疾病。各种传染性疾病仍是影响全球卫生安全的主要因素。2003年出现的"非典"(SARS)、2009年蔓延全球的H1N1流感、2012年的"中东呼吸综合征"(MERS)、2014—2015年致死率极高的西非埃博拉(Ebola)、2015—2016年的寨卡(Zika)、2016—2017年的黄热病以及2020年起肆虐全球的新冠病毒(COVID-19)等,皆是威胁全人类健康与福祉的危险疾病。

第二,抗生素耐药性。世界卫生组织(以下简称"世卫组织")将其定义为微生物对曾经能够治疗该微生物感染的抗菌药物的耐药性。新的耐药机制的不断出现并在全球蔓延,威胁着人类治疗常见传染病的能力,是当今时代最大的公共卫生挑战之一。越来越多的疾病,如肺炎、肺结核、血液中毒、淋病和食源性疾病等,正变得越来越难以治疗,有时甚至无法治疗。未来人类与致病微生物之间的"战役"必将愈演愈烈。①

第三,空气污染。大多数空气污染来自化石能源使用和生产的副产品,特别是燃煤发电厂,以及化工生产产生的烟雾是人为空气污染的主要来源。据世界卫生组织统计,空气污染每年导致全球近700万人死亡②,造成的生产力损失和生活质量下降每年给世界经济造成5万亿美元的损失。③当前,90%的人呼吸的空气中的污染物含量超过了世卫组织的指导方针,其中生活在低收入和中等收入国家的人受害最大。④

第四,核生化事件。核电站事故、核技术被恐怖主义势力获取与辐

---

① 参见欧斌:《构建公共卫生安全全球治理体系》,载《东方论坛》2020年第2期。
② Air pollution, https://www.who.int/health-topics/air-pollution#tab=tab_1, visited on 2021-12-30.
③ Lauren Mccauley, Making Case for Clean Air, World Bank Says Pollution Cost Global Economy $5 Trillion, https://www.who.int/health-topics/air-pollution#tab=tab_1, visited on 2021-12-30.
④ Jillian Mackenzie & Jeff Turrentine, Air Pollution: Everything You Need to Know, https://www.nrdc.org/stories/air-pollution-everything-you-need-know, visited on 2021-12-30.

射源丢失等事件虽然罕见,但具有高度破坏性。1995 年东京地铁沙林毒气事件、1999 年车臣武装分子引爆氯气与氨气储罐事件、2002 年南京汤山毒鼠强恶性投毒事件,都是生化事件的典型案例。① 除了可能造成大量伤亡外,这些事件还可能破坏政府稳定,制造、加剧暴力或助长恐怖主义。另外,单个核生化事件不只会损坏一个地方的基础设施,还可能会大范围破坏周围环境,影响全球供应链的稳定和运转。

2. 卫生安全问题的特点

虽然卫生安全问题种类繁多,但其特点大致相似。一是传播性强,全球化时代,密集且迅速的贸易与人口流动带动了相关细菌或病毒的传播。二是不确定性强,病毒变异可能性大且发病条件复杂,尤其是许多微生物的破坏力、传播方式和耐药能力也在随其生存环境的改变而增强。三是隐蔽性强,空气传播、飞沫传播等特性使得多种病毒或细菌难以被察觉。四是破坏性强,由于流动范围大、科技预测差,很难被人类肉眼发现并加以防范。②

三、全球卫生安全治理的必要性

随着全球化的推进,全球卫生安全不再是一个纯粹的人道主义目标,而是与国家和国际安全、国内和全球经济福祉以及欠发达国家的经济和社会发展都相关的重要因素。多次出现的卫生危机以及由其带来的灾难警示着国际社会要加快推进全球卫生安全治理进程。

---

① 参见欧斌:《构建公共卫生安全全球治理体系》,载《东方论坛》2020 年第 2 期。
② 同上。

1. 全球化背景下卫生与健康议题的"安全化"

全球化的发展和国家间相互依赖的加深、城市化进程的加速以及人类行为的变化,为危害公共卫生的传染病的大范围和跨国流行以及新型病毒的出现创造了机会。[①] 而跨域公共卫生事件的频发,让人们意识到全球公共卫生治理遭遇了结构性挑战,仅靠卫生领域的治理已经难以解决或有效预防全球公共卫生与民众健康领域出现的诸多问题甚至危机。[②] 卫生安全直接或间接地对一国的军事能力、人口、社会稳定和经济发展以及全球贸易、地缘政治和地区稳定均造成了不同程度的影响,成为影响国家安全与国际社会稳定的重要因素。以 COVID-19 为例,截至 2021 年 8 月,COVID-19 在世界范围内广泛传播,超过 400 万人因其死亡,使得全球供应链中断、国家对进口商品和服务的需求减弱、国际旅游业衰退等,威胁各行各业人群的生存。许多国家"撤掉"病毒遏制措施以减轻经济危机的影响,结果却很快不得不面临病毒复苏危机。世界发展进程一再停滞的现实说明推行有效的全球卫生安全治理已刻不容缓。

2. 全球风险社会中各国卫生严重不平等的要求

进入 21 世纪以来,全球卫生安全治理已经取得了显著的进展。天花已被根除;疫苗降低了麻疹和脊髓灰质炎的年度死亡人数;鼠疫、疟疾等大型传染病在全球得到基本控制。然而,持续的贫困以及公共政

[①] 参见张业亮:《美国的全球卫生安全政策——以大湄公河次区域为例的国际政治分析》,载《美国研究》2014 年第 3 期。

[②] 参见唐贤兴、马婷:《健康权保障:从全球公共卫生治理到全球健康治理》,载《复旦国际关系评论》2018 年第 2 期。

策决定不当等造成的卫生危机,仍使低收入和中等收入国家的约10亿人无法充分享受基础健康权益。全球卫生系统正面临重大问题,某些疾病仍在发展中国家肆虐,但发展中国家发现和应对传染病的能力有限[1];因过度使用抗生素,抗生素耐药性对人类、动植物健康的威胁日益增加;各国底层民众因无法负担医疗保健费用易引发社会运动,造成社会动荡等。所以,在全球风险社会背景下,即使卫生安全最终是一种主权国家的责任,但对国内民众的保护需要国际各行为体关注全球卫生不平等的现实,通过加强国际合作与全球治理关注弱势群体的需求,以减少对自身的威胁。

3. 现有技术应对不断加剧的卫生挑战的压力

全球化进程的不断深化戏剧性地改变了全球的疾病谱系[2],进一步增加了各类疾病的种类,促进了其变异,各国民众的健康可能受到新出现的传染病、耐药病原体、受污染的食品供应、化学和生物攻击,甚至是烟草和酒精等有害物质的跨界威胁。各类公共卫生事件的不确定性、传播性也进一步增强,人类面临日趋严峻的公共卫生威胁促使人们重新审视卫生安全治理以及相关技术进步的重要性。传统上属于公共卫生领域的监测和治理行动本身不足以充分解决日渐复杂的卫生问题,这是对公共卫生、微生物学以及相关科学的艰巨挑战,也是对人类处理公共卫生危机能力的磨炼。当前的卫生安全治理现状需要人类联合起来,不断去测试、完善和升级基础广泛的预防策略以及创新监测、诊断和治疗等工具箱。

---

[1] 程春华、杨久华:《未来中长期全球公共卫生安全:发展趋势及其国际政治影响》,载《社会科学》2012年第11期。
[2] 胡玉坤:《公共卫生危机:全球化下的长期挑战》,载《科学大观园》2020年第7期。

第二节 卫生安全问题的全球治理

卫生安全问题的全球治理由来已久,在每一时期皆有不同的发展特点与治理目的。随着世界经济发展水平、科学认知水平和全球化水平的增长以及国际格局的变化,卫生安全治理也逐渐从边缘位置走向国际政治的核心,由单边治理转向多边合作,由单一主体转向多元主体共存,从仅关注传染病转向更广泛的领域(详见表3-1)。

表3-1 全球生物安全发展史

全球卫生安全治理的发展史					
时期	认知/目的	关注点	行动	特点	缺陷
欧洲单边检疫时期(1377—1851)	不知病因、防止欧洲感染"外国"疾病	本国单独控制个别传染性疾病	陆路和海路检疫	各国隔离的时间、检疫的措施	单边制度和不统一的标准阻碍了国际贸易
未成熟的会议外交时期(1851—1892)	认知有限、防止欧洲感染"外国"疾病	传染病防控上新兴的国际合作	陆路和海路检疫、会议外交	欧洲内外差距大	政治因素负面影响大
制度化的卫生协调时期(1892—1946)	广泛接受细菌理论、大国利己主义倾向严重	制度化的国际合作	国际卫生公约与国际组织构成制度化的全球卫生安全治理体系	多个国际卫生组织诞生	帝国主义扩张、经济危机破坏严重

(续表)

全球卫生安全治理的发展史					
时期	认知/目的	关注点	行动	特点	缺陷
普遍的卫生合作时期（1946年至今）	普遍采用细菌理论、健康与安全之间的联系、人人享有健康	制度化的国际合作、国家对全球卫生安全的责任	集中性的全球卫生安全治理	近乎普遍的国家参与、新的国际卫生条例	WHO治理失效

一、全球卫生安全治理的发展

1. 欧洲单边检疫时期(1377—1851)

全球卫生安全治理最早可追溯至欧洲中世纪,当时欧洲各国注重对国家主权和专属领土的绝对统治,所以国际合作机制有限,且跨国人口流动少,疾病原因难以确定。出于保护欧洲免受"外国"疾病侵害的意愿,一些欧洲国家在海港实行单边检疫制度。当14世纪黑死病肆虐欧洲时,意大利意识到海运贸易的船舶和货物中藏匿的老鼠与这场瘟疫的流行之间的关联性,为保护城市居民,拉古萨港的教区长老下令对外来的货运商船和货物实施为期一月之久的检疫措施。在当时医疗水平有限的条件下,所谓检疫也只能起到"隔离观察"的作用,成本高且容易被滥用。[①] 15世纪,欧洲已逐渐形成了一种长期有效的防疫制度,政府派出检疫官登船巡视,建立染疫隔离所,暴露消毒货物等。这些有效的方法也被其他国家所借鉴。16世纪,海港卫生检疫的理念已基本

[①] Mark Harrison, Disease, Diplomacy and International Commerce: The Origins of International Sanitary Regulation in the Nineteenth Century, 2 *Journal of Global History* 197 (2006).

被西方人所接受,但由于各国隔离的时间、检疫的措施等各不相同①,国际贸易运输受到严重影响。

2. 不成熟的会议外交时期(1851—1892)

由于国家间往来的增多以及单边检疫制度无法有效应对严重传染病的缺陷,以国际会议为代表的国际对话和安全协调机制代替了原有的全球卫生安全治理制度。1851年,世界多国在法国巴黎召开了第一届国际卫生大会,讨论各国在霍乱、瘟疫和黄热病等方面的合作,这标志着公共卫生安全领域国际合作的开始。但是在当时的国际会议中,尽管各国达成了霍乱等传染性疾病与全人类相关的共识,但其关注重点仍是围绕如何降低传统的防疫屏障,保护欧洲免受疾病输入的影响展开。世界其他贫穷国家与地区仍要忍受疾病肆虐、加剧卫生危机的脏污的生存条件以及落后的卫生医疗系统。因此,各国的利益较量以及对疾病病因的分歧使得当时的国际卫生安全会议成果有限。但也确立了一些有效的卫生安全治理制度,如确定假定的风险群体和潜在的疾病传播者以对相关人群进行针对性隔离等。

3. 制度化的卫生协调时期(1892—1946)

科学认知发展和技术进步在每个领域都发挥了重要作用,是当今疾病监测和控制的基础。19世纪"微生物会滋生许多严重疾病(如霍乱和结核病)"的发现促进了20世纪控制传染病的卫生安全治理行动,如普遍的儿童疫苗接种计划等。这些技术创新和细菌理论的发展促进了19世纪末20世纪初各国为防止疾病跨越国界传播而加强的国

---

① 粤海关博物馆:《粤海关海港检疫与欧洲海港检疫的历史渊源(上篇)》,https://mp.weixin.qq.com/s/AfmsLh541fhxg9Gpa1ymrg,2021年5月30日访问。

际合作,国际卫生办公室和国际联盟的卫生组织等政府间组织以及控制霍乱的国际卫生公约、处理鼠疫的预防性方法、提供天花和斑疹伤寒的预防、航空国际卫生公约等国际法律公约构成了制度化的全球卫生安全治理体系。然而,半个世纪的国际卫生外交也证明了全球卫生安全治理在国家阴谋和国际政治动荡中十分脆弱,大国政治博弈使得国际多边机制一再被破坏,帝国主义扩张、两次世界大战和全球经济大萧条都严重削弱了公共卫生安全领域的国际合作前景。

4. 普遍的卫生合作时期(1946 年至今)

战后世界秩序的重建和国际联盟的解体促进了全球卫生安全治理从制度化的卫生协调时期向普遍的卫生合作时期过渡。1946 年,纽约国际卫生会议通过了《WHO 宪章》,世卫组织成立,该组织拥有 193 个会员国,并设立了 1 个总部、6 个区域办事处和 147 个国家办事处。[①] 由此,集中性的全球卫生安全治理得以实现。1969 年通过并多次修订的《国际卫生条例》,构建了比较完整的国际卫生法治体系,亦是目前约束 WHO 成员国之间传染病防治工作的重要国际法。[②] 同时,其他众多国际组织如红十字会、无国界医生组织、联合国开发计划署,私营组织如基金会、跨国公司等皆在全球卫生安全治理中发挥显著作用。另外,在 20 世纪末和 21 世纪初,受全球化进程的影响,全球卫生安全不再仅限于解决狭义的跨境卫生问题,还包括在世界范围内通过广泛的国际合作根除疾病(如脊髓灰质炎)、抗生素耐药性、粮食安全、城市化、移民和气候变化等问题。

[①] 《世卫组织总干事2021 年 1 月 11 日在"同一个地球"峰会上的开幕词》,https://www.who.int/zh/director-general/speeches/detail/who-director-general-s-opening-remarks-at-the-one-planet-summit-11-january-2021,2021 年 12 月 30 日访问。

[②] 参见刘晓红:《国际公共卫生安全全球治理的国际法之维》,载《法学》2020 年第 4 期。

二、全球卫生安全治理的主要领域

卫生安全问题复杂多变,主体多元,涉及国家、国际组织与跨国公司等;层次多维,包含全球、国家与地方等层面;内容广泛,不仅包括传统流行病与生物恐怖主义,还包括与烟草消费和肥胖等相关的非传染性疾病、生态恶化给人体健康造成的损害,以及实现全民健康覆盖的可持续卫生安全系统等。

1. 对重大疾病的治理

全球疾病负担包括传染性和非传染性公共卫生风险,是全球卫生安全治理的最主要内容。其中,传染病一直与战争和饥荒并列为人类进步和生存的主要挑战,是全世界死亡和致残的主要原因之一。据估计,全世界每年 5700 万人的死亡人群中约有 1500 万人的死亡与传染病直接相关。[1]普通传染病的传播呈现出明显的区域差异,在发展中国家,传染病主要集中在撒哈拉以南非洲、亚洲和拉丁美洲的农村地区;在发达国家,传染病死亡病例主要集中在土著和困难群体。突发的具有高度传染性的传染病往往会在全球蔓延,有必要加强对传染病的监测和治理。如美国的新发感染计划(EIP)是由国家卫生部门及各地方卫生部门、学术机构、其他联邦机构以及感染预防专家、医疗保健提供者等公共卫生和临床实验室中的合作者组成的网络,利用国家医疗保健安全网络(NHSN)中的各类设施中对广泛监测获得的数据进行评

---

[1] David M. Morens, Gregory K. Folkers & Anthony S. Fauci, The Challenge of Emerging and Re-emerging Infectious Diseases, 430 Nature 242 (2004).

估,估计传染病发生概率,作用显著。但重大传染病的传播需要跨地区主体的协调应对,世卫组织概述了以下高度优先领域:加强全球传染病监测;建立必要的国家和国际基础设施以识别、报告和应对新发传染病;进一步开展传染病的研究活动;增强国际传染病防控能力。①

世界多个国家正在同时经历快速的流行病学转变,其特点是从以传染病为主的疾病负担转向以慢性非传染性疾病为主的疾病负担,相关疾病也已成为严重危害人民健康、影响生命质量及经济社会发展的重大公共卫生和社会问题。当今人类日益增加的健康风险与城市化进程的加快和生活方式的改变密切相关,尤其是空气污染、不健康的饮食、缺乏身体活动、吸烟和过度饮酒等工作和生活习惯的变化增加了相关人群身体健康负担与心理压力。世卫组织资料显示,每年全球有4100万人因非传染性疾病死亡,占全球所有死亡人数的71%。② 尽管如此,全球对非传染性疾病的资助仍相对较少且协调不力,许多卫生界人士呼吁加大力度应对罕见病与慢性非传染性疾病。全球预防肥胖和相关慢性病联盟汇集了5个从事于非传染性疾病护理和预防工作的国际非政府组织,其目标是支持实施世卫组织关于饮食、体育活动和健康的全球战略,牛津卫生联盟在预防非传染性疾病方面也发挥着类似的作用。

2. 对生物化学技术的管控

目前,在生物技术领域内具有重大影响的许多关键技术都具有明

---

① Report of the Second WHO Meeting on Emerging Infectious Diseases, https://apps.who.int/iris/bitstream/handle/10665/61106/WHO_CDS_BVI_95.2.pdf?sequence=1, visited on 2021-12-30.
② 冯迪凡:《WHO:新冠疫情下癌症等非传染性疾病防治遭严重干扰》,https://www.yicai.com/news/100652083.html,2021年12月30日访问。

显的双重用途,既可用于人类的医疗保健、防病治病、提高人类的生活质量、促进经济发展等目的,也可谬用于生物恐怖活动等目的,部分技术的潜在隐患逐渐显现。[1] 一方面,各类生物基因技术或实验造成的生态问题、健康问题、伦理问题等表明国际社会必须对其加强管控。例如,DNA 重组技术的出现,为分子遗传学、育种学以及医学遗传学等研究开辟了崭新的途径,但在实际应用中发现,转基因作物作为食物进入人体很有可能出现某些毒理作用和过敏反应[2];基因组计划和基因组测序技术的发展也带来了"克隆人是否享有与自然人同等的人权""基因被复制导致个人隐私泄露"等伦理和道德问题。长期以来,中国就十分重视生物化学技术的安全问题。相继颁布了《基因工程安全管理办法》《人类遗传资源管理暂行办法》《农业转基因生物安全管理条例》《农业转基因生物标识管理办法》《微生物和生物医学实验室生物安全通用准则》《病原微生物实验室生物安全管理条例》等法律文件,以促进我国生物技术的安全发展。

另一方面,管控生物化学技术也包括对生化武器的打击。生化技术的进步对军备控制构成了严峻挑战。这种挑战既在于技术变革的快速推进与多边谈判的相对缓慢之间的不匹配,也在于国际社会对广泛使用的生物化学技术的监测和检查缺乏统一的规范与标准。基础技术的全球传播增加了国家、团体或个人滥用、误用、泄露这些技术的可能性,发达国家甚至是贫困国家都拥有生产生物化学武器的资源和技术。新的基因编辑技术甚至增加了针对特定种族的预设型生物武器的可能性。为避免出现这种国际和人类安全困境,国际社会应推动构建适当

---

[1] 朱联辉、田德桥、郑涛:《生物技术发展与风险管控》,载《军事医学科学院院刊》2009 年第 5 期。
[2] 同上。

的预防和响应网络,使世界能够从这项技术中受益,同时最大限度地减少其危险。世界上大多数国家都签署了《禁止生物武器公约》,该国际条约虽然缺乏执行机制,但至少让国际社会达成了反对使用生物武器的共识。①

3. 对生态危机的治理

人类的行为正在改变着自然环境系统,自然环境系统是人类健康的基础,其被破坏将使得卫生不平等问题更加严重。②人与其他生命是一种共生共存的关系,某个物种的消亡,反过来也可能威胁到人类族群的生存,尊重和敬畏生命才能凸显人类伦理的深度和广度。人类应当维护大自然的生态平衡,实现自然的外在程度与人的内在尺度的辩证统一。③然而,现实的生态环境不容乐观。最近的研究证实,冰川融化的速度比预期的要快,而且海水酸化对海洋生态系统造成灾难性影响的速度也比预期的要快。其他重要的地球生态系统同样面临危险。土壤被破坏,淡水短缺,鱼类资源急剧减少等,生物多样性正在以惊人的速度消失。越来越多的科学家发出警告,现有文明的崩溃是不可避免的。如果人类在未来30年内不从根本上改变社会发展的进程,那么所有文明深度崩溃将无法避免。④

世界自然保护联盟(IUCN)将生态治理定义为"多层次的互动(即

---

① Glenn Cross & Lynn Klotz, Twenty-first century perspectives on the Biological Weapon Convention: Continued Relevance or Toothless Paper Tiger, 76 *Bulletin of the Atomic Scientists* 185 (2020).

② Anthony John McMichael et al., Global Environmental Change and Health: Impacts, Inequalities, and the Health Sector, https://doi.org/10.1136/bmj.39392.473727.AD, visited on 2021-12-30.

③ 刘增辉、曾汉君:《把握人类卫生健康共同体构建的三重维度》,载《南方日报》2021年5月10日第11版。

④ Kevin MacKay, The Ecological Crisis is a Political Crisis, https://mahb.stanford.edu/blog/ecological-crisis-political-crisis/, visited on 2021-12-30.

地方、国家、国际/全球)"。它们以正式和非正式的方式进行互动;制定和实施政策以回应与环境相关的需求和社会投入;受规则、程序、流程和广泛接受的行为的约束;具有"善治"的特点;以实现环境可持续发展。①首先,地方层面的治理要求将决策权从中央转移到地方,地方可以通过采取适当的政策和战略、进行知识和经验交流、建立伙伴关系、科学地管理土地利用、监测生物多样性和优化资源利用或减少消耗等方式解决与生物多样性有关的问题。然而,相较于国际和国家层面,地方治理常常因影响范围小、地方政府权力小而被边缘化。其次,国家层面的治理是推动所有政策协议落实的基础,但中间层整合的主要障碍往往在于发展主义惯性在国家政治思维中占据主导地位,即认为生态保护抑制经济和社会发展。因此,确立并实施可持续发展战略应是每个国家的共识。例如,中国把"人与自然生命共同体"理念纳入"人类命运共同体"的宏观视野,凸显了生态文明建设对美丽中国和清洁美丽世界建设的战略意义。②最后,全球层面的治理需要通过国家政府、非政府组织和其他国际组织等的多边合作实现。迄今为止,国际生态治理成果颇多,《生物多样性公约》《京都议定书》《巴黎协定》《联合国防治荒漠化公约》《蒙特利尔议定书》《濒危野生动植物种国际贸易公约》等皆在其对应领域发挥了重要作用。但领导力量缺乏、国际法的强制性约束力弱、归责标准难以协调、大国强权政治等因素阻碍了全球生态危机治理的进程,也减缓了全球卫生安全治理的步伐。

---

① Juan Carlos Sanchez, Legal Frameworks for Ecosystem-based Governance, https://www.iucn.org/sites/dev/files/content/documents/juan_carlos_sanchez-iucn.pdf, visited on 2021-05-30.
② 黄承梁:《构建人与自然生命共同体的基本原则》,https://mp.weixin.qq.com/s/jIc2PLcAyWkS7CyXv9a5aw,2021年12月30日访问。

4. 对全民健康覆盖的努力

全民健康覆盖(UHC)意味着所有人都能在不遭受经济困难的情况下获得所需的卫生服务。它包括从健康促进到整个生命过程中的预防、治疗、康复和姑息治疗的全方位的基本优质卫生服务。[①] 2019年,世界各国在联合国大会全民健康覆盖高级别会议上重申了对实现UHC并确保到2030年人人享有健康生活和福祉的承诺,旨在促进各国加快提高医疗服务覆盖率的进程,包括财务风险保护、获得优质的基本医疗保健服务等。包括世界银行集团在内的12个联合签署方还启动了"人人享有健康生活和福祉全球行动计划"(GAP),为各国实现这一目标提供支持。2020年1月,第二届全民健康覆盖论坛在曼谷举行,旨在提升全民健康覆盖在国际论坛上的政治动力。

但是,实践中各国政府推进全民健康覆盖的进度不一。首先,人人获得负担得起的优质初级医疗保健是全民健康覆盖的基石,但仍有许多群体的基本医疗保健需求尚未得到满足。在南亚、拉丁美洲以及非洲等地的欠发达国家,人们必须加入与其就业挂钩的健康保险计划或穷人计划,才能获得医疗服务。这使得数亿人得不到有效的医疗保障,而随着新冠病毒感染疫情导致的失业率上升,这一数字也将上升。[②] 与其相反的是,发达国家在全民健康覆盖方面取得了更显著的结果。事实上,只有10%的医学研发支出旨在解决影响全球90%最贫困人口

[①] Universal Health Coverage (UHC), https://www.who.int/news-room/fact-sheets/detail/universal-health-coverage-(uhc), visited on 2021-05-30.

[②] State of Commitment to Universal Health Coverage: Synthesis, 2020, https://www.uhc2030.org/fileadmin/uploads/uhc2030/Documents/Key_Issues/State_of_UHC/SoUHCC_synthesis_2020_final_web.pdf, visited on 2021-05-30.

的健康问题。①

其次,发达国家的经济利益优先于发展中国家的健康利益。如世界银行和世界贸易组织的政策致力于减少发展中国家的贸易壁垒,却常常忽视当地的卫生条件。在全球卫生分配方面,拥有大部分药品知识产权、经济实力雄厚的发达国家与公共卫生水平低、危机频发且无力生产、购买药品的发展中国家、不发达国家的两极化发展态势愈发严重:富国越富、穷国越穷,并且落后地区陷入了卫生条件恶化与贫困的恶性循环。

最后,经常被忽视的心理健康也是全民健康覆盖的一个重要因素。随着现代社会的发展,人们的恐惧也在增加,如担心自己和家人的健康(包括担心死亡和长期健康影响)、失业和收入损失、贫困、饥饿,以及被孤立和歧视。这种个人和集体恐惧甚至会分裂人群,对社会凝聚力造成重大威胁,威胁社会稳定。特别是在重大卫生危机时期,民众的恐惧心理和由此导致的破坏性行为的数量会显著增长,关键在于国家无法保障其在特殊时期享受全面的医疗卫生服务。

第三节 全球卫生安全治理存在的问题

尽管国际社会在全球卫生安全治理方面已取得诸多成就,但当前全球卫生安全治理仍处于缓慢甚至停滞的发展阶段,主权国家间的政

---

① Samuel W. Singler, The Rise of Global Health: How Did Health Become a Matter of Global Concern? 8 *Inquiries Journal* 2 (2016).

治经济博弈干扰了卫生议题的谈判与政策施行;残缺的全球卫生治理机制与重叠失效的规范无法对主权国家形成有效制约;卫生危机和卫生不平等问题愈发严重。

一、主权国家间博弈的复杂化

进入21世纪以来,新兴国家群体性崛起,以美国为首的西方国家实力相对下滑,国际上形成了"东升西降"的局面,这种局面的形成冲击着原有的国际格局[①],在全球治理中滋生出更多矛盾。一是大国参与全球卫生安全治理的意愿普遍减弱。一方面,国际权力结构变化导致的国家利益与国际利益的冲突是大国参与全球公共卫生治理意愿减弱的根本原因。许多发达国家认为其权力逐渐被束缚在现有国际规则中,其所需承担的国际责任和义务超过了自身的承受范围,甚至损害了其国家利益。因此,这些大国拒绝参与某些卫生安全治理行动。另一方面,各国对全球卫生安全治理中的各类问题的兴趣程度不一。例如,随着发达国家在降低传染病风险方面取得了进展,它们对促进旨在全球解决这些疾病的国际制度失去了兴趣。二是如今全球治理中的"搭便车"行为,使各行为体参与全球卫生领域多边合作的积极性降低,治理工作难度增加。例如,发达国家一直要求发展中国家在国际减排行动中承担更多的减排义务,美国甚至在此前退出了《巴黎协定》,使得全球气候治理进程一再受到阻碍。

---

① 参见沈文辉:《全球公共卫生治理的困境与出路》,载《东方论坛》2021年第1期。

二、全球卫生安全治理规则的缺失

斯蒂芬·克拉斯纳(Stephen D. Krasner)将国际机制要素之一的规则定义为行动的具体规定或禁令。① 而在当今全球卫生安全治理中,相关规则的不完善致使世卫组织运行不畅且部分功能失调,国际社会失信现象普遍存在。首先,作为全球公共卫生安全治理最重要的机构,世卫组织在近年来的多次突发公共卫生危机中应对不力甚至失灵。如 2013 年底暴发埃博拉疫情,世卫组织在次年 7 月才开始召开国际会议商讨应对策略。另外,自世卫组织成立以来,其发布了大量包括传染病控制、环境卫生标准、反生物恐怖主义及医药方面的各种决议、标准、建议和指南,形成了庞大的软法体系。但这些软法并不具有外部强制力,仅靠成员国自愿遵守。例如,虽然《世界卫生组织宪章》承认法律在国家公共卫生中的作用,但其核心使命只是为国家合作实现商定的公共卫生目标提供标准、实践和技术建议。②因此世卫组织在督促成员国采取卫生安全治理行动等方面的效力十分薄弱。其次,权威性领导机构的缺位加上全球卫生安全治理领域立法的空白,导致国际社会失信行为频繁出现。主权国家作为理性行为者,一切政策和行动都以国家利益为出发点和落脚点,若是集体行动使其国家利益受损,它就可能采取背叛行为,并且不会遭受实质性的损失。例如,2020 年美国威胁将对

---

① Stephen D. Krasner, Structural Causes and Regime Consequences: Regimes as Intervening Variables, 36 *International Organization* 185 (1982).

② Thomas E. Novotny, Global Governance and Public Health Security in the 21st Century, 38 *California Western International Law Journal* 19 (2007).

世卫组织永久"断供"并考虑退出世卫组织,但这一行为也只是招致了国际社会的舆论谴责。

三、规范的碎片化与重叠

规范作为一种规定了权利和义务的行为标准,是指导全球卫生安全治理,协调各行为体行动,凝聚全球合力的重要存在,但其碎片化与重叠问题对卫生安全治理实践产生了严重的负面影响。一方面,众多国际组织以不同方式参与全球卫生治理,使得治理政策难以系统化。例如,除世卫组织外,国际贸易组织通过争端解决机制裁决卫生领域的国际纠纷,具有极大影响力;世界银行、国际货币基金组织,以及盖茨基金会等慈善机构每年为全球各项卫生项目提供近百亿美元的资金注入;世界动物卫生组织、国际植物保护公约组织也分担了具体的公共卫生治理职责等。这些组织的加入似乎填补了相关领域的空白,但也造成了世卫组织权威的分散以及国际规范的失调和低效。另一方面,随着参与者和问题的增加,解决全球卫生问题的外交议题的数量和多样性也有所扩大。许多专家认为分散与限制能够实现利益、战略和资源的融合,但这往往使发展中国家难以有效参与。[①]外交议题的数量在全球卫生领域的分布并不均匀,一些问题,如艾滋病,有许多重叠的议程和资金投入;而其他问题,如肥胖、交通伤害和心理健康,则得到较少的政治关注和资金。这更影响了全球卫生安全治理中行为体的凝聚力。

---

① David P. Fidler, The Challenges of Global Health Governance, https://www.cfr.org/report/challenges-global-health-governance, visited on 2021-12-30.

四、全球财富分配失衡的加剧

全球化已经将人类带入一个"资本化"的世界,虽然资本化带来的是全球经济的空前繁荣,但福利国家的衰落、国家权力的分散、世界政府的缺位,使全球财富的分配出现了严重的不平衡。① 一方面,这种不平衡表现为国家贫富两极分化。另一方面,这不仅是简单的地理上的贫富分化,还是以人为单位的贫富分化。"中心"和"边缘"逐渐被用来描述社会阶层的位置,而非地理位置。2021 年 6 月 22 日,瑞士信贷(Credit Suisse)发布《2021 全球财富报告》,清晰地整理了一年的全球财富变化和走向。到 2020 年底,全球 55%的人拥有的财富仅为 5.5 万亿美元,占全球财富的比重为 1.3%。而最富有的 10%的人群却拥有全球 82%的财富,其中,最富有的 1%的人群拥有全球近一半(45.8%)的财富。②悬殊的财富差异提升了健康风险:许多发展中国家长期依赖国际援助,公共卫生预算捉襟见肘,卫生安全能力低下。营养不良和医疗卫生服务的匮乏使贫困人群更容易遭受传染病和其他生物性威胁的侵害,全世界约八亿人因饥饿而高发各种疾病,低收入和中低收入国家五岁以下儿童死于肺炎和腹泻的数量占全球同类死亡人数的 90%。在人类平均预期寿命稳步提高的同时,贫富国家之间人口预期寿命差距最高达 38 年。③在严重的健康和经济危机时期,世界财富的分配加速失

---

① 参见姚璐、徐立恒、张国桐:《论全球正义——关于正义问题及实现路径的分析》,载《太平洋学报》2015 年第 3 期。

② The Global Wealth Report 2021, http://docs.dpaq.de/17706-global-wealth-report-2021-en.pdf, visited on 2021-12-30.

③ 徐彤武:《当代全球卫生安全与中国的对策》,载《国际政治研究》2017 年第 3 期。

衡正在引发道德、社会和政治危机,持续加剧全球卫生安全治理的困难。

第四节 推进全球卫生安全治理的中国策略

面对各类卫生安全问题,中国积极承担与其经济实力增长相匹配的全球卫生安全治理领域的责任,为推动全球卫生安全治理能力与体系建设提供了行之有效的"中国方案"。习近平主席在2021年博鳌亚洲论坛开幕式上的主旨演讲中提出了"我们要同舟共济,开创健康安全的未来"的倡议,强调"要全面加强全球公共卫生安全治理,共同构建人类卫生健康共同体"①。这为人类命运共同体理念的发展注入了新的时代内涵,进一步丰富了其在后疫情时代的价值意蕴。首先,人类命运共同体继承了"天下大同"思想中天下一家的主张,并以"和合共生"为基础打造国家之间的国际平等关系、构筑自然绿色的生态系统、促进和而不同、兼收并蓄的文明交流。其次,人类命运共同体理念强调关注中国与西方之间的共同点,包括广泛共享的国际规范和国际机构,强调发展"对话、不对抗、不结盟"为基础的国际伙伴关系,为广泛的国际合作奠定积极的基调和基础。最后,"人类命运共同体"是经济、政治和人道主义领域以及安全领域的多边合作概念,是通过建立"利益共同

---

① 刘增辉、曾汉君:《把握人类卫生健康共同体构建的三重维度》,载《南方日报》2021年5月10日第11版。

体"和"责任共同体"来实现的①,其蕴含着对人类的尊重与关切,对公平正义的坚守与维护。多年来,人类命运共同体理念日趋成熟,在全球范围内引起共鸣,在瞬息万变的世界中发出强有力的声音。而人类命运共同体设想的实现以及人类卫生健康共同体的构建需要有相应的机制支撑。

一、以国际组织为基础的领导和惩罚机制

首先,中国坚定地维护世卫组织在全球卫生安全治理中的领导地位,以确保其权威性。世卫组织作为世界上最广泛的国际性卫生组织,由其带领国际社会应对跨国传染性疾病,进行全球范围内的医疗物资和人员调配以及疫情防控合作,无疑可以充分发挥其便捷性。其次,中国支持并推动世卫组织改革。世卫组织应把关注点放在提高公共卫生风险预警能力、集体行动协调能力、应急决策执行能力、规章制度约束力和数据信息共享能力等方面,使其能够在全球公共卫生治理中扮演关键角色、发挥领导作用。② 最后,中国尊重并维护国家在卫生安全治理中的主权,因此致力于推动权威且有力的国际惩罚机制的建立,以减少国际合作中的失信行为或不法行为。可在世卫组织层面建立相应的机构,专门就卫生危机的溯源问题开展工作,在卫生危机发生后立即开展相应的调查。另外,此类惩罚机构也可督促主要大国保持克制,切实履行《国际卫生条例(2005)》等国际法下的国际义务,确保其对世卫组

---

① Alexandr V. Semenov, The "Community of a Shared Future for Humankind" Concept in China's Foreign Policy Strategy, 63 *Mirovaia Ekonomika i Mezhdunarodnye Otnosheniia* 72 (2019).

② 参见王天韵:《从抗击新冠疫情的国际实践看全球卫生治理改革》,载《中央民族大学学报(哲学社会科学版)》2020年第4期。

织的政治支持和经费保障。

二、以多边参与为过程的互信与合作机制

集体战略、集体机构和集体责任感在应对21世纪的全球健康挑战中是必不可少的。[①]因此,中国主张形成全球性的共商共建共享网络,以增进国际社会的互信,为开展卫生安全治理的国际合作实践提供更加精准的指引。第一,主动设置议题以寻求多边共识,加强以世卫组织为代表的多边国际组织的合作,尤其是注重推动全球疫苗免疫联盟(GAVI)、应对传染病创新联盟(CEPI)等复合型多边全球卫生机构在具体领域中发挥作用,为国家合作提供可信平台,同时增进专业化水平以提高资源利用率。第二,扩大各卫生安全大国的交流与合作。当前主要西方国家在全球卫生安全领域的能力、领导力和贡献度已被国际社会绝大多数成员认可[②],其在本国卫生安全治理和国际合作中有着丰富的经验,彼此增进合作可以形成合力。例如,中美可以保持双边互动,在研制疫苗、使用疫苗、数字化应用等方面深度合作形成巨大的聚合效应。同时推动建立包括中美在内的多边、"三角"合作行动机制,推进新冠病毒疫苗实施计划(COVAX)的落实等。第三,持续关注"一带一路"沿线国家卫生安全的脆弱性,创新中国的对外卫生发展援助方式等。中国还可视情况拓展和提升合作规模、等级,将区域论坛、帮扶机构等提升为国际性机制,通过经验分享与互鉴,提升全球卫生安全治理水平。

---

① The Idea of a Community with a Shared Future, http://www.chinatoday.com.cn/ctenglish/2018/commentaries/202101/t20210128_800234170.html, visited on 2021-12-30.
② 参见徐彤武:《当代全球卫生安全与中国的对策》,载《国际政治研究》2017年第3期。

三、以制度性法律为保障的规范与协调机制

如何让国际社会走出自然状态,进入有序的文明社会?最重要的是要建立一个得到普遍认同的正义秩序。①而这一正义秩序实现的基础就在于国际社会各行为体之间的规范与协调。一方面,在于对主权国家的限制。在全球卫生安全事务中,发达国家因强大的经济和军事实力掌握了更多话语权,对众多国际组织也有较强的把控力。因此,其便会肆意践踏某些发展中国家的利益,甚至打着维护人权和正义的旗号,干涉他国内政和主权,严重破坏了国际秩序。另一方面,在于对多元主体的协调。全球卫生安全治理已经不仅限于狭义的医疗卫生范畴,而是涉及贸易、环境、武器控制、人权等多项领域。例如,WTO拥有许多与卫生服务贸易相关的协定,通过协调裁决来解决国际事务争端,具有领导和促进国际卫生法律理性和有效发展的唯一授权。②中国承认并鼓励多样化的国际行为体参与全球治理,并努力推动构建完善的全球民主制度和国际法体系。第一,积极呼吁将发展中国家、地区组织、非国家行为体等都纳入全球卫生安全议题的讨论中,尊重其充分表达、提出建议的权利,赋予其合法的主体地位,充分发挥其在全球卫生安全治理中的作用。第二,助力众多国际组织建立和完善公正、开放、全面的民主决策程序和监督程序,确保全球政治结果契合民主化的精神。第三,督促世卫组织等善用立法权,"硬法"和"软法"兼施,以条

---

① 参见赵可金:《全球公民社会与国际政治中的正义问题》,载《国际观察》2006年第4期。
② 参见刘晓红:《国际公共卫生安全全球治理的国际法之维》,载《法学》2020年第4期。

例、条约或公约的方式规定各国权责内容,利用建议、指南和技术标准等指导各国应对公共卫生危机,创造稳定和谐的国际秩序。

四、以技术合作和援助为动力的发展机制

科技进步是构建人类命运共同体和人类卫生健康共同体的基础,更是其动力。然而,面对全球卫生安全挑战,仅靠单个国家或地区的科技力量难以完全应对,需要世界各国开展务实有效的国际合作。① 首先,中国可通过倡导各行为体建立一个全球性的卫生威胁监测与预警系统,以实现对全球范围内各项卫生风险的监测分析。第一,系统需覆盖关键的高风险节点,如新发传染病高风险和人畜共患病交叉的主要地理区域、高生物安全等级的实验室和医院等地点;第二,各行为体必须在数据共享、数据系统和技术的互操作性标准等问题上达成政治共识;第三,各行为体共同挑选人员并组建相关团队,包括具有专业背景的领导者、训练有素的科研人员、专门与各行为体对接的人员等。其次,全球性系统的建立必须以相应的技术援助为前提,中国可以以更开放的姿态深化对外技术援助,并结合国内外成功经验创新援助机制与管理方式,在国际卫生治理中形成具有中国特色的技术援助模式。具体的援助方式可包括:第一,加快人员部署,帮助非洲、拉丁美洲等地区的贫穷国家培养相关科技人才;第二,加快技术部署,建立健全卫生基础设施,推进生物检测系统的互联互通;第三,加快机构部署,如确立对口职能部门,以及时反馈各类卫生安全问题、响应卫生行动等,第四,中国等对外技术援助国家要警惕技术鸿沟的风险。对发展中国家的技术

---

① 刘增辉、曾汉君:《把握人类卫生健康共同体构建的三重维度》,载《南方日报》2021年5月10日第11版。

援助,或许需获取并评估其整体国民的健康数据,制定国家数字卫生战略,而这种技术的不平等可能会损害边缘化国家和边缘化人群的部分权益。例如在技术鸿沟下,其他国家的技术援助与系统布置可能使受援国家几乎完全暴露于对方面前,国家决策与行动皆被监视有损其国家主权与利益;全球性卫生安全系统的建立有赖于不断深化的公私伙伴关系,以盈利为导向的私人集团可能会利用获取的大量隐私数据牟利等。

结　　语

随着全球贸易、旅游和移民的普及,世界各地的人口流动日益频繁。全球卫生安全治理正在发生变化,以应对疾病的蔓延与变异、全球生态的恶化、政府权力结构的变化、国际组织能力的削弱等多重全球危机。值得注意的是,民间社会和商业部门在全球卫生中的作用日益增强。中国也一直在通过提供"中国智慧"与"中国方案"创新全球卫生安全治理理念,搭建国际合作平台等具体行动助力全球卫生安全。当今世界卫生状况和国际公共卫生危机治理的实践充分表明唯有团结协作才能应对和化解全球性的卫生健康风险挑战。

第四章
全球生物安全治理:国际治理与中国方案

生物安全是全球安全治理中的新议题。现阶段,一些主权国家不断加强对生物安全的治理,在生物试剂与生物武器安全、生物多样性、生物技术安全和传染病生物安全等领域都实现了重大突破。但从长远来看,全球生物安全治理仍存在着主权国家之间欠缺政治合作、全球生物安全治理机制仍不完善以及国际社会对调查未知生物事件能力不足等问题。中国颁布了《中华人民共和国生物安全法》(以下简称《生物安全法》),将生物安全放在国家安全的重要议程之中。在此背景下,中国要以人类命运共同体为基点、以全球生物安全对话为基准、以《生物安全法》为基石,推动生物安全治理向更深层次发展。

第一节 问题缘起:生物安全问题的出现及其表现

在快速变化的世界中,生物安全处于医疗、生物、生态、社会经济和政治系统等领域的交叉点。正如有学者所言:"我们应该把新出现的生物安全威胁看作是扔进池塘的一块鹅卵石,池塘代表着世界。起初,有些东西可能看起来像鹅卵石一样微小,但它的涟漪效应最终会到达最远的角落,而随着大流行,这种影响可能是灾难性的。"①

一、生物安全的界定

生物安全是一个难以概念化的模糊术语。通常,生物安全(biosafety)和生物安保(biosecurity)被整合在一起,即"广义上的生物安全和生物安保……是指一个国家有效应对生物威胁和相关因素的能力"②。本文将从四个方面,阐释"生物安全"的界定。

一是农业和环境团体最早使用"生物安全"一词。生物安全最初用于描述一种旨在预防或减少作物和牲畜中自然发生的传染病和害虫传播的方法。2003年联合国粮食及农业组织将生物安全进一步界定为:一种战略性综合方法,包括政策和监管框架,用于分析和管理食品安全、动物生命和健康以及植物生命和健康领域的风险,包括相关的环境风险……生物安全是一个与农业可持续性、食品安全和环境保护(包括生物多样性)直接相关的整体概念。③ 这一定义扩大了生物安全的内涵,从预防自然生物灾害拓宽到保护人类生命健康的安全,其讨论的相关性和实用性更加广泛。

二是应对生物恐怖主义威胁下的"生物安全"。美国卫生与公共

---

① Anthony J. Masys, Ricardo Izurieta & Miguel Reina Ortiz (eds), *Global Health Security: Recognizing Vulnerabilities, Creating Opportunities*, Springer, 2020, pp.79-102.

② Dongsheng Zhou et al., Biosafety and Biosecurity, 1 *Journal of Biosafety and Biosecurity* 15 (2019).

③ Biosecurity in Food and Agriculture, http://www.fao.org/3/Y8453E/Y8453E.htm, visited on 2021-07-20.

服务部疾病控制与预防中心和国立卫生研究院将其定义为"保护微生物制剂免受损失、盗窃、转移或故意滥用"①。在第二次世界大战后,140多个国家签署了《关于禁止发展、生产和储存细菌及毒素武器和销毁此种武器的公约》(以下简称《禁止生物武器公约》)。②这份公约注重确保指定的危险病原体清单的物理安全,将生物安全领域从农业安全扩大到国家安全。

三是围绕双重用途研究监督视阈下的"生物安全"。2004年,美国国家生物安全科学咨询委员会(NSABB)就两用研究的生物安全监督提出建议、指导,两用研究被定义为具有合法科学目的的生物研究,可能被滥用对公共健康和国家安全构成生物威胁。③这一定义再次扩大了生物安全的概念,包括可用于创造新的病原生物或生物活性化合物的技术和工艺、合成生物学、系统生物学、基因治疗和 RNA 干扰等新兴领域。④

四是对"生物安全"相对全面的阐述。美国国家科学院将生物安全定义为"防止无意、不适当或故意恶意或恶意使用具有潜在危险的生物制剂或生物技术的安全,包括生物武器的开发、生产、储存或使用以及新出现的流行病的暴发"。⑤ 该定义涵盖了疾病暴发的自然来源,病原体和生物技术构成的威胁,以及人类、动植物的脆弱性等方面。该概念的全面性和综合性更强,与卫生安全有许多共同点。

---

① Department of Health and Human Services, *Biosafety in Microbiological and Biomedical Laboratories*, Government Printing Office, 2009, p. 6.
② Robert P. Kadlec, Allan P. Zelicoff & Ann M. Vrtis, Biological Weapons Control Prospects and Implications for the Future, 278 *JAMA*, 351(1997).
③ Charter of the National Science Advisory Board for Biosecurity, https://www.videocast.nih.gov/watch=4872, visited on 2021-08-02.
④ Institute of Medicine & National Research Council, *Globalization, Biosecurity, and the Future of the Life Sciences*, The National Academic Press, 2006, p. 15.
⑤ Ibid, p. 32.

综上所述,我们可以发现生物安全与农业、医学、国防和人类健康关系密切,其不仅具有传统安全特征,更具有跨国性、扩散性、潜伏性、连带性和交叉性等非传统安全特征[①]。由此,笔者将生物安全进一步界定为:通过预防自然发生或故意释放病原微生物带来的风险,以及阻止生物实验室操作中产生的一系列危害动植物和人类安全等行为的战略和综合方法。

二、各国深度介入生物安全的原因

近年来,世界各国对于生物安全的研究逐渐加深,其原因在于:

1. 生物威胁事件的出现,促使各国对生物安全的科学认知持续加深

大多数人认为,大自然本身就能制造强有力的生物威胁。但实际上,人为环境、社会经济和生态影响都会产生新的、更具有毁灭性影响的生物威胁。生物学家布伦达·威尔逊(Brenda A. Wilson)将生物威胁的来源分为自然和人为威胁(如表4-1所示)[②]。这些生物威胁直接或间接地影响着人类的生命安全,进而加快了人们对生物安全的科学认识。首先,突发性生物安全事件频发,生物安全条例逐步增多。21世纪以来,世卫组织制定了许多生物安全准则,如《实验室生物安全手册》《生物风险管理:实验室生物安保指南》和《传染性物质运输条例指南》等,国际社会开始认识到生物安全的重要性。其次,自然性传染性

---

① 参见余潇枫:《论生物安全与国家治理现代化》,载《人民论坛·学术前沿》2020年第20期。

② Brenda A. Wilson, Global Biosecurity in a Complex, Dynamic World, 14 *Security and Complexity* 71 (2008).

疾病持续暴发,生物安全法治规范正式展开。2003年,非典(SARS)和H5N1禽流感等自然发生的传染性疾病席卷全球。2005年联合国前秘书长安南"提醒安全理事会注意任何威胁国际和平与安全的大规模传染病暴发"[①]。2006年,美国国家安全战略将大流行病列为对国家安全的威胁,与恐怖分子获取核武器、生物武器和化学武器为同一类别。[②]这是主权国家正式将生物安全列入国家安全战略的开端,为国际社会提供了指引。再次,复杂性生物威胁发展迅速,生物安全面临着重大挑战。随着生物威胁持续加剧,其不仅在传统领域造成危害,还对一些新兴发展领域,如生物技术安全、网络生物安全、生物经济安全等都产生了影响。可见,生物安全还面临着许多问题,国际社会需要从综合、多层次和跨学科的视野出发维护人类的健康安全。

表4-1 生物威胁的不同来源[③]

自然威胁	人为威胁
持续性或复发性传染病 多重耐药病原体 新的或重新出现的病原体 人与人之间、动物传染病、食物传播或水传播 高影响传染病 外来动物人畜共患病 外来入侵物种(动植物或昆虫)	无意释放 人为环境或生态影响 食品加工、制备或分发 非恶意故意发布或引入 故意的("恐怖效应") 大规模杀伤性武器 生物恐怖主义——团体或个人

---

① Kofi Annan, In Larger Freedom: Towards Development, Security, and Human Rights for All, https://www.un.org/press/en/2005/ga10334.doc.htm, visited on 2021-08-04.

② George W. Bush, The National Security Strategy of the United States of America, 22 *Pakistan Journal of American Studies* 77 (2004).

③ Brenda A. Wilson, Global Biosecurity in a Complex, Dynamic World, 14 *Security and Complexity* 71 (2008).

2. 全球化及大国冲突性质的变化，推动了国家安全战略思维的转变

在全球化时代，传统安全也在不断地"非传统化"，如军队应对非战争威胁、认同危机消解政权合法性等，同时核安全、生物安全、太空安全、海洋安全、极地安全等越来越具有了非传统安全的内容。① 从传统安全到非传统安全领域，国家的安全战略思维正在转变。一方面，全球化促进了世界贸易的发展，但也增加了生物安全的风险。尤其是制药工业和生物技术工业的全球化以及生命科学信息的分散化，使得开发生物武器所必需的成分（如知识、专业技能、设备和材料等）的获取变得更加容易。同时，贸易壁垒的打破和运输成本的降低促成了全球农业供应链的建立，为病原体跨境传播提供了更多途径。另一方面，国际冲突性质的变化，可能致使大国在竞争中引发生物战。在苏联解体后，人们认为国际紧张局势的根源已经得到解决。正如弗朗西斯·福山（Francis Fukuyama）指出：超级大国之间意识形态和军事竞争的结束标志着"人类意识形态进化和西方自由民主作为人类政府最终形式的普遍化的终点"②。但现实证明，历史终点尚未到达，大国在国际竞争中可能会利用生物武器引发国际冲突。

冷战结束后，国际环境发生了重大变化，美国对战略竞争对手的认定也出现了重大调整，由原来的应对苏联威胁转变为防御拥有大规模

---

① 参见余潇枫：《以非传统安全视角认识人类与微生物的复杂关系》，载《人民论坛》2021年第22期。

② Francis Fukuyama, *The End of History and the Last Man*, Free Press, 1992, p. 122.

杀伤性武器的敌对国家,如伊朗、伊拉克、朝鲜、俄罗斯等国。① 由此,美国一直投入大量资金对核武器基础设施进行维护,加强军事设施建设。美国正阻止建立《禁止生物武器公约》框架下的核查机制,并在世界各地开展"军事生物学活动",这将引起他国对国家安全的担忧。② 因此,生物武器可能成为大国在地缘政治竞争中的手段,进而造成世界范围的动荡。为了维护世界秩序,各国应制定国家生物安全战略,推动世界的和平发展。

3. 生物技术的飞跃发展,促使人们进一步探索生物安全问题

随着生物技术和生命科学的创新步伐不断加快,生物安全问题进入新的探索阶段。比如,合成生物学的发展,提供了新的生物治疗方法。随着合成 DNA 片段技术的不断改进,成本也越来越低,生物学家能够从序列信息中化学合成遗传元素。如美国研究人员将脊髓灰质炎病毒与短 DNA 片段(寡核苷酸)拼接在一起,以强调预防脊髓灰质炎病毒的持续需要。③ 这项研究的发现能更有效地保证人类健康安全,但也引起了安全专家对人工合成致命病毒的担忧。另外,集群的规则间隔短回文重复序列(CRISPR)基因编辑技术的出现,推动了基因驱动系统的发展。丹农酸奶公司在研究清除益生菌中的噬菌体(攻击细菌

---

① 刘长敏、宋明晶:《美国应对蓄意生物威胁战略探究——基于安全化理论分析视角》,载《国际政治研究》2021 年第 4 期。

② 《俄媒:美在乌克兰等地参建生物实验室引担忧》,https://baijiahao.baidu.com/s?id=1667943534966674035,2021 年 5 月 30 日访问。

③ Jeronimo Cello, Aniko V. Paul & Eckard Wimmer, Chemical Synthesis of Poliovirus cDNA: Generation of Infectious Virus in the Absence of Natural Template, 297 *Science* 1016 (2002).

的病毒)的过程中首次使用了CRISPR技术。① 如今,CRISPR技术发展成为一种比现有的基因工程技术更简单的修饰细胞的工具,它可以修饰更复杂生物体的细胞,如真菌、植物、动物和人类。2015年,有学者利用该技术进行蚊子种群所需性状的研究,以防止疟疾通过昆虫媒介传播。② 但这项技术同时引起了一些担忧,专家担心某些人或组织可能会利用这些技术合成自然界中不存在的病原体或毒素、危险化学品的微生物中的有害病原体等,危害人类安全。因此,随着生物技术的发展,研究者要从正向的视野出发,警惕生物技术的潜在风险,推动全球生物安全治理稳步发展。

第二节　生物安全问题的全球治理

近年来,生物安全的新形势需要我们从全球治理的视野出发,审视生物安全治理的发展。正如英国牛津大学全球治理高级研究员纳耶夫·罗丹(Nayef Al-Rodhan)等人在其著作《全球生物安全:走向新的治理范式》中谈道:"在21世纪,生物安全已成为任何全球决策议程的中心部分。随着生命科学、纳米技术和生物技术的飞速发展,科学界和政策制定者面临某些挑战。由于存在生物武器扩散和生物恐怖主义的潜在威胁,因此迫切需要建立一个坚实的全球治理体系,以解决与生物

---

① Henry T. Greely, CRISPR'd Babies: Human Germline Genome Editing in the "He Jiankui Affair", 6 *Journal of Law and the Biosciences* 111 (2019).

② Heidi Ledford & Ewen Callaway, "Gene Drive" Mosquitoes Engineered to Fight Malaria, https://doi.org/10.1038/nature.2015.18858, visited on 2021-12-30.

安全各个方面有关的主题的复杂性和多样性问题。"①

一、全球生物安全治理的架构

第二次世界大战后,140多个国家签署了《禁止生物武器公约》,旨在阻止生物制剂作为武器的扩散,并在国际上销毁现有储存的生物武器。此后陆续有新的国家加入,汇集了广泛的国际行为者,这些行为者进行新的合作,并协调与促进与生物安保有关的工作。但是一个有效的生物安全制度的构建仅靠这一公约是不够的,为了有效减少生物恐怖主义灾难性行为的威胁,所有国家都必须从研究阶段开始,支持防止发展生物武器的国际协调办法的多个相辅相成的要素。

现阶段,全球生物安全治理已初步形成了国际组织与主权国家共同参与的总体架构。

1. 国际组织层面:核威胁倡议是生物安全治理的重要机构

国际组织一直是推动生物安全治理的积极力量。其中,一直致力于生物安全治理的核威胁倡议(The Nuclear Threat Initiative)(以下简称"NTI")在全球生物安全治理中发挥了很大的作用。NTI是一个全球安全组织,致力于防止大规模杀伤性武器的毁灭性攻击,其在2018年发起了全球生物安全对话(The Global Biosecurity Dialogue)(以下简称"GBD")。GBD旨在引出和跟踪可采取行动的承诺,以推进国际生

---

① See Nayef Al-Rodhan et al., *Global Biosecurity: Towards a New Governance Paradigm*, Slatkine, 2008.

物安全。GBD 受到以往国际倡议的启发,通过专家分析、全球参与和直接行动来减少生物风险和加强全球生物安全,以实现长期、可衡量的系统变革。自成立以来,GBD 已经召开了两次会议,两次会议的"工作流程"如表 4-2 所示。[①] 如今,GBD 已成为推进全球生物安全治理的催化剂,其正在与国际社会积极合作,确定和形成一套切实可行的解决方案,以应对生物安全的挑战,并实现共同的、可衡量的目标。

表 4-2 全球生物安全对话(GBD)两次会议"工作流程"

第一次会议(2018 年 6 月)	第二次会议(2019 年 5 月)
(1)生物安全政策框架;(2)生物安全能力发展;(3)新出现的生物风险,包括与技术进步相关的故意和意外风险。这些工作流程代表了生物安保的具体组成部分,GBD 将其确定为采取行动和衡量进展的优先事项,以提高实现国际生物安保和生物安全相关目标的能力。	(1)发起区域倡议,鼓励各国议员优先考虑生物安保和生物安全政策框架和融资;(2)促进区域生物安保集体行动,倡导生物安保能力建设和相关融资,并支持各国成为生物安保领域的区域领导者;(3)发展和增加获得可持续和负担得起的生物安保和生物安全解决方案的机会,并刺激生物安保方面的创新;(4)建立和促进全球生物安保规范,重点关注新出现的生物风险,包括与技术进步相关的风险。

2. 主权国家层面:世界各国愈加重视全球生物安全的治理

国家始终都是践行生物安全治理的最主要的行为体,无论是遵守各项国际条约,还是对本国实施一系列生物安全治理措施,国家作为全球治理的参与者与行动者,一直在积极履行职责。在如今生物安全治

[①] Sabrina Brizee et al., Accelerating Action in Global Health Security: Global Biosecurity Dialogue as a Model for Advancing the Global Health Security Agenda, 17 *Health Security* 495 (2019).

理的形势下,国家的具体行动如下:

美国在2001年后出台了一系列涵盖生物安全威胁预防、生物安全药物开发和两用技术监管等多个领域的法律法规。如《公共卫生安全和生物恐怖主义防备反应法案》《生物防护法案》《生物防御和大流行性疫苗和药物开发法案》《国家生物工程食品信息披露标准》《美国政府生命科学两用研究监管政策》等。实际上,美国生物安全治理起步于小布什政府时期。2004年4月28日,小布什签署《21世纪的生物防御》总统行政命令,为美国生物防御政策的构建提供了一个全面的框架,这是美国生物防御政策的正式构建时期。2009年11月23日,奥巴马签署了《应对生物威胁的国家战略》报告,这是政策的发展和调整时期。2018年9月18日,特朗普政府发布了《国家生物防御战略》报告,正式将"生物安全"纳入国家总体发展战略,这是政策的完善时期。[1]

俄罗斯联邦政府于2019年12月2日向国家杜马提交了生物安全基本法草案,该草案在2020年1月正式通过。总统普京于2020年12月30日正式签署了《俄罗斯生物安全法》,为俄罗斯生物安全奠定了法律基础。[2] 实际上,自2005年以来,普京一直试图通过战略文件、专项资金和几个联邦项目来推动俄罗斯生物技术领域的投资和进步。2012年启动的"生物2020"战略计划,涵盖包括生物制药和生物医学在内的八项主要重点活动,将生物技术确定为对俄罗斯未来非常重要的领域。该计划的最后一年是2020年,虽然该战略没有实现其所有雄心勃勃的目标,但它在疫苗和复杂生物制剂开发等领域取得了成功。

英国于2018年发布了《英国生物安全战略》,其政府应对生物安

---

[1] 参见刘长敏、宋明晶:《美国生物防御政策与国家安全》,载《国际安全研究》2020年第3期。
[2] 《俄罗斯生物安全法草案》,https://www.sohu.com/a/374458107_100033819,2021年8月10日访问。

全威胁的方法发生了变化,这是第一份概述英国理解、预防、检测和应对生物风险的跨政府政策文件。① 2019年7月,英国政府宣布,议会国家安全战略联合委员会将对政府应对传染病和生物武器的方法进行调查。调查的目的是审查政府当前的战略,并协调应对生物安全威胁,无论这些威胁是自然、意外还是故意造成的。2020年5月,英国政府成立了联合生物安全中心(JBC),提供基于证据的客观分析,以响应CO-VID-19暴发,为地方政府和国家决策提供依据。

此外,还有许多国家十分重视生物安全治理。如2008年,荷兰制定了《生物安全行为守则》,旨在"防止生命科学研究或其应用直接或间接地促进生物武器的开发、生产或储存"②。2015年5月14日,澳大利亚通过了《2015生物安全法案》,该法将单个生物安全风险列出,分别对人类健康、货物、飞机和船只等交通工具以及压载水和沉积物的生物风险进行了风险管理。③ 德国现行的生物安全法规包括《1933年遗传工程法》《1996年工作健康与安全法》《2000年感染保护法》《2001年动物传染病法》等,这些法规都具有基本的稳定性和延续性,至今仍然有效。④

---

① UK Government's Approach to Emerging Infectious Diseases and Bioweapons, http://data.parliament.uk/writtenevidence/committeeevidence.svc/evidencedocument/national-security-strategy-committee/biosecurity-and-human-health-preparing-for-emerging-infectious-diseases-and-bioweapons/written/105052.html, visited on 2021-07-20.
② Petra C. C. Sijneseael et al., Novel dutch self-assessment biosecurity toolkit to identify biorisk gaps and to enhance biorisk awareness, 2 *Frontiers in Public Health* 197 (2014).
③ 参见李雪枫、姜卉:《美英澳生物安全的发展路径及对中国的启示》,载《科技管理研究》2021年第2期。
④ 参见傅聪:《生物安全议题的演变与美欧国家治理比较》,载《德国研究》2020年第4期。

二、全球生物安全治理的主要领域

全球生物安全治理主要集中于以下几个领域：

1. 对生物试剂和生化武器的治理

世卫组织将生物武器定义为"通过致病微生物和其他此类实体（包括病毒、传染性核酸和朊病毒）的传染性达到预期目标效果的武器"[①]。1925年国际社会签署了《禁止在战争中使用窒息性、毒性或其他气体和细菌作战方法的议定书》（又称《日内瓦议定书》），这是第一个扩大禁止化学和生物制剂的多边协定。虽然这是限制生物武器生产和使用的里程碑事件，但其效力基本为零，因为它不包含核查检查的规定。二战后，《禁止生物武器公约》成为制约生物试剂和生物武器的主要国际法规范。自《禁止生物武器公约》生效以来，大约每五年举行一次审查会议，但实际上，一些缔约国尚未采取必要措施来履行某些义务。所以在2019年关于"加强和发展军备控制、裁军和不扩散条约和协定体系"的决议中，联合国大会鼓励"有能力的国家应提供技术援助和能力建设，支持联合国会员国在国家一级执行军备控制、裁军和不扩散条约和协定"[②]。因此，各国应采取和执行有效措施，防止生物武器及其运载工具的扩散，并加强对相关材料的系统管制。

---

① Public Health Response to Biological and Chemical Weapons WHO Guidance, http://www.who.int/csr/delibepidemics/biochemguide/en/, visited on 2021-12-30.
② Calling for Greater Disarmament Cooperation to Reduce Arms Flows, Eliminate Banned Weapons, General Assembly Adopts 60 First Committee Texts, https://www.un.org/press/en/2019/ga12227.doc.htm, visited on 2021-08-10.

2. 对全球化生物多样性的治理

联合国《2030年可持续发展议程》概述了全球面临的巨大挑战,其中生物多性的丧失是最紧迫的问题之一。当前,国际社会对生物多样性的治理主要体现在条约机制、治理机构和专业技术三个层面。在条约机制上,自1992年《生物多样性公约》生效以来,已召开了14次缔约方大会和1次特别大会,通过了439项决定,这些决定不仅对缔约方的义务提出了具体要求,也为全球生物多样性保护指明了方向。2010年在日本名古屋召开的《生物多样性公约》第10次缔约方大会具有里程碑意义,大会不仅通过了《名古屋议定书》,还通过了《2011—2020年生物多样性战略计划》及《爱知目标》,为2011—2020年全球生物多样性保护提出了战略框架和行动指南。① 在治理机构上,一些政府间和非政府间机构也有助于生物多样性治理。如生物多样性和生态系统服务政府间科学政策平台(IPBES)会对外来入侵物种及其控制进行评估,以及审查各种应对方案的有效性,以维护整个生物系统的安全。还有国际自然保护联盟(IUCN)会与那些附属于《生物多样性公约》的机构进行合作,并为其提供咨询和专业知识。在专业技术上,基因驱动能够消除外来入侵物种,以及保护一些濒危物种,并帮助本地物种适应气候变化和其他威胁。数字技术为生态学领域的研究提供了许多新方法。信息与通信技术(ICT)和人工智能(AI)的进一步发展可能为分析和监测生物多样性提供新的工具。

---

① 参见薛达元:《中国履行〈生物多样性公约〉进入新时代》,载《生物多样性》2021年第2期。

3. 对现代生物技术安全的治理

目前国际上对现代生物技术安全的治理主要体现在两个方面。一是对合成生物安全的治理,体现在非正式的生物措施和正式的安全条例两个方面。在非正式措施上,生物被植入修饰的遗传密码,使得它们无法在野外生存。另一种生物安全装置是基因"杀伤开关",当生物接触特定的化学物质时,它会自动触发致命蛋白质的分泌。在正式的安全条例上,主要指生物安全法规,如美国的通用电气法规被认为足以应对合成生物学的大部分安全、健康和环境影响。二是对生物数据安全的治理。与生物技术制造相关的生物数据是生物经济的主要驱动力,是一种战略资产。有研究提出了在基因设计中建立数字生物安全控制的具体建议,包括通过机器学习进行筛选、跟踪基因设计中的数字"签名"、在设计工具中插入内置约束以及维护数字注册表等。[1]

4. 对传染病生物安全的治理

20世纪70年代以来,新出现的疾病以前所未有的速度被发现。传染病无国界,可能对全球安全构成重大挑战。在国际议程上,各国政府通过全球公共卫生情报网(GPHIN)、新兴疾病监测计划、全球疫情警报和反应网络等监测新兴传染病的起源。GPHIN是为了应对与全球化进程相关的风险,特别是传染性病原体而专门创建的情报网络,以多种全球语言对媒体进行全天候监控。通过监测,当局可以记录偏远

---

[1] Biodefense in the Age of Synthetic Biology, https://pandorareport.org/2018/07/26/nasem-report-biodefense-in-the-age-of-synthetic-biology/, visited on 2021-05-30.

村庄、城市和地区的新疾病暴发情况。① 全球卫生监测系统通过优化收集、评估和总结信息等措施,加强国际疾病监测和应对。在防御手段上,有必要强调国家层面应对生物安全的重要性。同时,利益攸关方需要通过合作开展风险评估和缓解战略,进行生物安保战略规划;应启动国家生物安保系统,建立高度封闭的设施,鼓励全民接种疫苗,以此保护国家免受生物、化学、核和放射性威胁物剂的侵害。

5. 对网络生物安全的治理

网络生物安全是生命科学和信息技术学科融合的新兴领域,涉及生命科学、信息系统、生物安全和网络安全等诸多领域。最初,有学者将网络生物安全定义为"逐渐了解在生命科学、网络、网络物理、供应链和基础设施系统的混合界面内或界面处可能发生的有害监视、入侵和恶意及有害活动的脆弱性,并制定和实施措施来预防、防范、减轻、调查和归因与安全、竞争力和复原力相关的威胁"②。网络生物安全跨越多个学科,从实验室生物安全延伸到农业、动物、环境和人类健康等领域,具有复杂性、重合性和跨学科性等特征。从国际上看,2019 年 10 月,美国健康和福利部(HHS)宣布开放卫生部门网络安全协调中心(HC3),旨在通过加强网络安全来保护人类健康。③这是一个好的征兆,但网络生物安全治理不应局限于某个主权国家,而应呼吁科学、技

---

① Jlateh Vincent Jappah, Danielle Taana Smith, Global Governmentality: Biosecurity in the Era of Infectious Diseases, 10 *Global Public Health* 1139 (2015).
② Randall S. Murch et al., Cyberbiosecurity: An Emerging New Discipline to Help Safeguard the Bioeconomy, https://www.frontiersin.org/articles/10.3389/fbioe.2018.00039/full, visited on 2021-05-30.
③ USA: HHS announces opening of Health Sector Cybersecurity Coordination Center, https://www.dataguidance.com/news/usa-hhs-announces-opening-health-sector-cybersecurity, visited on 2021-08-27.

术和社会科学领域的专家聚在一起,共同审视网络生物安全,确定一项全面的网络生物安全战略,维护世界的和平与发展。

第三节 全球生物安全治理的现实挑战

生物威胁,无论是有意的、无意的还是自然的,都被认为是最危险的威胁,严重影响着卫生系统和全球经济。随着新冠病毒感染疫情在全球的暴发,世界经济、卫生和政治基础受到严重冲击,各国健康保障体系的弱点暴露无遗。在新冠病毒感染疫情大暴发的视阈下,全球生物安全治理是一个新的课题和难题,其面临着多重的挑战与问题,这对全人类的安全都构成了潜在的威胁。

一、全球合作的挑战:相关国家之间欠缺政治互信

国际社会缺乏强有力的透明措施以及相关的信任体系来澄清全球生物科学研究和发展的意图和能力。如果国家间始终缺乏信任,国际社会将继续面临误解和怀疑,可能助长国家利益风险。目前,生物科学研究和发展的主要国际透明机制是《禁止生物武器公约》下的信任制度。许多缔约国呼吁重新制定一个全面和具有法律约束力的核查制度,但已有缔约国认为,核查在技术上是不可行的,而且这种制度不会提供一个确保遵守或改善国家或全球安全的有效手段。因此,各国政府、学术界等应重新审视这一系列问题,并建立一套国际社会一致认为卓有成效的提高透明度的活动,这将使这些团体能够超越在核查问题

上陷入政治僵局的对话。

二、全球执行的挑战：生物安全治理机制仍不完善

生物科学和生物技术的加速发展、全球传播和普及，与管理故意滥用或意外释放的相关风险的规范和治理机制的发展并不相称。现有生命科学研究和生物技术开发缺乏国际规范或治理机制，生物技术的持续进步对可持续发展至关重要，但当前的环境放大了蓄意滥用和事故的重大风险。例如，许多生命科学研究人员不知道他们的研究可能被用于恶意目的的潜在方式，当前的国际研究资助模式未能促进减少风险或在资助和开展研究之前优先对潜在的生物安全风险进行严格评估。虽然现有的法律框架为应对故意滥用生物科学技术提供了明确的指导，但在规范和治理方面存在差距。这种差距可能导致意外释放，造成潜在的灾难性全球后果，也可能恶意行为者用以武器开发。国际社会缺乏一套规范来确定生物科学研究和开发活动是否应该向前推进，如何权衡感知的利益与潜在的安全或安保风险，以及如果工作继续进行，如何减轻风险。即使有国际规范，各国政府、学术界和私营部门也缺乏编纂或实施这些规范的手段。

三、全球应对的挑战：调查未知生物事件能力不足

在国际上，国际社会快速调查未知生物事件来源的能力还有待提高。在公共卫生危机期间，迅速确定疾病暴发的源头，对于了解疾病再次暴发的可能性、获取疾病传播信息以及确定有助于制定医疗对策的数据的可用性极其重要。因此，联合国建立一些内部机制是必要的，通

过有效的公共卫生应对措施,可以对生物事件病原体来源进行及时的科学调查,将不同的主体聚集在一起管理危机。当前,还没有任何的国际机构能够发挥这一作用,也没有一个集中的时间节点来协调对未知生物事件来源的有效国际反应和快速调查。

第四节 推进全球生物安全治理的中国策略

作为世界第二大经济体,中国一直以负责任的大国形象立足于世界的舞台。在全球生物安全治理中,中国"要从保护人民健康、保障国家安全、维护国家长治久安的高度,把生物安全纳入国家安全体系,系统规划国家生物安全风险防控和治理体系建设,全面提高国家生物安全治理能力。要尽快推动出台生物安全法,加快构建国家生物安全法律法规体系、制度保障体系"[①]。面对全球生物安全治理的新动向,中国必须采取更加坚定的和更加明确的战略,既有效维护自身在全球生物安全治理中的利益,又能够在全球生物安全治理中做出应有的贡献。

一、以人类命运共同体为基点,打造全球生物安全治理的合作共同体

由于新冠病毒感染大流行,世界正在密切关注全球卫生治理和生

---

① 习近平:《完善重大疫情防控体制机制 健全国家公共卫生应急管理体系》,载《人民日报》2020年2月15日第01版。

物安全问题,这将在建立全球治理共识方面发挥重要作用。首先,要推动全球分布式生命科学研究和生物技术的快速发展。虽然现有的法律框架为应对故意滥用生物科学技术提供了明确的指导,但在规范和治理之间仍存在差距;这种差距可能导致潜在的灾难性全球后果的意外发生。其次,要建立国家行为体之间的信任。如果国际社会始终缺乏信任,国家行为体之间将继续面临误解和猜疑的风险,这些误解和猜疑可能会助长国家追求未来生物武器发展的意愿。再次,需要进一步加强多方利益主体参与决策。国际上要制定生物安全治理准则,让生物学家、社会学家、工业、媒体和公众等利益攸关方参与其中,所有利益攸关方应就生物安保达成共识,以确保人员和信息安全,并确保协调一致。总之,虽然各国在应对新出现的生物安全威胁方面面临着共同的挑战,但更大的挑战在于,新出现的生物安全威胁引起的治理问题往往是跨国的,需要所有主权国家之间加强合作。

二、以全球生物安全对话为基准,推动全球生物安全治理的跨国界交流

随着全球化的发展,开展生物安全管理方面的国际交流是必要的。一是中国曾多次举办生物安全主题会议,将生物安全治理放在国家治理的重要地位。2019 年,中国天津大学生物安全战略研究中心和美国约翰·霍普金斯健康与安全中心在华盛顿联合主办了题为"合成生物学时代中美面临的挑战"的"第二轨道对话"。[1] 在研讨会上,有参与者

---

[1] Biosafety and Biosecurity in the Era of Synthetic Biology: Perspectives from the United States and China, https://www.centerforhealthsecurity.org/our-work/pubs_archive/pubs-pdfs/2019/190916 ChinaUSmtgReport.pdf, visited on 2021-08-02.

呼吁中美作为合成生物学研究和投资的领头羊,与世界各地的专家和政策制定者合作,帮助建立规范和标准,以促进负责任的发展。① 另外,以"生物多样性衰减与生物安全"为主题的"2020中国人文社会科学环境论坛"在南京举行,针对生物多样性和生物安全问题,参会专家探讨了提高国家生物安全治理能力、预防生物多样性衰减、提升生物多样性水平、促进绿色发展、可持续发展等重大课题,具有现实而深远的意义。② 二是在制定本国的相关生物安全规范的基础上,要执行国际准则和议定书,积极参与全球生物安全治理。尽管我国出台了一些生物安全相关准则,但在策划、监督、执行等方面还处于起步阶段。我国要将科学、慈善、安全和公共卫生部门的专家集合在一起,创建一个实体部门,致力于识别和减少与技术进步相关的新出现的生物风险,并减少两用生命科学研究监督方面的全球差异。三是要积极参与国际生物安全审查会议,遵守和履行国际准则。《禁止生物武器公约》第九次审议大会已于2022年底举行,会议决定设立一个工作组,以增强《禁止生物武器公约》的效力并改善其执行情况。各国领导人应该利用这次全球合作的机会之窗,推动全球生物安全治理的发展。

三、以国内《生物安全法》为基石,加快全球生物安全治理的整体发展

2021年4月15日,《中华人民共和国生物安全法》(以下简称《生

---

① Thomas Inglesby et al., Biosafety and biosecurity in the era of synthetic biology: Meeting the challenges in China and the U.S, 1 *Journal of Biosafety and Biosecurity* 73 (2019).
② 《"2020中国人文社会科学环境论坛"在南京举行》,http://ex.cssn.cn/zx/xshshj/xsnew/202010/t20201028_5203701.shtml,2021年7月30日访问。

物安全法》)开始施行,这是我国生物安全领域的一部基础性、综合性、系统性、统领性的法律,标志着我国生物安全进入依法治理的新阶段。① 在新的视阈下,《生物安全法》是我国当前的基本需求。这既遵循了总体国家安全观对生物安全领域立法的逻辑指引,也满足了生物安全法律体系建构的现实需求。②一方面,这部法律明确了与生物安全相关的条例,规范了研究者的使用目的。另一方面,在法律条文的基础上,要严格执行生物安全相关法规,加强研究者的法律意识。2018 年,中国南方科技大学贺建奎主导的国际团队宣布,经 CRISPR 基因编辑,具有抵抗艾滋病能力的一对婴儿已诞生,引发国内外哗然和强烈反对。③ 这不仅违背了伦理道德,更违反了法律规定。因此,要规范关于双重用途生物科学研究者的行为,并为制定国家、学术和私营部门的生命科学研究和发展以及相关商业应用的治理政策提供指导。

随着生物威胁事件的不断发生,全球化和大国冲突性质的变化以及生物技术的快速发展,人们对生物安全的认识持续加深。但在此过程中,生物恐怖主义频发、生物多样性逐渐丧失、传染病威胁日益加重以及生物技术监管存在困境等生物安全问题不断涌现,对人类的健康安全造成了严重的影响。为了应对这些问题,国际社会正在积极地制定战略,在《禁止生物武器公约》《生物多样性公约》等国际公约的基础上,世界各国也在陆续制定本国的生物安全战略,形成了国际组织与主权国家共同参与全球生物安全治理的整体架构。但在治理的过程中,也存在相关国家之间欠缺政治互信、生物安全治理机制尚不完善以及

---

① 《坚持总体国家安全观 从统筹发展和安全战略高度实施好生物安全法》,载《人民日报》2021 年 4 月 2 日第 1 版。
② 秦天宝:《〈生物安全法〉的立法定位及其展开》,载《社会科学辑刊》2020 年第 3 期。
③ 刘冲、邓门佳:《新兴生物技术发展对大国竞争与全球治理的影响》,载《现代国际关系》2020 年第 6 期。

调查未知生物事件的能力不足等问题,这需要国际社会不断地探索与合作,相信在世界各国的共同努力下,全球生物安全治理会向新的方向迈进。

习近平总书记指出:要把生物安全纳入国家安全体系,系统规划国家生物安全风险防控和治理体系建设,全面提高国家生物安全治理能力。① 当今,世界正处于百年未有之大变局时代,中国对于生物安全治理的探索,正以乘风破浪的姿态前进。基于此,中国与世界各国的合作对话,必将推动全球生物安全治理的不断进步。中国既需要加强对全球生物安全问题的动态感知,建立国家生物安全总体战略,也需要寻求生物医学和生物技术进步与生物安全之间的平衡范式,提升生物技术的科研水平。同时,还要不断参与多边合作,奋力打造全球生物安全治理的人类命运共同体,汇聚各方力量,建设和平世界,实现更好的生物安全全球治理。

---

① 习近平:《完善重大疫情防控体制机制 健全国家公共卫生应急管理体系》,载《人民日报》2020年2月15日第1版。

第五章
全球生态安全治理:全球治理与中国路径

自20世纪70年代以来,人类进入空前的繁荣期,人们的生活水平发生了翻天覆地的变化。与此同时,全球性生态危机也随之出现。当前,世界正面临人口过度增长、气候异常、生物多样性丧失、氮磷循环紊乱、土壤退化和水体污染等一系列生态挑战,这些挑战正倒逼着世界各国政府及国际组织开始关注生态安全对于人类发展的影响。

第一节 问题的缘起:生态安全问题
的出现及其表现

英国学者安东尼·吉登斯(Anthony Giddens)在其著作《失控的世界》中提出:"不断扩大的不平等加上与之相关的生态环境危机是全世界面临的最严重的问题。"[1]一般而言,最初生态安全作为环境安全的同义词被人们所使用,但随着生态破坏的加剧以及生态学等学科的发

---

[1] 〔英〕安东尼·吉登斯:《失控的世界:全球化如何重塑我们的生活》,周红云译,江西人民出版社2001年版,第11页。

展,人们开始将两者相区分,并认为生态安全的概念在环境安全的基础上发展而来,但生态安全的外延与内涵比环境安全更加丰富。

一、生态安全的范畴及基本属性

所谓"生态",最初来源于生态学这一学科,主要含义是生物体对于环境的适应。1866年德国动物学家恩斯特·海克尔(Ernst Haeckel)将生态学定义为"研究动物与其有机及无机环境之间相互关系的科学"。1935年,英国生态学家阿瑟·坦斯勒(Arthur Tansley)提出"生态系统"的概念,即生态系统是生物系统与环境系统在特定空间的组合。换言之,对生态的研究包含了关于环境的研究。在董险锋等人看来,生态包含着关系、适应和导向三层递进的联系。[①] 随着生态学研究的深入,关于生态学的交叉学科开始出现。"生态"这一概念开始走向社会科学领域,"生态安全""生态经济学""生态社会学"等研究纷纷出现。

生态安全是国家安全与社会稳定的重要组成部分,生态安全的定义则有广义与狭义之分,这得益于生态概念的不断丰富。广义的生态安全,一般以国际应用系统分析研究所(LASA)1989提出的复合人工生态安全系统为代表,指的是"生态安全是在人的生活、健康、安乐、基本权利、生活保障来源、必要资源、社会秩序和人类适应环境变化的能力等方面不受威胁的状态,包括自然生态安全、经济生态安全以及社会生态安全"[②]。狭义的生态安全则特指自然生态系统或者半自然生

[①] 参见董险锋等编著:《环境与生态安全》,中国环境科学出版社2010年版,第3—4页。

[②] 肖笃宁、陈文波、郭福良:《论生态安全的基本概念和研究内容》,载《应用生态学报》2002年第3期。

态系统的安全,即生态系统完整性和健康的整体水平反映。①

具体来说,生态安全的本质体现在两个方面:一方面是生态风险。具体而言,生态风险指的是生态系统外一切对生态系统构成威胁的要素的作用的可能性。如地震、火灾、海啸等自然灾害的发生对原有生态系统结构或功能所造成的损害。生态风险一般具有不确定性、客观性以及危害性。另一方面则是生态脆弱性。生态脆弱性指一个生态系统在特定时空下容易受到伤害和损失的性质。这种性质是系统自然环境与各种人类活动相互作用的结果。因此,国家一般通过设立生态脆弱保护区来防止生态系统受到破坏。

二、各国介入生态安全的原因

正如格伦登·舒伯特(Glendon Schubert)在《进化政治》一文中所言:"化石记录了一些已经灭绝动物的捕食是如此的成功,以至于它们把自己给饿死了……人类也不可能在破坏自身所处的生物群落的同时,自己的生存环境不遭受生物群落退化的威胁。"②人类是生物群落这个集合中的一个元素,因此我们无法脱离生态系统失衡对人类的影响。在人类文明史上,古埃及文明、古巴比伦文明、古希腊文明、玛雅文明以及哈巴拉等文明都留下了璀璨的文明痕迹。而这些古代文明如今都已经毁灭,毁灭的原因除了外族入侵以及内部治理混乱之外,最重要的原因便是传统农业所引发的土壤退化。而到了现代,生态破坏已经

---

① 参见肖笃宁、陈文波、郭福良:《论生态安全的基本概念和研究内容》,载《应用生态学报》2002年第3期。
② Glendon Schubert, *Evolutionary Politics*, Southern Illinois University Press, 1989, pp. 17-18.

成为一种全球性的问题,与此同时,出于一种对生态保护及后世发展的责任感,世界各国开始纷纷介入生态安全的治理之中。

1. 生态破坏已经深深影响人类的生存与发展

工业革命以来,全球经济增长了2000%,人口增长了400%,自然资源使用率提升了800%。由此,有关自然资源使用的"增长极限"和"地球极限"的讨论也被提上了公共政策的议程。[1] 对此,丹尼斯·米都斯(Dennis L. Meadows)曾经预言,如果世界人口、工业化以及污染等问题继续持续下去,人类文明将会由于生态问题进入到不可控制的衰退期。[2] 而随着工业化的发展,生物多样性下降、土壤侵蚀、土地荒漠化等现象都呈指数级增长。1952年伦敦烟雾事件夺去了成千上万人的生命,这也让以英国为首的主权国家开始重视生态安全事件的影响。而1986年苏联切尔诺贝利事件,不但造成乌克兰1500平方千米的肥沃农田因污染而荒废,还导致2000万人受放射性污染的影响。换言之,生态安全已经成为人类继续生存与发展所必须面对与解决的问题。

2. 以联合国为代表的国际组织积极发挥协调作用

1945年以来,国际组织的数量、规模以及功能发挥都有了极大的进步。[3] 随着国际组织的快速发展,全球治理已经不再局限于主权国家,以联合国为代表的国际组织还在不断扩大其职能,积极发挥在全球

---

[1] Karl Bruckmeier, *Global Environmental Governance: Social-Ecological Perspectives*, Palgrave Macmillan, 2019, pp. 25-26.

[2] 参见〔美〕丹尼斯·米都斯:《增长的极限》,李宝恒译,吉林人民出版社1997年版,第17页。

[3] Frank Biermann et al., Global environmental governance and international organizations, in Frank Biermann, Bernd Siebenhüner & Anna Schreyögg eds., *International Organizations in Global Environmental Governance*, Routledge, 2009, p. 1.

生态安全领域中的协调作用。例如,国际海事组织在致力于维护航运安全的同时还积极应对环境污染;世界气象组织最初只关注天气与气象研究,但是在19世纪60年代开始将生态问题纳入其工作范围以解决诸如臭氧层空洞等生态问题;经济合作与发展组织则在1970年将环境政策目标纳入了其工作方案之中。与此同时,以联合国为代表的国际组织还定期组织主权国家开展国际性会议以及签订国际性条约,引导全球生态安全治理的发展。受国际公约以及国际责任的影响,各主权国家开始不断介入到全球生态安全治理之中。

3. 国内民众的诉求导致主权国家重视生态安全问题

随着人类社会发展程度的提高,普通大众自身的认知能力也逐渐提升,对生态安全问题对于人类生存、发展的影响有着进一步的认识。与此同时,互联网及新媒体的出现也助推了人们生态保护思想的传播。当民众诉求通过政党、公民组织等途径传递到政府后,政府为了执政的稳定性就必须予以重视。例如,如今在欧洲出现的绿党联盟,在一定程度上就是为了迎合民众的生态诉求而发展壮大的。

三、生态安全问题的表现及特点

具体来说,生态安全问题表现在两方面:第一,环境与生态意义上的安全问题。从生态学的角度而言,任何生态系统都具备自我调节功能,并且生态系统的结构越复杂,物种种类越多,自我调节功能就越强。但是生态系统的自我调节功能是有限度的,超过这个限度,生态系统将失去自我调节功能。[①] 因此,当重大自然灾害或人为破坏超出生态系统自我调节限度的时候,将会对生态环境造成严重的后果。与此同时,由于生态系统中的因子是彼此交织与影响的,因而破坏行为还会引发连锁反应。例如,塞巴斯蒂安·塞博尔德(Sebastian Seibold)等人发现,由于杀虫剂、除草剂以及肥料在农业工作中的广泛使用,陆生节肢动物的生物种类和数量与十年前相比,分别下降了67%和78%。[②] 第二,社会意义上的生态安全。人类生活在地球这一大的生态系统之中,因此当生态遭到破坏或者资源短缺的时候,往往会对人造成直接的影响。例如,2007年政府间气候变化专门委员会的报告预测,从20世纪90年代到21世纪90年代,全球海平面将上升18—59厘米(这还不包括覆盖在南极洲及格陵兰岛上冰面融化可能造成的影响)。[③]

作为可能影响人类延续的关键性问题,生态安全本身具备一些其他领域的安全所不具有的特征,主要包括:

(1)整体性。生态安全最显著的特征便是整体性,即所谓的"蝴蝶效应"。生态安全的整体性包含两个方面:第一,对于人类而言,生态安全是所有国家需要共同面对的问题。生态系统是一个循环系统,并通过大气循环、水循环等物质循环在地球上流动。因此,一个国家或地区对于生态环境的破坏往往会影响到其他国家及地区。除此之外,当一个国家或地区出现严重生态灾害的时候,其生态难民也会四处流动,给输入国带来治理难题。第二,对于自然界而言,生态问题是生物群落需要共同面对的问题。能量流动、物质循环和信息传递是生态系统的

[①] 参见林育真、付荣恕主编:《生态学(第二版)》,科学出版社2011年版,第155页。
[②] Sebastian Seibold et al., Arthropod Decline in Grasslands and Forests is Associated with Landscape-level Drivers, 574 *Nature* 671 (2019).
[③] Stefan Rahmstorf, A New View on Sea Level Rise, 1 *Nature Climate Change* 44 (2010).

三大功能。而生态破坏会造成物种组成的变化、环境因素的改变以及信息系统的破坏,这将会导致生态系统自我调节的失效。

(2) 区域性。生态安全问题虽然具有整体性,但不同生态系统之间也会相互影响。大到森林、草原、海洋,小到农田、草场及池塘,都是不同的生态系统。因而生态安全问题具有区域性,即不同区域有不同区域的特点。不同区域的生态安全问题会有其独自的特性,对其的研究与治理要根据区域特点采取相应的措施。

(3) 难逆性。虽然伦敦的生态治理让世界看到了希望,但需要注意的是,伦敦治理泰晤士河等生态破坏耗时半个世纪之久。一般而言,除了突发性生态安全事故,生态安全问题的产生是一个相对较长且不断积累的过程。任何一个生态系统的环境支撑能力都有一定限度,一旦破坏行为超过其自身修复的"阈值",往往会造成难以逆转的后果。因此,对于生态安全问题而言,一旦生态破坏超出了其自我调节的限度就会造成难以治理的局面。生态安全问题具有难逆性,并非不可治理,但又绝非短时间可以解决。

(4) 动态性。在生态安全的各种关系中,最重要的关系就是从时间上把握生物体与其环境动态发展的时变关系。生态安全会随着其内部系统循环以及外部影响要素的变化而不断变化,并呈现出一种动态性特征。除此之外,人们的行为也会对生态安全产生相应的影响。因此,人类需要发挥主动性来促使生态系统朝向良性的方向发展。

第二节　生态安全问题的全球治理

一、全球生态安全治理的发展

威尔·史蒂芬(Will Steffen)等人在《全球环境的自然科学评估》中将关于地球系统状态的诊断称为"人类世",并将"人类世"划分为人类世早期阶段(1800—1945)、"大加速"阶段(1945—2015)和"地球系统的管理"(2015年后)三个阶段。① 但就全球生态安全治理的发展史而言,生态安全与环境安全这两个概念在20世纪70年代就已经被提出,大致可以分为以下三个阶段。

1. 全球生态安全治理的开启阶段

由于伦敦烟雾事件给人们带来的冲击,人们开始反思过度破坏生态环境所带来的危害,一些学者和思想家开始呼吁人类在发展的同时也要注意生态破坏给人带来的影响。在这些学者中,美国作家蕾切尔·卡逊(Rachel Carson)在《寂静的春天》一书中用生态学的原理阐述了人类使用杀虫剂及化肥等化学药物对环境的污染。② 由于这本著作对后世的影响,约翰·克雷布斯(John Krebs)等人在1999年直接以

---

① Will Steffen, Paul J. Crutzen & John R. McNeill, The Anthropocene: Are Humans Now Overwhelming the Great Forces of Nature? 36 *Ambio* 614 (2007).
② 〔美〕蕾切尔·卡逊:《寂静的春天》,吴静怡译,中国友谊出版公司2019年版,第34—45页。

《第二个寂静的春天》为名在《自然》杂志上讨论了人类农业生产对于农田野生动物数量急剧减少的影响,而生物多样性的下降在他们看来就是"第二个寂静的春天"。① 在卡逊后,1972年丹尼斯·米都斯等人出版的《增长的极限》一书也给人类提供了警示,其认为,如果人类继续保持对地球生态的破坏,生态系统将会达到极限。② 同年,受当时的联合国人类环境秘书长莫里斯·斯特朗(Maurice Strong)所托,经济学家芭芭拉·沃德(Barbara Ward)与微生物学家勒内·杜博斯(Rene Dubos)完成了《只有一个地球——对一个小小行星的关怀和维护》。在书中,他们从不同角度评述了环境污染对不同国家的影响。③ 而该书也是在"联合国人类环境会议"参会国及其专家的协助下完成的。

1972年"联合国人类环境会议"是全球生态安全治理历史上第一次讨论当代环境问题的国际会议,当时的会议口号是"只有一个地球"。"联合国人类环境会议"召开的目的在于号召世界各国及地区意识到保护地球的重要性,进而通过自身努力或跨国合作来保护生态环境。"联合国人类环境会议"作为全球生态安全治理的历史关键点之一,不但推动了联合国环境规划署的成立,还通过了《联合国人类环境会议宣言》及《斯德哥尔摩行动计划》两个文件,其宣言也对促进国际环境法的发展有着重要作用。

"联合国人类环境会议"开启了人类合作解决环境问题的新篇章。随后,人们开始关注如何在资源有限的基础上实现可持续发展。1977年,美国世界观察研究所所长莱瑟特·布朗(Lester Brown)在《建设一

---

① John R. Krebs, Jeremy D. Wilson & Richard B. Bradbury, The Second Silent Spring? 400 Nature 611 (1999).
② 参见[美]丹尼斯·米都斯:《增长的极限》,李宝恒译,吉林人民出版社1997年版,第118—119页。
③ 参见[美]芭芭拉·沃德、勒内·杜博斯:《只有一个星球:对一个小小行星的关怀和维护》,《国外公害丛书》编委会译校,吉林人民出版社1997年版,第64—222页。

个持续发展的社会》一书中对环境安全进行了专门的阐述,并在此基础上提出国家安全的新内涵。① 布朗的思想在美国引发了热烈的反响并得到美国国防部的重视,20世纪80年代,美国国防部制订了《环境安全规划》(The Environmental Security Program)。1987年,针对"臭氧空洞问题",联合国环境规划署邀请26个会员国签署了《蒙特利尔议定书》,该公约是最成功的多边环境公约。同年,联合国世界环境与发展委员会在其第八次会议上制定了《我们共同的未来》这一关于人类未来发展的报告。报告以"持续发展"为基本纲领,分为"共同的关切""共同的挑战""共同的努力"三个部分。与此同时,报告提出了三个主要观点:第一,环境危机、能源危机与发展危机三者息息相关;第二,地球上已有的资源无法支撑人类的长久发展;第三,必须改变现有的发展模式。②《我们共同的未来》提出了"可持续发展"概念,并首次在国际范围上将生态与安全联系起来进行研究。

2. 全球生态安全治理的发展阶段

《我们共同的未来》让生态安全问题在全球受到了重视。1988年,联合国环境规划署针对生态污染事故提出了"阿佩尔计划"③,在计划中正式提出了"环境安全"一词,此时的环境安全既包含自然灾害也包含人为事故。随后,在1992年巴西里约热内卢召开的"联合国环境与

---

① 参见杨振姣、牛解放:《北极海洋生态安全协同治理策略研究》,载《太平洋学报》2021年第6期。
② 参见世界环境与发展委员会编:《我们共同的未来》,王之佳等译,吉林人民出版社1997年版,第1—28页。
③ "阿佩尔"(Apell)即地区性紧急事故的意识与防备。世界各国发生的一系列事件向人们提出了关于安全和紧急事故防备的问题。这些事件既包括自然灾害,如1985年墨西哥城大地震、1987年发生的厄瓜多尔大滑坡、喀麦隆湖底毒气;还包括那些对环境造成严重危害,对生命财产造成极大损失的与工业有关的事故,如1976年塞弗索二氧化物容器漏气、1984年墨西哥城丙烷爆炸、1984年印度博帕尔事件等。

发展大会"上,发达国家与发展中国家通过了《里约热内卢宣言》和《21世纪议程》。该会议是全球生态安全治理的又一个转折点,其明确了生态治理跨国合作的要求。发展中国家同意在经济发展的同时考虑环境的可持续发展目标,而发达国家作为经济、科技方面的先行者,则需要给发展中国家提供资金与技术上的帮助。与此同时,在《21世纪议程》中,环境安全作为完整的概念被明确提出。同年,联合国大会通过了《联合国气候变化框架条约》,先后有196个国家签署加入,同意统一采取气候治理行动。而在5年之后,联合国气候大会通过了人类历史上第一部限制各国温室气体排放的国际条约——《〈联合国气候变化框架公约〉京都议定书》。

面对生态恶化给人类带来的安全问题,1998年联合国发布了《生态安全与联合国体系》报告。时任联合国环境规划署执行主任克劳斯·托普费尔(Klaus Topfer)在2000年联合国召开的生态安全、稳定的社会秩序和文化会议中明确提出:"生态变化是国家或国际安全的重要组成部分,生态退化则对当今国际或国家安全构成严重的危险。"[①]本次会议中,联合国首次强调了生态安全对于国家安全的重要性,也让人们更加关注生态安全。同年9月,联合国召开联合国大会(又称"千年高峰会议"),本次会议的主题是探讨21世纪人类所面临的难题。而到了2001年,世卫组织、联合国环境规划署以及世界银行合作开展了"新千年全球生态系统评估项目"(Millennium Ecosystem Assessment)。该项目是首次对全球生态系统进行的多层次综合评估,旨在推动生态系统的保护和可持续利用。在这一项目的资助下,《生态系统与人类福祉:生物多样性综合报告》《生态系统与人类福祉:荒

---

① 董险锋等编著:《环境与生态安全》,中国环境科学出版社2010年版,第9页。

漠化综合报告》《生态系统与人类福祉：商业和工业的机遇和挑战》等报告纷纷出现。

而在全球生态安全治理的过程中，也不可避免地遇到了一些挫折，其中最主要的问题在于发展中国家控诉发达国家没有履行在里约热内卢联合国环境与发展大会上的承诺。而与美国等发达国家形成鲜明对比的是，中国积极主动承担生态安全治理的责任。2006年，中国发起成立国际生态安全合作组织，其宗旨在于通过与各国政党组织、国家议会、政府机构、科研部门、国家智库间的合作，促进生态文明建设，构建生态安全格局，降低气候变化风险，保护自然环境，倡导和平和解与绿色执政，实现经济、环境、社会的可持续发展。

而在后续全球生态安全治理的过程中，由国际生态安全合作组织发起并主办的"世界生态安全大会"成为国际性的生态安全会议，会议的目的在于让各国在生态安全方面有平等协商的交流平台。第21届联合国气候变化大会通过的《巴黎协定》，为2020年后全球应对气候变化作出了重要安排。在《巴黎协定》的影响下，各国家及超国家行为体纷纷更新其国家的自主贡献目标。例如，欧盟2019年12月公布《绿色协议》，欧盟委员会正努力实现整个欧盟2050年净零排放目标；德国出台《联邦气候保护法》；中国在2020年的联合国大会上宣布努力在2060年实现碳中和。

二、全球生态安全治理的主要领域

生态安全，是地球生命系统赖以生存的环境（空气、土壤、森林、海洋、水等）不被破坏与威胁的动态过程。因此，全球生态安全治理的主要领域也集中在空气、土壤、海洋等领域之中。

1. 大气生态安全

大气生态安全是当前全球生态安全治理中最被人们所重视的领域。相关学者将大气生态安全等同于大气污染,进而将其定义为"人类生产、生活活动向大气排出的各种污染物,其含量超过环境承载能力,使大气质量发生恶化,使人们的工作、生活、健康、设备财产以及生态环境等遭受恶劣影响和破坏"①。大气生态安全可以说在所有生态安全中对于人类的影响最深。在20世纪30至60年代发生的8起震惊世界的公害事件中,有5起与大气污染相关(见表5-1)。而与此同时,大气生态安全问题除了危害严重之外,还具备难以预见性、污染源广泛、污染无国界等特点。

表5-1 大气生态安全事件

事件名	事件及发生地	危害情况
马斯河谷烟雾事件	1932年12月1—5日,比利时马斯河谷工业区	数千人出现流泪、喉痛、声嘶、咳嗽、呼吸短促、胸口窒闷、恶心、呕吐等症状,60人死亡
洛杉矶光化学烟雾事件	1943年5—10月,美国洛杉矶	多人出现眼睛痛、头痛、呼吸困难等症状,400多人死亡
多诺拉烟雾事件	1948年10月26—31日,美国宾夕法尼亚州多诺拉镇	全镇43%的民众共5911人出现眼痛、喉痛、流鼻涕、干咳、头痛、肢体酸乏、呕吐、腹泻等症状,17人死亡
伦敦烟雾事件	1952年12月5—8日,英国伦敦市	多人出现胸闷、窒息等不适症状。在大雾持续的5天时间里,据英国官方的统计,丧生者达5000多人,在大雾过去之后的两个月内有8000多人相继死亡
四日市哮喘事件	1961年,日本四日市	多人出现哮喘疾病,36人死亡

---

① 董险锋等编著:《环境与生态安全》,中国环境科学出版社2010年版,第101页。

一般而言,大气生态安全事件的主要污染源在于人为污染,部分原因在于大自然的天然污染。如火山爆发、森林火灾等自然灾害就会产生大量的颗粒、二氧化碳、二氧化硫等。有研究发现,发生在2019年末至2020年初的澳大利亚森林大火产生的颗粒影响了澳大利亚东部、南太平洋和南美洲等大片气候区域。在本次大火中,气溶胶光学深度最大值达到2.74,细颗粒物占比达到98.9%。火灾排放中的矿物粉尘和烟雾颗粒改变了表层海洋中的颗粒成分,颗粒沉积导致浮游植物的叶绿素a浓度(Chla)标准化异常值高达23.3。[①] 但是,人为污染却是大气生态安全事件发生的最主要的原因,人类的大部分生产、生活活动都会对大气产生影响。玛雅·阿尔玛拉兹(Maya Almaraz)等人的研究表明,在加利福尼亚州,农业是氮氧化物($NO_x = NO + NO_2$)的主要来源。而氮氧化物是导致人类过早死亡以及生物多样性下降的主要原因之一。[②]

大气污染类型主要分为粒子状态污染物和气体状态污染物两种,其中粒子状态污染物主要包括烟、雾、尘,而气体状态污染物则包含硫化合物、氮氧化物、碳氧化物、硫酸烟雾、光化学烟雾。当前,最主要的大气生态安全问题便是臭氧层空洞、全球变暖以及酸雨等三大问题。对此,1987年《蒙特利尔议定书》的出台就是为了解决臭氧层空洞这一问题,《京都协定书》《巴黎协定》等全球协议针对的则是全球变暖问题,1986年召开的第三届世界环保大会将酸雨列为严重威胁世界环境的十大问题之一。对流层是最接近人类生活的一层大气,在这层大气

[①] Mengyu Li, Fang Shen & Xuerong Sun, 2019-2020 Australian Bushfire Air Particulate Pollution and Impact on the South Pacific Ocean, https://doi.org/10.1038/s41598-021-91547-y, visited on 2021-05-30.

[②] Maya Almaraz et al., Agriculture is a Major Source of NOx Pollution in California, 4 *Science Advances* 3477 (2018).

中几乎包含整个大气的水蒸气及气溶胶,这就导致对流层产生对流作用时,大气污染也会随之扩散。与此同时,硫化合物等气体状态污染物还会通过酸雨的形式降临到地面。而由于大气流动,一些边远地区虽然极少有人类活动但还是会受到大气污染的影响。例如,北极是众所周知的生态脆弱区域,但现在已有证据表明微塑料颗粒——轮胎磨损颗粒(TWP)与制动器磨损颗粒(BWP)会随大气流动到达北极地区,而轮胎磨损颗粒与制动器磨损颗粒的光吸收特性可能导致冰冻圈的加速融化。①

2. 水生态安全

水生态安全是全球生态安全治理中的另一重要领域。据统计,世界上80%的人面临着水安全或者与水相关的生物多样性风险。② 总体而言,20世纪90年代,人类使用水安全的概念一般与特定的人类安全问题有关。例如,其可能与军事安全、粮食安全以及环境安全相联系。2000年,《21世纪水安全海牙部长级宣言》将水安全定义为"确保淡水、海岸和相关的生态系统受到保护并得到改善,确保可持续性发展和政治稳定性得以提高,确保人人都能够得到并有能力支付足够的安全用水以过上健康和幸福的生活。并且确保易受伤害人群能够得到保护以避免遭受与水有关的灾害威胁"③。从那以后,许多学者以及政策的制定者开始使用水安全这个概念并赋予其不同的含义。而在这些研究

---

① Nikolaos Evangeliou, Henrik Grythe & Zbigniew Klimont eds., Atmospheric Transport is a Major Pathway of Microplastics to Remote Regions, https://doi.org/10.1038/s41467-020-17201-9, visited on 2021-05-30.

② Karen Bakker, Water Security: Research Challenges and Opportunities, 337 *Science* 914 (2012).

③ 张翔、夏军、贾绍凤:《水安全定义及其评价指数的应用》,载《资源科学》2005年第3期。

中,主要存在四种类型的研究主题,分别是:水资源可用性、人类的需求(与发展相关,重点是粮食安全)、人类对水资源的破坏以及水生态的可持续性。[①] 当前比较有影响力的水安全定义由大卫·格雷(David Grey)与克劳迪娅·萨多夫(Claudia W. Sadoff)提出,其认为,水安全指的是"为健康、生计、生态系统和生产提供所需数量与质量的水,同时与水相关的人、环境和经济的风险"[②]。水安全涉及人类的生活、生产等各个方面,而水质量也会对人的健康产生影响。

从自然生态的角度而言,水生态安全是水资源、水生态、水环境以及水灾害四者的综合效应(见表 5-2)。换言之,水生态安全受到自然或生物因素的影响,其形成、分布和转化的环境发生改变,导致水资源数量与质量出现变化,进而反过来影响人类或动植物。因而,影响水生态安全的因素也分为自然性因素与人为性因素。自然性因素主要指水与土壤之间的正常的物质交换或突发性自然灾害所引发的水体污染。例如,水对土壤侵蚀所造成的水体质量的下降或因洪水所引发的泥沙进入水体。而人为性因素则指因人类生产与生活活动所引发的水体污染,如工业污染、农业污染、生活污染等。而根据水体污染源,又可以分为点污染源和非点污染源两种。点污染源具有确定的空间位置,一般是人们的生活、生产污水通过管道或沟渠收集排入水体的废水。而非点污染源又称面源,主要指通过岸线进入水体的废水以及自然降水通过沟渠进入水体的废水。

[①] Christina Cook, Karen Bakker, Water security: Debating an emerging paradigm, 22 *Global Environmental Change* 94 (2012).

[②] David Grey, Claudia W. Sadoff, Sink or Swim? Water security for growth and development, 9 *Water Policy* 545 (2007).

表 5-2 水生态安全的综合因素

名称	含义
水资源	可资利用或有可能被利用的水源,这个水源应具有足够的数量和合适的质量,并满足某一地方在一段时间内具体利用的需求
水生态	环境水因子对生物的影响和生物对各种水条件的适应
水环境	自然界中水的形成、分布和转化所处空间的环境
水灾害	对水生态造成影响的突发性自然事件

与大气生态安全所不同的是,水生态安全所受的影响因素更多,仅水体污染物就多达十多种,如悬浮物、耗氧有机物、植物性营养物、重金属、酸碱污染、石油、难降解的有机物、放射性物质、热污染以及病原体等。由于水资源是人类生存与发展的基本需求,因此水生态安全会对人类造成重大影响。总体而言,水生态安全问题一般表现为水体污染和水体匮乏两种,这两种类型都会对人类及地球生态环境造成重大影响。例如,2010 年俄罗斯发生了近一个世纪以来最严重的干旱,使得俄罗斯的小麦大幅减产,进而导致依赖俄罗斯谷物进口的北非与中东的面包价格显著上涨。[1] 再如,2010 年海地太子港大地震后,紧接着发生了霍乱。而霍乱恰好通过水源进行传播,引发了大量海地居民的死亡并且造成生态难民的出现。[2]

3. 土壤生态安全

随着对人类和地球的可持续发展认识的不断深入,人们逐渐认识到土壤安全的重要性。布迪曼·米纳斯尼(Budiman Minasny)认为,"土壤安全涉及维护和改善全球土壤资源,以生产食物、纤维、淡水,促

---

[1] Water Security in One Blue Planet: Twenty-first Century Policy Challenges for Science, https://royalsocietypublishing.org/doi/pdf/10.1098/rsta.2012.0406, visited on 2021-05-30.

[2] Hunter M. Keys et al., Cholera Control and Anti-Haitian Stigma in the Dominican Republic: From Migration Policy to Lived Experience, 26 *Anthropology & Medicine* 123 (2019).

进能源和气候可持续性,维护生物多样性和保护整体生态系统"①。因此,土壤安全应该与食品安全、水安全、能源安全、减缓气候变化、生物多样性保护、人类健康一样,对人类的生存与发展有着重要的影响。②当前,全球正面临土壤污染、土壤侵蚀、荒漠化以及湿地破坏等土壤生态安全问题,而这些也将对人类的农业生产、人类健康以及生物多样性等产生不利影响。有证据表明,玛雅等古代农业国家消失的重要原因就是遭遇了土壤生态安全问题。

就土壤生态安全而言,主要有土壤污染、土壤侵蚀、荒漠化以及湿地破坏四种类型。土壤污染一般指的是人类生产、生活活动所产生的污染物,通过各种途径进入土壤并超过自然的自净能力。与大气污染以及水污染所不同的是,土壤污染一般不会被人直观感受到,因此它更加具有隐蔽性。而就污染类别而言,一般分有机污染物、重金属污染物、放射性污染物以及病原微生物污染物等不同的类型。土壤侵蚀通常是在水力、风力、冻融等外力的作用下,陆地表面土壤被破坏、转运以及剥蚀的过程,一般分为面蚀、沟蚀、滑坡、泥石流等不同类型。1992年联合国环境与气候发展大会对土地荒漠化的定义为,"由于气候变化和人类不合理的经济活动等因素使干旱、半干旱和具有干旱灾害的半湿润区的土地发生退化"③。土壤荒漠化的具体表现则是沙漠化、石漠化、冻融荒漠化以及土壤盐渍化等。狭义的湿地是指地表过湿或经常积水且生长湿地生物的地区。广义的湿地则是一个湿地生态系统,

---

① Budiman Minasny, Brendan P. Malone & Alex B. McBratney eds., *Digital Soil Assessments and Beyond*, Taylor & Francis Group, 2012, pp.9-14.
② 食品安全、水安全、能源安全、减缓气候变化、生物多样性保护、生态系统服务也被认为是为了实现世界人口的可持续发展,必须解决的六个环境生存挑战。Alex McBratney, Damien J. Field & Andrea Koch, The dimensions of soil security, 213 *Geoderma* 203(2014).
③ M. Kassa, Desertification: A General Review, 30 *Journal of Arid Environments* 115 (1995).

是由动植物、微生物以及环境组成的统一整体。湿地破坏的具体表现可分为湿地污染、不合理围垦以及生物资源过度开采。

土壤生态安全作为生态安全的重要组成部分对人类健康、自然生态正常运转以及动植物的生存等都具有重要的影响。对此,国际社会针对土壤生态安全也开展了相关的全球生态安全治理活动。例如,2001年5月,为了减少或消除持久性有机污染物的排放和释放,联合国环境规划署通过了《关于持久性有机污染物的斯德哥尔摩公约》。而针对湿地保护,1971年2月2日,一个旨在保护和合理利用全球湿地的公约——《关于特别是作为水禽栖息地的国际重要湿地公约》(简称《湿地公约》)在伊朗拉姆萨尔签署。

4. 其他生态安全

大气生态安全、水生态安全以及土壤生态安全一直是全球生态安全治理中的重点,除此之外,能源生态安全以及生物生态安全也是全球生态安全治理中的重点,但由于这两个领域的生态安全是近年来的热点研究问题,本书将单独通过两个章节进行论述。与此同时,近年来森林生态安全、深海生态安全、极地生态安全等研究也逐渐兴起。

第一,森林生态安全。森林生态安全是近年来新的研究热点,因此其定义还处于讨论之中。德国是首个提出森林系统健康状态的国家,而森林健康也成为森林生态安全的前期研究成果。森林生态安全的定义一般有广义与狭义之分。广义的森林生态安全从复合人工生态安全的角度出发,是维持自然生态、经济生态以及社会生态的和谐统一。①而狭义的森林生态安全则是指森林生态系统自身的安全,及森林生态

---

① 参见房用、王淑军:《生态安全评价指标体系的建立——以山东省森林生态系统为例》,载《东北林业大学学报》2007年第11期。

系统的健康性和完整性。①森林约占地球植被面积的30%—40%,在气候变化、生物多样性、涵养水源等方面发挥着重要的作用。一般而言,森林生态安全事件主要指的是各种因素对于森林的破坏,如森林采伐、人为或自然引发的森林火灾、酸雨腐蚀以及外来物种破坏等。为了号召世界各国更加重视和保护森林资源,2012年联合国大会决定将每年的3月21日定为"国际森林日"。

第二,深海生态安全。20世纪80年代以来,国际组织及主要大国不断推进对海洋安全问题的治理。1982年联合国海洋法会议通过了《联合国海洋法公约》。国际社会对于深海生态安全的治理,主要在于加强深海矿产资源开发中的生态安全保护和深海生物多样性保护。②针对全球深海全球生态治理,1994年成立的国际海底管理局是主要治理机构。例如,2010年,国际海底管理局便发布了相关规定以推动深海矿产勘探中的海洋环境保护。同时,为了保护海洋动植物,其还于2019年通过了《2019—2023年间战略执行工作和高级别行动计划》。作为非传统安全中的新兴领域,人们对于深海生态安全治理也越发重视。因此,深海保护联盟(DSCC)等国际性非政府组织也开始出现,并在深海生态安全治理中发挥着重要的作用。

第三,极地生态安全。严格意义上,全球极地生态安全不是一个新命题,早在1959年,美国、苏联等国便主导签订了《南极条约》。但由于南北两极距离大多数主权国家较远,难以直观感受极地变化对于人类生存发展的影响。而随着气候变暖、冰川融化以及极地丰富资源的发

---

① 参见黄莉莉、米锋、孙丰军:《森林生态安全评价初探》,载《林业经济》2009年第12期。
② 参见梁怀新:《深海安全治理:问题缘起、国际合作与中国策略》,载《国际安全研究》2021年第3期。

现,人们开始重视极地生态安全。极地生态安全指的是南北两极生态系统自身稳定的同时,不会影响到其他生态系统及人类生存的稳定发展。极地生态安全在全球生态治理中正变得越发重要。以南极为例,丁煌等人认为南极安全的影响不但会在非传统安全领域产生效应,还会在领土冲突、资源管理等传统安全领域发生扩散效应。[①] 国际社会针对南极生态治理,签订了1964年《南极动植物养护议定措施》、1972年《南极海豹保护公约》、1980年《南极海洋生物资源养护公约》、1991年《关于环境保护的南极条约议定书》等条约。而关于北极生态治理,则由北极理事会作为北极治理的主要机构。[②] 为了应对北极生态安全问题,《加强国际北极科学合作协定》《预防中北冰洋不管制公海渔业协定》等国际条约也纷纷出台。

第三节　全球生态安全治理的必要性与存在的问题

一、全球生态安全治理的必要性

作为影响人类生存与发展的安全性问题之一,生态安全治理已经成为当下乃至后代人类必须面对的问题。多种古代文明的消失以及种种生态安全事件对人类乃至自然界动植物造成的破坏性影响已经给了

[①] 参见丁煌、云宇龙:《南极安全影响扩散效应与中国南极安全利益》,载《理论与改革》2019年第4期。

[②] 参见杨振姣、牛解放:《北极海洋生态安全协同治理策略研究》,载《太平洋学报》2021年第6期。

我们警示。因此,面对日益危及人类生存的生态安全事件,人类必须予以重视。除此之外,由于生态系统整体性、难以逆性等特性,生态安全事件的影响会超出主权国家的边界进而影响全球。

一方面,生态安全治理具有紧迫性。生态系统是一个完整且不断运动的系统,大气安全、水安全以及土壤安全等会随着大气循环、水循环、生物循环等循环系统从一个区域转移到另外一个区域。因此,一个国家或地区发生生态安全事件,其影响一般并不仅限于本地区,诸如臭氧层空洞、气候变暖以及海平面上升等生态问题需要全人类共同面对。与此同时,随着人口的增长以及对自然界可利用资源的不断开发,生态系统正处于随时崩溃的临界点。例如,在全球生态安全治理中,极地安全治理成为新的研究热点,但这恰好证明全球生态安全治理的紧迫性。因此,生态安全问题的紧迫性呼唤全球生态安全治理时代的到来。

另一方面,生态安全治理具有困难性。生态安全问题不仅仅具有整体性的特征,还具有难以逆性的特征,这意味着生态安全治理是一个长期且复杂的过程。除此之外,人类共同生活在一个地球之中,因此生态安全治理不仅仅是一个国家需要承担的责任,这是世界上所有国家必须共同面对的问题。生态安全治理的困难性还体现在生态系统是一个不断流动的系统,对于生态安全问题的治理不能只是局部的,需要全世界的所有行为主体的共同合作。如果一些国家在治理的同时,另一些国家在继续破坏,那么生态安全问题将永远无法得到解决。并且,相比较发达国家而言,发展中国家无论是发展进程还是技术水平都属于落后状态。因此,在生态安全治理过程中,也需要发达国家对发展中国家进行资金、技术援助,只有这样全球生态安全问题才能够得到更好的解决。

二、全球生态安全治理存在的问题

1. 主体缺位：全球生态安全治理中的无政府状态

在国际关系学科中,世界政治通常被认为是一种无政府的状态,一种缺乏权威的体系结构。① 这种无政府状态在全球生态安全治理中也得以体现。虽然随着人们对生态安全认识程度的加深,越来越多的非国家行为体正加入到全球生态安全治理的队伍中来,但是由于缺乏一个具有中央权威以及合法性的"世界政府"的存在,全球生态治理依旧处于一种主体缺位的状态。不可否认的是,美国曾经在全球生态安全治理中发挥过一定的积极作用,但随着近年来美国麦卡锡主义的盛行,美国为了维护自身的霸权地位不惜阻碍主权国家间在全球生态安全治理中的合作。例如,2021 年 6 月 8 日,美国参议院以 68 票对 32 票通过了《美国创新与竞争法》(American Innovation and Competitiveness Act),该法案最主要的行为是针对中国进行全面的技术封锁,该法案的出台也不利于主权国家间在气候环境等方面的合作。与此同时,全球生态安全领域的治理主体缺位还导致了治理过程的责任分歧以及执行力不足等问题。

一方面,治理主体缺位造成全球生态安全治理中治理责任分歧。针对全球生态安全治理中发达国家与发展中国家间的能力差异,第一届人类环境大会通过的《人类环境宣言》明确提出了"共同但有区别的

---

① David A. Lake, Rightful Rules: Authority, Order, and the Foundations of Global Governance, 54 *International Studies Quarterly* 587 (2010).

责任",而第 21 届联合国气候变化大会通过的《巴黎协定》延续了这一原则。"共同但有区别的责任"原则符合主权国家间在发展时间、程度等方面存在差异这一现实状况,其顺利实施有利于发达国家与发展中国家之间的通力合作。但由于缺乏一个有权威的治理主体,发达国家并没有履行其应尽的责任。与此同时,由于治理主体缺位,各参与主体之间的利益冲突多于价值共识,诸多利益主体各行其是,甚至相互指责。[1]

另一方面,治理主体缺位造成全球生态安全治理中的执行力不足。全球生态安全治理是当下全球治理中的重要领域,关乎人类的生存与发展。更为重要的是,几乎每年都会有轰动全球的生态安全事件发生。但是,由于主权国家间存在利益分歧,各主权国家在全球生态安全治理中貌合神离。联合国因为自身权威以及权力的问题,无法进一步在全球生态安全治理中发挥引领作用,甚至有时候还会受制于主要会员国。因此,由于治理主体的缺位,虽然主权国家间已经签订了众多条约,但执行力不足,对一些破坏生态安全的行为也缺乏执法权力。

2. 公地悲剧:全球生态安全治理中的两难困境

生态系统是人类赖以生存与发展的基础,而生态系统中的各种物质也被当作产生经济利润的资源与能源,这就容易产生公地悲剧。[2] 严格意义上,生态系统中的资源是一种具有递减性质的公共资源,即随着参与开发主体的增多会导致资源的减少。因此,生态系统中的资源

---

[1] 参见朱忠孝、张庆芳:《全球生态治理的困境与出路》,载《岭南学刊》2014 年第 4 期。

[2] "公地悲剧"(The Tragedy of the Commons)最早由英国学者加勒特·哈丁(Garrit Hadin)于 1968 年提出,指的是在公共领域中每个主体都追求自身利益的最大化进而导致整体的不可持续发展。

应该称为"公共池塘资源"(Common-Pool Resources)。① 在全球生态治理中,虽然生态环境是共享的,但是以生态环境的破坏为前提的经济发展所获取的利益却是属于特定利益主体的,因此这些利益主体有充足的驱动力去破坏生态系统这一"公地"。这就出现了一种两难困境,即人类相互依赖地生活在一个共同的生态系统中,但是如果每一个个体都基于自身利益最大化原则选择行动策略,最终他们的行动会产生相对较低的总体收益。更为重要的是,世界上大多数国家还处于发展中阶段,发展权是其基本权利,这就意味着对于生态系统的过度索取还将一直持续下去。

当下,大多数主权国家的国家发展还处于较低的状态,甚至一部分国家的粮食安全都无法得到保证。因此,对于这类国家而言,走向现代化是使其国家发展、社会和谐、政权稳定的必然之路。而现代化的基础是工业化,因而这些发展中国家必然会加大对资源和能源的消耗。更为重要的是,当代全球生态安全治理中,发达国家与发展中国家为了各自的国家利益难以达成共识。一方面,对于发达国家而言,它们既不满发展中国家在工业化与现代化发展的过程中对于生态系统的过度破坏,又不愿意对这些发展中国家进行资金与技术援助,以此来缓解生态系统受到的破坏。另一方面,对于发展中国家而言,由于一些历史原因,发展中国家会认为发达国家已经走过发展的道路,因此部分发展中国家自认为站在道义的制高点。而也因为经济水平以及技术能力的原因,这些国家承担全球生态安全治理的责任与义务的能力相对有限。

---

① 公共物品是无竞争性、无排他性的资源,即我的使用不会影响其他人的使用。而公共池塘资源则是具有竞争性、无排他性的资源。如公海鱼类资源,谁都可以利用,但我的利用会影响到别人的利用。参见〔美〕罗伯特·E.戈定主编:《牛津比较政治学手册(上)》,唐士其等译,人民出版社2016年版,第188—189页。

虽然当前的全球生态安全治理已经采取碳交易以及排污费、环境税等方式来遏制一些生态破坏产业的发展以及增加主权国家破坏生态安全的成本。但是在有利可图的情况下,这些措施在一定程度上只是提高了生态资源的使用成本。而且在现实实践中,这些做法甚至导致了相反的结果,许多企业会认为自身已经缴纳环境税或排污费,那么继续生产以及加大资源消耗就是理所应当的,进而不必负担任何道德伦理责任。[1] 因此,当前全球生态安全治理正陷入一种两难的困境之中。

3. 危机转嫁:全球生态安全治理中的生态不平等

自15世纪末16世纪初以来,随着资本主义生产方式的发展与流行,一种以西方国家为中心的世界体系出现在人类社会之中。这种世界体系把世界经济体划分为中心、边缘、半边缘等不同区域,进而造成主权国家之间在经济上的不平等。对此,伊曼纽尔·沃勒斯坦(Immanuel Wallerstein)认为,资本主义世界体系是以世界范围内的劳动分工为基础而建立的,不同国家承担特定的经济角色,最后引发经济上的不平等。[2] 萨米尔·阿明(Samir Amin)在其著作《不平等的发展:论外围资本主义的社会形态》中也提出了相似的观点。然而,随着生态安全在人类生存与发展中越发占据重要的地位,人们发现这种经济上的不平等还延伸到生态领域,进而造成生态不平等。对此,斯蒂芬·邦克(Stephen G. Bunker)通过研究发现,由于世界体系的原因,亚马逊大量的树木被送往发达国家,这种不平等的交换在影响巴西生态安全的同

---

[1] 参见朱忠孝、张庆芳:《全球生态治理的困境与出路》,载《岭南学刊》2014年第4期。
[2] 参见[美]伊曼纽尔·沃勒斯坦:《现代世界体系(第一卷)》,尤来寅等译,高等教育出版社1998年版,第162页。

时也是其国家失败的重要原因。①

生态不平等通常被理解为在世界体系中处于不同地位的国家之间的不平等的物质交换关系。② 在这个过程中,发达国家向发展中国家出口废物处置物以及迁移污染工业,而发展中国家(或地区)向发达国家输送能源或其他资源。这种生态不平等关系,不仅会导致发展中国家的生态破坏,还会对其国家的社会经济以及民众健康产生不利影响。由此,这就营造出一种发达国家已经承担了全球生态安全治理责任的假象。发达国家中的生态环境改善是通过生态不平等这种过程完成的,其结果却是以牺牲发展中国家的生态环境为代价,这在本质上是一种生态危机的转移。

全球化不仅使得人类之间的联系更加紧密,同时还造就了经济不平等以及生态不平等的世界体系。对此,张劲松认为,"在全球化体系下,欧美发达国家在其生态治理过程中,通过输出生态危机转嫁了本国的生态危机,欧美主导下的全球生态治理并未体现出应有的生态性"③。以碳排放转让为例,有研究表明经济发展进程以及不平等的生态交换模式会影响碳排放转让。具体而言,随着一个国家变得更加现代化,二氧化碳的净流入会变得更低甚至为负(即净流出),因为发展中国家的企业开始出口更多的工业、污染密集型产品。而当一个国家变得富裕,表现出更高的发展和现代化水平时,二氧化碳的净流入将更大,因为这个更现代化的国家已经成功地将污染成本外部化给发展中

---

① Stephen G. Bunker, Modes of Extraction, Unequal Exchange, and the Progressive Underdevelopment of an Extreme Periphery: The Brazilian Amazon, 1600—1980, 89 *American Journal of Sociology* 1017 (1984).
② Paul K. Gellert, R. Scott Frey & Harry F. Dahms, Introduction to Ecologically Unequal Exchange in Comparative Perspective, 23 *Journal of World-Systems Research* 226 (2017).
③ 张劲松:《全球化体系下全球生态治理的非生态性》,载《江汉论坛》2016 年第 2 期。

国家,并将重点放在发展国内服务业或知识经济产业上。① 更为重要的是,发展中国家为了实现其国家的工业化与现代化,只能服从现有的世界体系,由此可知,当前的全球生态安全治理更多的是一种发达国家向发展中国家转移生态危机的过程。

第四节 推进全球生态安全治理的中国策略

当代世界是多元多样以及和合共生的世界②,人、社会、自然具有命脉相连性。传统全球生态治理秩序是由西方国家主导的,其背后的本源文化是一种"人性恶"的自然状态。因此,西方学界的全球治理理论大多蕴含着一种冲突逻辑。例如,以威廉·沃尔福思(William Wohlforth)为代表的"霸权秩序论"就简单地认为世界秩序就是霸权主导的秩序③;以萨缪尔·亨廷顿(Samuel Huntington)为代表的"文明冲突论"则认为冷战后的世界冲突的根源在于文化方面的差异④;以迈克尔·多伊尔(Michael Doyle)为代表的"民主和平论"则主张只有西方所界定的民主国家才能带来世界的和平。⑤ 这些思想已经无法适应当今的全

---

① Christina Prell, Laixiang Sun, Unequal carbon exchanges: understanding pollution embodied in global trade, 1 *Environmental Sociology* 256 (2015).
② 参见金应忠:《再论共生理论——关于当代国际关系的哲学思维》,载《国际观察》2019年第1期。
③ William Wohlforth, The Stability of a Unipolar World, 24 *International Security* 5 (1999).
④ 参见[美]塞缪尔·亨廷顿:《文明的冲突与世界秩序的重建》,周琪等译,新华出版社2002年版,第29—33页。
⑤ Michael Doyle, Kant, Liberal Legacies and Foreign Affairs, 12 *Philosophy and Public Affairs* 205 (1983).

球治理形势,更无法应用到全球生态安全治理中。与此相对,依托于中国传统文化的"和合共生"思想则可以很好地解决当前全球生态安全治理中所存在的问题。

一、"和合共生":全球生态安全治理中的价值向度

如果说西方文明全球治理的价值向度是"冲突相生",那么中华文明全球治理的价值向度则是"和合共生"。"和合共生"这一价值向度承认"无论是国内社会基本单元的人还是国际体系基本单元的国家均具有独立性、主体性属性,均具有寻求自我实现的欲望、追求各自的利益和权利"①。"和合共生"作为中国全球生态安全治理中的价值向度,有希望解决生态安全治理中的结构性矛盾。

第一,主权制度的排他性与解决全球性生态安全问题所需要的合作性之间的悖论。主权国家是当代国际政治中最主要的参与者,当今世界上大多数有关全球生态安全治理的条约都是由主权国家签订的。换言之,没有主权国家,就没有国际秩序。但是要想解决日益突出的全球性生态安全问题,表面上似乎又要求超越主权制度设置的障碍。同时,主权国家具有将自己内部消极现象向外部世界和国际体系排放的动机,因而会借助主权制度来免除其应当对他国承担的必要的关联责任。对此,推进全球生态安全治理需要解决这种主权制度的排他性与解决全球性生态安全问题所需要的合作性之间的矛盾,让所有行为主体都明确认识到,当下人类正处于一种共生的状态。与此同时,需要在推进全球生态安全治理的过程中让各行为主体树立起"协和万邦"的

---

① 金应忠:《为什么要倡导共生型国际体系——与熊李力先生对共生性学说理论批判的商榷》,载《社会科学》2014年第9期。

国际观。"和合共生"的逻辑起点是以通过利益相关方的认可、接受共同利益为前提。"协和万邦"的国际观主张世界各主权国家在争取其个体利益的同时，承认并尊重与他国的共同利益。因此，发达国家需要尊重发展中国家发展的权利，发展中国家也不能因为自身能力较弱而放弃其应履行的维护生态安全的义务。

第二，解决全球公共生态问题形成的国际制度与国内制度衔接上的矛盾。这个问题本质上是国际制度的统一性与国内制度的多样性之间的抵触。两类制度的抵触还涉及更深层次的内外政治问题，即多样的国内制度如何在国际合作领域中协作的问题。以全球气候问题为例，各参与主体在国际合作领域达成的合作协议是"共同的"，但是各国在具体实施国际合作协议时又是"有区别的"。因此，在推进全球生态安全问题治理时，既需要国内制度与国际制度之间保持一致性，又需要保证国内制度符合本国国情的灵活性。

理想的共生关系是事物之间相互依存而又不相害、共同成长而又不相悖。与西方霸权国家所奉行的"冲突相生"不同，"和合共生"并不回避和否认矛盾的存在，而是寻求在沟通中逐渐解决矛盾。与此同时，中国文化中的"和合共生"思想还具有一种"天人合一"的自然观。例如，在道家看来，天是自然，人是自然的一部分。当下的世界更是如此，人与人之间、人与自然之间是相互共生的。因此，推进全球生态安全治理需要打造国家之间的国际平等关系、构筑自然绿色的生态系统、促进和而不同兼收并蓄的文明交流。

二、共存逻辑：全球生态安全治理中的基本逻辑

在全球生态安全治理的过程中，世界各参与主体本应该秉持"共

同但有区别的责任"这样的基本原则。但是在现实实践中,发达国家与发展中国家之间的合作却存在交易逻辑与权力逻辑。这不但引发了发达国家与发展中国家之间的对立与冲突,还导致了生态不平等。因此,在推进全球生态安全治理中应该秉持着一种共存逻辑。共存逻辑指的是在全球生态安全治理中注重主体的多元性、价值的包容性以及共治共享性。

第一,主体多元性。全球生态系统所影响的主体是全人类,是作为"类存在"的人。它既包括共同体中作为群体存在的主权国家、特殊地区、国际组织、跨国公司等,也包括社会生活中作为个体存在的"现实的人"。因此,国家、国际组织、跨国公司等只要对全球生态安全治理有益,都应该是治理的主体,这些主体也都应该得到承认。在过去,全球生态安全治理失灵的最主要的原因在于西方发达国家构建了一种垂直的世界体系,在这种世界体系中,各参与主体不但在经济上被分为中心—边缘—半边缘,而且在权力上也被分为中心—边缘—半边缘。这造成了全球生态系统治理中的民主赤字以及合法性问题。

第二,价值包容性。全球生态安全治理的参与主体来自于不同的国家,因此难免存在共识上的困难。因此,在进行跨国或跨地区合作时不能把某一个国家的价值观当作绝对的标准。[①] 同时,也不能以发达国家的生态环境标准来要求不发达国家。西方国家用自己制定的标准来宣传其治理理念,在全球生态安全治理的进程中把对生态环境的治理变成西方对世界的治理,进而造成价值冲突。因此,应该坚持价值观念的包容性,寻求一种和而不同的合作观。

第三,共治共享性。当前,生态安全作为非传统安全领域中的代

---

① 参见郝立新、周康林:《构建人类命运共同体——全球治理的中国方案》,载《马克思主义与现实》2017年第6期。

表,正威胁着人类的生存空间。由于生态安全具有整体性的特性,这就导致国际社会是一个共存的社会,因此任何一个国家都不应该也不可能保证绝对安全。所以,面对全球生态安全问题,所有国家必须一起参与治理。与此同时,共享并不意味着平均主义,任何国家都不应该抱有"搭便车"的心态,否则只会造成公地悲剧的持续扩大。

三、对等网络体系:全球生态安全治理中的表现形式

"共存逻辑"是中国人从家庭到国家再到世界的一致性逻辑。吸取中国传统文化智慧并与马克思主义相结合的"人类命运共同体"可以很好地适应国际秩序并被其他国家所接受,而其表现形式则是"对等网络体系"。"对等网络体系"能够很好地解决资本主义世界体系在全球生态安全治理中所存在的弊端。具体而言,"对等网络体系"有如下特征:

第一,"对等网络体系"具体体现为各国平等、协商合作。在全球生态安全治理的过程中,首先要以尊重各国的平等地位为前提,各国之间一律平等、相互尊重是合作共赢的起点。习近平指出,各国之间主权平等是国际关系最重要的准则,"要坚持国家不分大小、强弱、贫富一律平等,尊重各国人民自主选择发展道路的权利,反对干涉别国内政,维护国际公平正义"[①]。虽然每一个国家的经济总量、国土面积、人口资源等要素各不相同,但所有国家都是国际大家庭的成员,都拥有平等参与相关国际事务、制定生态安全标准的权利。

第二,"对等网络体系"的实现路径是利益的共享化。在全球生态

---

① 习近平:《顺应时代前进潮流 促进世界和平发展——在莫斯科国际关系学院的演讲》,http://www.gov.cn/ldhd/2013-03/24/content_2360829.htm,2021年5月30日访问。

安全治理过程中,每个国家都是平等的独立个体,而治理成果也将会使当代人类及未来的人类受益。因此在这一过程中,不能以强权去威慑他国,更不能刻意营造生态不平等的国际格局。中国以实际行动践行利益共享、合作共赢等理念,中国从不追求霸主地位,绝不通过掠夺他国、剥削他国来实现自己的利益。相反,中国力图通过自身的发展壮大来惠及其他国家,中国近年来更是在全球生态安全治理中主动承担更多的国际责任,全球生态安全治理需要的是各参与主体利益的共享化。

第三,"对等网络体系"的治理模式是均衡与共赢。全球生态安全治理事关全人类的未来与发展,因此需要站在全人类的角度,倡导一种自愿、协作、双赢的治理理念。随着近代资本主义在全球范围内的扩张,其内含的市场化、私有化和自由化等理念造成了人对人、人对自然的无限剥削,从而产生了人和自然的异化等恶果。西式的强国之路将个体利益推向极致,不惜牺牲他国和世界整体利益以达到个体目标,它不仅造成世界体系中经济的不平等,还造成了生态上的不平等。更为重要的是,在传统全球治理的思维下,其本质是一种危机的转嫁,并没有起到生态安全治理的效果。

四、负载均衡:全球生态安全治理中的结果状态

"负载均衡"的意思是将全球生态安全治理的负载(工作任务)进行平衡、分摊到多个主权国家进行,其表现形式为权力的去中心化以及人类内部的分工协作。习近平总书记指出:"我们积极推动建设开放型世界经济、构建人类命运共同体,促进全球治理体系变革,旗帜鲜明

反对霸权主义和强权政治"①。"和合共生"的全球治理观强调建构新型合作关系,既倡导公平合作,又倡导自我实现,具有合作的共生共赢和"利他"性质,其对资本主义治理观的超越表现为反排斥、非排他和反歧视三方面。具体表现如下:

第一,倡导合作公平。即提倡非排他性的自我实现,将每个参与主体的自我实现和承认作为目标,通过合作的共生机制杜绝形成话语霸权,确保每个国家与个人平等参与全球生态安全治理,不受歧视。这样既能调动世界上各主权国家,特别是发展中国家参与全球生态安全治理的积极性,还能让全球生态安全治理的过程变得更加平稳和谐。"负载均衡"下各个行为主体互动的过程实际上是信任信号的相互传递过程,这种信号传递对于消除主权国家之间的价值冲突具有帮助作用。

第二,倡导集体公平。即建立一种整体性观念,主张形成和谐统一的价值理念,树立共同目标和愿景并确保其实现过程的公平与正义。地球是人类共同生活的家园,需要人类的共同呵护,但生态安全还具有区域性的特征,这就导致不同区域的生态安全问题可能是不同的。因此,要倡导一种集体公平的观念,让所有全球生态安全治理目标的实现都有利于人类这一群体。与此同时,在治理的过程中要符合"共同但有区别的责任"这一原则。

第三,倡导差异性公平。即进行一种多层次的公平设计,尊重世界发展的多样性和开放性,倡导全球空间的包容性、自由性和公共性,强调多维度公平。在人类发展的历史中,不可否认的是发达国家已经走过破坏生态、污染环境的进程,因此发达国家并不能要求发展中国家为

---

① 习近平《在庆祝改革开放40周年大会上的讲话》,https://www.xinhuanet.com/politics/leaders/2018-12/18/c_1123872025.htm,2021年5月30日访问。

了全球生态安全而停止自身的发展。由于经济实力及技术水平的问题,发展中国家也并没有能力来承担太多的全球生态治理的责任。对此,全球生态安全治理需要倡导差异性公平的观念,根据各主权国家的不同发展水平分配不同比重的任务。

结　　语

作为非传统安全领域中的显著代表,生态安全对于人类的生存与发展有着极其重要的影响。生态安全具有整体性、区域性、不可逆性以及动态性等特性。卡逊于1962年出版《寂静的春天》一书以后,人类开始重视全球生态安全对于人类生存、发展所造成的危害。并且,随着全球生态安全事件对于人类影响的程度加重,不仅是主权国家,而且各国际组织、跨国公司以及公民团体也纷纷加入到全球生态安全的治理之中。生态安全领域种类繁多,生态安全治理具有紧迫性以及困难性,因此需要全人类的共同面对。但在当下的全球生态安全治理中,由于世界处于一种无政府状态,产生了主体缺位、公地悲剧以及危机转嫁等问题。这些问题产生的根本原因在于过去全球生态安全治理的规则大多由西方国家所制定,西方国家秉持着"冲突相生"的秩序观以及交易逻辑与权力逻辑。对此,生根于中国文化的"和合共生"思想可以很好地进行调和。

第六章
全球能源安全治理：治理变革与中国规划

能源自被人类应用以来,就与经济社会发展息息相关,能源安全成为全球安全治理的重要领域,对全球安全治理具有重要意义。当前,国际能源体系正在发生结构性变动,能源安全已经延伸至政治、经济、军事、外交等多个领域,成为影响地缘政治与全球经济稳定的"压舱石"。面对全球能源安全格局的变动,中国能源安全面临巨大压力。

第一节　问题的缘起：能源安全问题的出现及表现

随着技术发展,能源的种类及应用不断更新,每一次更新都给人类社会发展带来了巨大动能。由于能源安全与国家社会发展息息相关,全球曾多次发生能源冲突,能源成为影响地缘政治与国际关系的重要因素,关注能源安全也成为全球共识。

一、能源安全的范畴及基本属性

能源是指能够产生各类生产所需能量的燃料、风力、水力等物质。18世纪,蒸汽机的发明以及将煤炭石油等化学能转化为机械能的技术的出现引发了第一次工业革命,人类社会就此进入工业社会,能源成为国家经济发展及科技进步的必要供应,对能源供应的控制力直接影响着一个国家的全球政治地位。19世纪,内燃机以及电机的出现使石油等化学能的转化效率不断提升。20世纪中期以后,人类社会进入现代信息社会,能源成为更为关键的影响国家发展的因素。能源还成为影响全球安全的重要因素,全球多次局部战争的爆发均与能源相关,如中东战争,石油多次成为中东战争爆发的导火索。

能源成为影响人类社会的重要因素,因而能源安全也成为关注的重点。能源安全是指国家能够以可承受的价格获得不间断的能源供应,尤其是以合理的价格获得可靠和充足的能源供应。能源安全分为长期能源安全与短期能源安全,长期能源安全主要涉及及时投资以供应符合经济发展和环境需求的能源,短期能源安全则侧重于能源系统对能源供需平衡突然变化作出反应的能力。[1] 能源安全这个定义涉及两方面内涵:一方面是能源供需安全性,指能源的供应与需求能够满足正常生产发展的需要,保持供给稳定;另一方面则是能源使用可持续发展性,指能源使用要符合可持续发展的理念,与环境保护相适配,保障人类生活环境保护与能源使用协调发展。

---

[1] Qiang Wang, Kan Zhou, A Framework for Evaluating Global National Energy Security, 188 *Applied Energy* 19 (2017).

随着全球化的发展,能源安全已经变成一个全球公共问题,其与全球安全治理相辅相成、相互依存。进入 21 世纪以来,由于能源价格波动上升、化石燃料供需不平衡、能源系统去碳化压力和地缘政治紧张局势,能源安全在全球安全治理中的重要性不断增强。能源安全的重点也逐渐由确保石油和天然气两个主要能源的供应扩展到新能源领域。

能源安全具有四项基本属性,即可利用性、可获得性、可负担性以及可接受性。

(1) 可利用性——能源安全的自然地质属性。可利用性是指有足够的能源以满足日益增长的需求。例如,石油作为不可再生能源,其安全使用的前提就是有足够的石油储量,如果已探明的石油储量消耗殆尽,石油的可利用性就会大大降低。而风能、潮汐能、水能等可再生能源的产出及使用也以当地自然地质条件的可利用性为前提。中东拥有世界最大的已探明石油储量,因此中东地区的石油的可利用性相对就较高。而石油储量相对缺乏的地区,如欧洲、亚太地区等地,其石油的可利用性就相对较低,对外依赖性较强。

(2) 可获得性——能源安全的地缘政治属性。政府对能源的供应及相关条件具有实际控制权,因此能源供应国的政治稳定、能源需求国与能源供应国的政治、经济及外交关系对能源的安全供应至关重要。海湾战争、伊拉克战争、巴以冲突、非洲国家内战等战争的爆发均与能源安全的可获得性息息相关。

(3) 可负担性——能源安全的经济属性。在运行良好的市场中,价格是供需的平衡机制,价格充分显示了能源作为一种资源的稀缺性与消耗性。随着化石燃料价格的上涨,能源的可负担性将持续恶化。[①]

[①] Bert Kruyt, Indicators for energy security, 37 *Energy Policy* 2166 (2009).

以石油能源为例,《2021年世界能源统计年鉴》的数据显示,从1861年开始至今,石油价格总体呈现上涨趋势。而石油作为当前发展中国家工业发展的关键能源之一,其可能无法承载能源价格从而影响国家发展。

(4)可接受性——能源安全的自然环境属性。越来越多的研究表明,气候变化与二氧化碳排放之间具有密切的因果关系,而二氧化碳排放主要由化石燃料燃烧产生。因此,此类传统能源的消耗被认为是引起气候变化的主要原因。[①] 全球气候变化是当今全球热点话题,世界正在走上一条更可持续发展的道路,其显著表现就是可再生能源保持强劲增长的态势以及传统能源应用量的降低。值得注意的是,2020年,风能和太阳能容量增加了238万千瓦,风能和太阳能发电在全球电力组合中的份额也出现了史上最大的增幅。与此同时,碳排放量下降同样显著,2020年的碳排放量下降了6%以上,这是自1945年以来的最大降幅。[②] 能源安全与气候变化紧密相关,基于可持续发展的能源的可接受性也就成为能源安全的基本属性之一。

二、各国深度介入能源的原因

1. 能源提供人类社会发展的巨大动力

能源是现代社会的主要组成部分之一,全球生产力、经济以及生活水平的发展提高都具有一个共同的必要条件:充足和可靠的可用性能源

---

① Almas Heshmati, Shahrouz Abolhosseini & Jörn Altmann, *The Energy and Environment Relationship*, Springer, 2015, p.2.
② Statistical Review of World Energy 2021, https://www.bp.com/content/dam/bp/business-sites/en/global/corporate/pdfs/energy-economics/statistical-review/bp-stats-review-2021-full-report.pdf, visited on 2021-08-25.

供应。人类社会从农业社会发展到现代信息社会以科学进步为基础,而所有的科学进步都离不开能源利用的改善。从薪柴到煤炭再到石油直至如今的新能源,能源见证了人类社会发展的脉络。在原始社会,人类从"钻木取火"开始,走上了独特的进化之路。第一次工业革命中,煤炭的广泛使用带动了工业、交通的迅速发展,人类社会就此进入大规模工业化时代。第二次工业革命,随着内燃机和发电机的发明,电能作为更为便捷的二次能源出现,人类社会由"蒸汽时代"进入"电气时代"。1854年,美国宾夕法尼亚州打出世界第一口油井。随后,以汽油和柴油为燃料的内燃机、量产汽车的出现,推动石油成为第三代主体能源。在石油时代,人类在重工业、军工业、化工业、交通运输业等行业迅速发展,现代文明也在这个阶段突飞猛进。

2. 能源成为全球经济增长的关键核心

能源供应是制约经济增长的关键因素。当今世界,超过30%的石油由中东地区产出,而亚太地区却消费了超过40%的石油资源。[①] 总体来看,全球石油的地区生产量与消费量并不均衡。因此,石油的供应或价格深深影响着石油消费国的经济发展。其中,需要注意的是,工业化国家的能源需求十分强烈,因此,能源的供应稳定对于全球的工业发展至关重要。

3. 能源成为全球政治运转的风险要素

自工业革命以来,能源一直是世界政治发展的关键驱动力。从20世纪70年代的石油危机到如今可再生能源的快速扩张,全球能源格局

[①] Statistical Review of World Energy 2021, https://www.bp.com/content/dam/bp/business-sites/en/global/corporate/pdfs/energy-economics/statistical-review/bp-stats-review-2021-full-report.pdf, visited on 2021-08-25.

的每一次转变都对国际关系产生了重要影响。能源系统在安全、经济、环境和全球正义四个世界政治的关键领域影响着全球政治运转。① 当前,全球正处于能源转型的关键时期,与前几次的能源转型相比,此次转型对于世界政治而言也具有重大的变革意义。这种持续的能源转型不仅会打破全球政治力量平衡,还可能将政治权力从民族国家手中转移出去,增强公民、地区和当地社区的权力。

4. 能源成为全球军事外交的利益焦点

能源安全一直是所有国家外交和安全政策目标的一个组成部分,而石油等关键能源多次成为局部战争的导火索以及国家对外政策的重要影响因素。前文已经提及,石油是多次中东战争爆发的根源,而三次石油危机也使得石油需求量高的大国纷纷立法以保障石油的战略储备,如美国的《能源政策与保护法》、日本的《石油储备法》、法国的《关于工业石油储备库存结构的58-1106号法》等。值得注意的是,虽然煤炭在工业社会发展中的重要性也非常高,但是由煤炭引发的争端相较于石油要少很多,这一点与煤炭的地缘分布有很大关系。总体来看,煤炭的全球分布与全球消耗基本均衡,各国因煤炭引发的争端相对较少。

三、能源安全问题的表现及特点

1. 日益增加的能源供应难题

当前,面对能源供应难题,许多国家更关心的问题是运输能源供应

---

① See Thijs Van de Graaf & Benjamin K. Sovacool, *Global Energy Politics*, Polity, 2020.

的安全。能源与经济增长和就业之间的关键联系使许多国家通过各种手段保障能源供应,包括推进能源供应来源多样化、实现更平衡的能源组合,寻求安全可靠的能源供应等。然而,全球各国政府对能源安全的定义并不统一,其寻求加强自身安全的方式也差异显著,这种偏差就极易引起全球能源安全损耗问题。另外,基础设施瓶颈也是限制能源供应的一个重大问题。一方面,随着可以"轻松"获取的石油和天然气资源的日益减少,人们对于深海、北极等未开发环境中的石油与天然气等能源的探索需求上升,但这面临着基础设施建设瓶颈。另一方面,针对核能、水能以及包括太阳能、风能、生物燃料在内可再生能源的开发利用呼吁技术和基础设施的完善,当前面临的技术困境以及不均衡也成为影响能源供应安全性的重要因素。

2. 日益严峻的生态环境退化

目前,世界生态问题层出不穷。由于各国长期推行"先污染后治理"的发展模式,当今世界的生态环境总体上仍在不断恶化,全球气候变暖、臭氧层破坏、生物多样性减少、森林锐减、水资源危机、土地荒漠化、大气污染、酸雨污染、土壤污染等一系列生态问题尤其突出。上述问题给人类的生存和发展带来了严重挑战。[①]

3. 日益扩大的能源获取差异

在未来几十年里,工业化发展中国家的能源需求将继续增长,以满足提高国民生活水平和推动经济增长的目标。发展中国家的经济增长离不开能源,但能源需求的扩张极有可能扩大能源供需缺口。必须承

---

① 参见张新平、庄宏韬:《共建人类生态命运共同体:基本内涵、现实必要与逻辑必然》,载《安徽师范大学学报(人文社会科学版)》2021年第2期。

认的是,石油、天然气等传统资源并不掌握在工业化发展中国家手中,而核能、水能以及包括太阳能、风能、生物燃料在内的可再生能源的开发技术也基本掌握在少数发达国家手中,这就引发了极大的能源获取差异,工业化发展中国家往往只能得到较少的能源供给。新冠病毒感染疫情的全球大流行破坏了近年来全球在增加负担得起的、可靠的、可持续的现代能源方面取得的稳步进展,撒哈拉以南非洲地区首先受到这种逆转的影响。《世界能源》的分析显示,2020年,非洲缺电人数增加到5.9亿以上,与2019年相比,增加了1300万人。[①]

第二节 能源安全问题的全球治理

从20世纪中期起,全球逐渐形成了全球能源安全治理的框架,并在日后发展中不断趋于完善,其涉及领域也随着能源形式的更新不断拓展。

一、全球能源安全治理的发展

全球能源安全治理最初始于解决全球石油危机引发的一系列安全问题,随后不断发展,逐渐演化为针对多种类能源诱发的多重风险的治理,参与主体也不断趋于多元。总体来看,全球能源安全治理的发展分

---

① The Covid-19 Crisis is Reversing Progress on Energy Access in Africa, https://www.iea.org/articles/the-covid-19-crisis-is-reversing-progress-on-energy-access-in-africa, visited on 2021-08-26.

为两个阶段。

阶段一：20世纪60年代至20世纪90年代初，全球能源安全治理框架雏形初现。

全球能源安全治理最初起源于20世纪为解决石油危机所引发的石油安全问题而产生的治理架构。1960年9月，伊朗、伊拉克、科威特、沙特阿拉伯和委内瑞拉五个产油发展中国家在巴格达成立石油输出国组织（OPEC）。1968年，OPEC通过了"成员国石油政策声明"，强调所有国家为了国家发展的利益而对其自然资源行使永久主权的不可剥夺的权利。但在OPEC成立之后，1973年第一次石油危机发生，当时的石油消费国意识到它们没有足够的能力来应对主要生产国实施的石油禁运，这在一定程度上刺激全球能源治理向更多主体及更广维度发展。1974年，一些主要石油消费国在经合组织（OECD）框架下成立了国际能源署（IEA），由此形成了石油消费国联盟与生产国联盟相对应的治理格局。国际能源署建立了一个集体行动机制，以有效应对石油供应的潜在中断。1975年，OPEC在阿尔及尔举行了首届国家元首和政府首脑峰会，扩大了其职权范围，并呼吁在国际关系中开启新的合作时代，以维护世界经济发展和稳定。

1976年，伴随着加拿大的加入，七国集团（G7）正式形成。由美国、日本、法国、德国、英国、意大利和加拿大组成的七国集团是当时西方主要工业化国家会晤和协调政策的论坛。在第一次石油危机发生后，七国集团在应对以石油为中心的全球能源危机中的价格及供应问题上发挥了重要作用。但是由于集团本身的脆弱性，以及石油供应及价格的可负担性、安全性及稳定性的冲击，七国集团在推动全球能源安全方面的影响有限。

1986年，第三次石油危机爆发，石油价格降至10美元/桶，国际石油市场混乱严重冲击世界经济和金融体系,中东国家的石油权力迅速衰逝。20世纪80年代末,石油市场开始恢复,OPEC引入了成员国之间的产量调整及定价参考机制,OPEC国家与非OPEC国家的对话与合作取得进展,以石油为中心的能源市场逐渐稳定。

阶段二:20世纪90年代初至今,全球能源安全治理框架多维完善。

20世纪90年代,随着冷战的结束以及国际政治和经济关系相互依赖程度的加深,国家政府间加强合作的需求日益增加。非国家行为体在国际事务中扮演起更为重要的角色,新自由主义思潮伴随着跨国经济体的扩张席卷全球,一体化、全球化、全球治理等问题成为新型国际关系的重要议题。在此背景下,以正和博弈为视角的、多维度的能源安全观逐步形成,国际社会对气候变化、环境污染、地缘冲突、能源贫困等外部性问题的关注度逐步上升,全球能源系统性转换与石油、天然气、核能、可再生能源等不同类别能源市场分散化管理之间的矛盾日益突出,这些问题都进一步增加了能源治理的碎片化、难度和复杂性。[①]由此,针对能源问题的一个更为全面的全球性解决框架逐渐完善。

国际能源署(IEA)在第一次石油危机的背景之下成立,但是其作为能源合作的主要国际论坛,在涉及供应安全、长期政策、信息透明度、能源效率、可持续性、研发、技术合作和国际能源关系等各种问题上均发挥作用。国际能源署建立了集体应急响应系统机制,以确保其对能源市场和全球经济的有效影响。该机制建立以来共被激活3次,即第一次海湾战争期间(1991年)、卡特里娜飓风和丽塔飓风破坏了墨西哥湾的石油基础设施(2005年)、利比亚危机期间(2011年)。在当前供

---

① 参见万可、陈志恒:《国外全球能源治理研究综述:进展、局限与展望》,载《国外社会科学》2019年第6期。

需、环境等因素的多重呼吁下,国际能源署在保障能源安全的核心使命外,还致力于适应并推动全球能源系统的转型。

20世纪90年代以来,多个国际能源治理机构和平台相继成立。1991年,国际能源论坛(IEF)成立,作为一个非正式、公开、知情和持续的全球能源对话的中立推动者,其旨在通过政府间安排建设全球能源对话框架。论坛的主要优先事项之一是将成员国和私营公司聚集在一起,以提高行为体对国家和国际利益以及市场运作的认识。[1] 随后,在应对生态变化、促进技术进步、加强区域合作等多元化治理目标的驱动下,1994年联合国气候变化框架公约秘书处(UNFCCC)成立、1998年《能源宪章条约》(ECT)通过、2009年清洁能源部长级会议机制(CEM)建立、2009年国际可再生能源机构(IRENA)成立。

值得注意的是,2005年八国集团峰会上首次出现了"全球能源治理"这一概念。但是,2007年次贷危机发生之后,八国集团(G8)的作用逐渐被二十国集团(G20)替代,全球治理的重心开始由"西方治理"向"东西共治"转变。在能源领域中,G20成员国既包括能源生产大国又包括主要能源消费国,因而能在不同能源机制和组织中发挥引导协调作用,并对影响全球能源治理的金融投机、市场垄断、地缘事件等进行协调应对,为全球能源治理提供重要动力。因此,当前G20正处于重塑全球能源治理架构的有利位置。[2]

---

[1] 《全球能源治理改革与中国的参与(征求意见报告)》,https://www.imperial.ac.uk/media/imperial-college/grantham-institute/public/publications/collaborative-publications/Global-Energy-Governance-and-China's-Participation-Consultation-report-(Chinese).pdf,2021年8月26日访问。

[2] 参见于宏源、张潇然:《二十国集团与全球能源治理体系变革》,载《当代世界》2020年第12期。

二、全球能源安全治理的主要领域

能源安全问题复杂,尤其是在全球气候变暖的威胁下,全球能源安全治理的领域也在不断拓展,涉及能源新旧转型、技术发展、金融经贸、气候变化等多个领域。

1. 推动传统能源转型

过去一个世纪,全球的能源利用效率不断提升,社会迎来深刻转变。从当今世界的能源系统来看,要满足未来全球的能源及环境保护需求,需要全球的共同努力。近年来,气候变化日益引起国际社会的关注和重视,越来越多的国家加入应对气候变化的行动当中,以绿色低碳为特征的能源转型正在悄然降临。气候变化问题的核心是能源,当前的能源产业不断变革,传统能源产业面临"生存危机"。英国决定在2025年前关闭所有煤电设施,荷兰将从2030年起禁止使用煤炭发电,西班牙也预计到2030年关闭国内所有燃煤电厂,德国计划在2038年前关闭所有煤电厂,2050年前放弃使用天然气。其他各国也相继推出各类法案,这类法案或是强调传统能源转型或是强调气候保护。例如,2021年,欧洲议会批准成立了一个总规模为175亿欧元的绿色转型基金,旨在支持严重依赖煤炭的成员国逐步推进化石燃料相关产业及其他排放密集型产业转型。

2. 促进全球能源可持续发展

近年来,为推动全球能源可持续发展,全球清洁能源治理蓬勃兴起。狭义的清洁能源是指在开采、运输、使用及排放过程中不会对生态环境造成任何污染的能源,如太阳能、风能、水能、潮汐能等。广义的清洁能源是指在基本的开发和利用的整个过程中一般不会或很少污染环境和生态的能源,如地热能、煤炭能、生物能等。[①] 2020 年 2 月,国际能源署执行董事呼吁建立一个包括政府、行业、金融机构、国际组织和民间社会在内的机构以实现气候目标,该机构于 2020 年 7 月举行了第一届 IEA 清洁能源转型峰会。通过风能发展可以窥见全球清洁能源发展的蓬勃势头,中国、丹麦、德国、印度、爱尔兰、葡萄牙、西班牙、英国和美国等国家利用风能生产了可观的电力。

3. 推进能源技术发展

科学和技术在降低可再生能源和低碳能源解决方案的成本方面发挥着核心作用。在过去的近十年时间里,太阳能光伏的成本大幅下降,原因是技术不断改进,制造规模扩大,政策支持和需求不断增加,太阳能光伏的成本急剧下降。然而,当前的光伏发电成本仍然高昂。[②] 提升能源利用效率是减缓二氧化碳排放增长的主要手段,但是目前的清洁能源技术发展缓慢。如果要在 21 世纪实现全球净零排放,科学技术发展需要提速,但清洁能源技术的部署进展已被整体能源需求增长所超越。

4. 控制能源金融风险

近年来,社会经济发展要求更多的能源供应,生态环境恶化要求更快的技术进步,传统能源转型与新能源产业发展的大量资金需求使整

[①] 参见苗杰民:《世界清洁能源发展研究综述》,载《山西农业大学学报(社会科学版)》2013 年第 7 期。
[②] Robert C. Armstrong et al., The frontiers of energy, 1 *Nature Energy* 1 (2016).

个行业开始越发依赖金融市场的支持,二者的紧密联系使能源的金融属性凸显。① 由于能源行业的生产周期以及投资回报周期较长,能源金融的风险也相对较高。能源部门转型为投资者提供了绝佳的机遇的同时,也为投资者和政府带来了挑战——必须在正确的时间和地点提供资金,同时还要考虑长远的目标。新冠病毒感染疫情致使2020年全球能源投资热情骤减,但据国际能源署预测,虽然新冠病毒感染疫情致使2020年和2021年全球能源投资热情骤减,但随着疫情逐步得到控制,全球能源投资量也在上涨。需要注意的是,一方面,在适当的条件下,能源和金融是相互促进的,金融资本能够促进传统能源转型,同时获得利润;另一方面,在不稳定的社会经济环境下,能源和金融的风险是相互传导的。例如,20世纪70年代,全球石油价格上涨,进而引发了全球通货膨胀。

5. 关注全球气候变化

自1960年主要石油生产国成立石油输出国组织(OPEC)、1974年经济合作与发展组织(OECD)国家成立国际能源署(IEA)以后,全球能源治理基本是发达石油消费国和石油生产国之间围绕供给安全、价格安全和通道安全等方面进行博弈。进入21世纪以来,联合国气候变化谈判影响力日益增加,超过90%的联合国成员国和3000多个国际组织参与到联合国气候变化谈判之中。虽然发达国家与发展中国家、大国与小国之间分歧巨大,但这并不妨碍气候变化问题越来越成为全球能源治理中的焦点。出于环境环保、可持续发展的考虑,减少使用化石能源并提高清洁能源在全球各国能源消费结构中的比重成为大部分国家的共识。

---

① 参见汲昌霖、韩洁平:《能源金融的内涵、关联机制与风险传染研究——理论进展与评述》,载《经济体制改革》2018年第2期。

第三节　全球能源安全治理的必要性与存在的问题

推进全球能源安全治理，一方面是回应改善能源供需平衡的要求，另一方面更是对促进全球能源体系平稳转型具有极其重要的意义。但是由于国家利益导向不同，国家间能源安全治理的努力高度分散并存在冲突，全球能源安全治理的体系结构呈现出复杂化和碎片化的特征，在能源安全领域兴起的新保守主义霸权思潮使得全球能源安全治理的有效性、公平性不断降低。

一、全球能源安全治理的必要性

全球治理是多元行为体共商共管的治理，是国家与非国家行为体克服国家中心和社会中心的合作治理。[①] 能源作为全球治理的重要细分领域，需要不同的全球治理行为体参与解决全球能源安全治理难题。

---

① 蔡拓：《全球治理与国家治理：当代中国两大战略考量》，载《中国社会科学》2016年第6期。

1. 缓解能源需求与供应间的矛盾，缩小能源集中与贫困差距

新冠病毒感染疫情暴发导致全球能源消耗量下降，但是在 2020 年下降之后，2021 年迎来反弹。石油、煤炭等传统能源的需求量也"因国而异"。经国际能源署预测，发达经济体 2030 年的煤炭需求将比 2019 年减少近 45%。而印度、印度尼西亚和东南亚的电力和工业部门对煤炭的需求将继续增长，但增速低于新冠病毒感染疫情发生之前的预期。中国的煤炭使用量将在短期内反弹，在 2025 年左右达到峰值，然后逐渐下降。① 可以看到，全球能源需求与供应间存在矛盾。一方面，能源获取差异始终存在，区域能源探明储量以及可再生能源开发技术的分布并不均衡，甚至有部分国家存在能源贫困问题。如果这种趋势继续下去，2030 年仍有 14 亿人无法使用电力。由于生产集中迅速、能源分配集中，以及缺乏弥补紧急情况造成的能源短缺的备用能力，技术灾难和系统性事故造成的电力供应中断的威胁正在增加。② 另一方面，能源供应增速放缓。在新冠病毒感染疫情防控、碳中和行动以及地缘政治冲突等诸多因素的叠加影响下，全球能源产量增长缓慢，全球能源供需严重失衡。全球能源治理能够有效帮助协调能源供需矛盾，以合理方式化解能源贫困。

---

① World Energy Outlook 2020, https://www.iea.org/reports/world-energy-outlook-2020, visited on 2021-08-26.

② V. E. Fortov, A. A. Makarov & T. A. Mitrova Cand, Global Energy Security: Problems and Solutions, 77 *Herald of the Russian Academy of Sciences* 7 (2007).

2. 重视跨区域能源运输压力,增强能源运输稳定性

基于能源的地域分布属性,其对运输的依赖性极高。事实上,能源的跨区域运输与地缘政治、客观航运现状以及基础设施息息相关。第一,就地缘政治引发的能源运输压力而言,能源的运输与地缘政治稳定密切相关。以石油为例,世界石油贸易很多是远洋运输,来自中东、非洲和俄罗斯的石油大部分都要通过海上运输到达石油消费国。苏伊士运河、马六甲海峡、巴拿马海峡、曼德海峡、霍尔木兹海峡、博斯普鲁斯海峡及俄罗斯油气出口(港口)等成为全球石油贸易的七大运输"咽喉"和重要通道,这些地方已经成为世界的敏感地区,关系到世界能源供应安全。① 能源运输压力之一就是这些"敏感地区"的局势稳定与否。马六甲困境就是一个典型案例。马六甲困境主要是指中国超过80%的进口石油要经马六甲海峡运回国内,一旦海峡航道受阻,中国将面临石油供应中断的危机。由此,其困境在于对海峡通道的高度依赖和海峡航道受阻。② 第二,就航运现状而言,能源的跨区域运输对于突发事件的应对灵活性较低。例如,新冠病毒感染疫情暴发后,全球封锁措施致使全球运输业停摆,全球石油需求流动性在 2020 年初以前所未有的规模下降。第三,部分能源对基础设施的要求较高。以天然气运输为例,天然气的运输方式主要有两种:一是管道运输,二是液化运输(LNG)。液化运输是将天然气冷冻为液态,然后用冷冻集装箱或液化

---

① 参见蔡国田、张雷:《世界能源保障基本形势探讨》,载《世界地理研究》2006 年第 3 期。

② 参见薛力:《"马六甲困境"内涵辨析与中国的应对》,载《世界经济与政治》2010 年第 10 期。

气船运送到世界各地的市场,到达目的地后,再加热还原成气态,输送到当地的管道系统中。不论是管道运输还是液化运输都对基础设施的要求较高,且成本较高。通过全球能源安全治理,能够适当缓解地缘政治局势给能源运输带来的压力,因此需要主权国家、国际组织等主体共同努力解决基础设施难题。

3. 促进低碳能源体系转型,助推全球能源体系平稳重塑

2020 年北半球夏季刚刚开始,世界各地的电力系统就面临着严重压力。在北美,太平洋西北部的高温甚至突破了历史纪录。一家电力监管机构表示,在夏季,美国大多数地区和加拿大部分地区的电力供应安全面临更高的风险。[①] 与此同时,低于平均水平的降雨量和长期干燥的天气状况引发了对世界各地的水电发电量的担忧,对世界最大清洁电力来源带来挑战,凸显了可持续开发水电资源和确保项目具有气候适应能力的重要性。这些挑战要求电力系统对全球变暖的影响的措施更具弹性且更高效灵活,这对于及时实现净零排放以防止气候造成更严重的影响至关重要。全球的极端天气事件凸显了气候变化带来的能源安全风险,这就更加需要全球的共同努力以促进低碳能源体系转型。目前,世界上许多国家都承诺到 21 世纪中叶实现净零排放的目标,并寻求加快清洁能源转型。国际能源署最近发布的 2050 年实现净零排放的全球路线图清楚地表明,实现这一艰巨目标将需要更多的、更清洁的电力。这意味着电力可以深入到运输(例如电动汽车)、建筑

---

① Summer Blackouts Could Hit These U. S. States, Regulators Warn, https://ktla.com/news/california/summer-blackouts-could-hit-these-us-states-regulators-warn/, visited on 2021-12-30.

(例如热泵)和工业(例如电弧钢炉)等部门。随着清洁电力在经济中的作用扩大和化石燃料的作用下降,安全的电力供应变得越来越重要。

二、全球能源安全治理存在的问题

基于能源供需、能源运输以及能源转型的需要,有效的全球能源安全治理的作用不断凸显。但是,在全球建立一个统一、有效的能源安全治理框架始终困难重重,全球能源安全治理在发展完善中面临着以下困境难题。

1. 国家间能源安全治理努力高度分散并存在冲突

目前,全球能源治理缺乏明确的目标和优先事项,阻碍了国家间的协调和沟通。能源领域处处有国家和机构参与治理的身影,但他们的行动往往是为了应对一系列突发的危机,由此出现了不协调和滞后的现象。[①] 需要一系列新兴的合作伙伴和网络聚集在一起,提升全球能源安全治理的目标导向的一致性。各个国家都在推动能源政策出台,但国家间的全球能源安全治理进程存在协调不力的情况。国家能源政策进程需要得到巨大的改进,并需要有意识地与全球进程相协调。在能源政策方面,重要的行动者和机构非常多样。大量的国家行为体与非国家行为体基于不同的政治、经济、军事、外交等目的,其在能源安全领域作出的政策努力是分散的,尚无法在全球形成合力,且由于国家利益间存在冲突,部分国家行为体间的能源安全治理行为是相互冲突的。

---

① Navroz K. Dubash, Ann Florini, Mapping Global Energy Governance, 2 *Global Policy* 6 (2011).

全球治理缺位势必引发全球政治经济秩序失衡,公共问题频发,甚至局部冲突与大国竞争加剧。混乱的情境容易激发某些大国的自我保护本能,从而对内强调文化的独特性与整体性,对外加强政策的趋利性与自主性。① 在能源领域同样如此,全球能源安全治理缺位易激发各国保护其自身能源利益的本能,从而更加恶化国家间能源安全治理目标及行为的一致性。

2. 全球能源安全治理结构复杂化与碎片化显著

要理解全球能源治理,就需要划定一些模糊的边界——在不同的能源来源和市场之间,在国家和非国家行动者之间,以及在全球和国家规模之间。当前,全球能源安全治理机制相互叠加。然而,既有的能源安全治理平台与行动框架呈现出发展不成熟、区域化趋向和偏重消费方的实际不足,导致实践进展迟滞、参与主体有限、运行机制不畅的发展困境。七国/八国集团(G7/G8)与20国集团(G20)均是全球能源治理的直接参与者,但是其结构和机制重叠且冲突显著。其对全球能源安全治理作出的努力缺乏协同,使得全球能源安全治理更加复杂化和碎片化。

尽管国际能源治理中有一系列原则、规范、法规、倡议、论坛和组织,但并没有一个"世界能源组织"或全球性能源治理机制。各种机制和组织形成"国际能源治理结构",但现有的机制和组织既无法在国际能源治理中发挥中心作用,也缺乏协调国际能源治理行动的有效手段。换句话说,国际能源治理结构中缺乏对能源议题进行讨论的单一场所,国际能源治理结构"碎片化"并分散成各种重叠甚至相互竞争的组织

---

① 参见吴白乙、张一飞:《全球治理困境与国家"再现"的最终逻辑》,载《学术月刊》2021年第1期。

和机制。① 全球能源安全治理包括国际能源署、石油输出国组织、国际能源论坛、能源宪章条约、国际可再生能源机构、可再生能源及能源效率伙伴关系、联合国气候变化框架公约、清洁能源部长级会议等直接主体,还包括联合国相关机构、世界贸易组织、世界银行、多边开发银行、亚洲发展银行、出口信用机构、经济合作与发展组织、亚洲太平洋经济合作组织、东南亚国家联盟、上海合作组织、金砖五国等间接主体。随着全球能源安全治理的不断深化,各主权国家、国际组织围绕能源安全所设置的机制密度快速上升,各类行为体在参与全球气候治理过程中所关注的中心问题不仅仅局限于克服能源供需问题,还扩展到了在全球能源格局中的供需与定价机制问题。当代能源安全系统和机制的复杂性是全球能源治理中需要考虑的基本属性。②

3. 新保守主义的霸权在全球能源安全领域兴起

从历史上看,一些具有大国地位的国家长期以来一直奉行殖民政策,占领许多地区作为其重要的利益地区。利用被占领地区的资源,以及这些地区的物质和精神财富,使其能够成为一个强大的国家。新保守主义呼吁的全球霸权的意识形态是建立在通过提供国家利益和有效利用国家权力来实现重大的政治、安全和经济影响的基础上的,这是美国的主要目标之一。在全球化的背景下,各国的社会经济发展取决于执行反对现代威胁的良好措施和倡议。今天,在许多国家的外交政策战略中,能源安全问题、能源基础设施的发展和共同能源系统的形成被认为是关键的地缘政治因素。发达国家和发展中国家对石油和天然气

---

① 参见连波:《国际能源治理结构"碎片化"探析——兼论中国参与国际能源治理的战略行为》,载《国际经济评论》2021年第2期。
② 参见戚凯:《全球能源安全治理:风险挑战、国际合作与中国角色》,载《国际论坛》2017年第4期。

资源的需求日益增加,增强了国家、区域和国际安全系统中能源安全的紧迫性。

特朗普任美国总统期间,美国优先思潮涌动,保守主义回潮,直至拜登上台,这一趋势也并未改变。美国优先包含着美国对外政策两大转变:从自由主义转向现实主义;从国际主义转向本土主义。这意味着美国正逐渐将资源集中于国内,以保证美国保持其世界领先地位,而这正源自全球格局变革及全球化浪潮致使美国先导地位受到威胁。美国正经历由于国内发展受限引发保守主义、民粹主义涌动,从而激发民族主义情绪泛滥的逻辑链条。这样的趋势同样蔓延到了能源领域,美国新的能源政策的首要目标是试图使美国成为一个主要的石油和天然气生产商,并加强其在海外的能源商业利益。鉴于美国特殊的大国地位,其能源政策导向改变正在影响全球能源秩序。

第四节　推进全球能源安全治理的中国策略

中国在全球能源安全治理中的身份逐渐转变,从 20 世纪 80 年代的参与者到 21 世纪初的影响者,再到尝试主动提供全球公共物品,构建以全球能源互联网为代表的新型能源合作机制,中国开始在全球能源治理机制中尝试成为引领者,孙贤圣于 2016 年当选国际能源论坛秘书长也成为中国在该机制中影响力转变的重要标志。[①] 中国在全球能源安全治理中地位提高的同时,同样面临着巨大的压力与风险,地缘政

---

① 参见杨昊、杨文淼:《人类命运共同体理念下的中国能源战略》,载《云南社会科学》2019 年第 3 期。

治、国际关系和能源安全相辅相成,要求中国积极应对。

一、推动构建完善全球能源安全治理体系,完善能源发展体制机制

当前,全球能源安全治理体系存在复杂化、碎片化、分散化问题,作为新兴经济体的中国应积极参与全球能源安全治理体系变革,积极面对能源安全挑战。当前的全球能源安全治理架构分散,在这个架构之下的目标、行为、主体均缺乏广泛的权威性。中国作为负责任大国,要推动构建并完善全球能源安全治理体系。倡导全球能源公平,维护新兴经济体与发展中国家的共同利益,推进全球能源治理体系的公平性和民主化建设。中国的全球能源安全治理观应立足于发展中国家,致力于解决能源可及性问题。[①] 在新冠病毒感染疫情的冲击下,全球在解决能源安全问题过程中缺乏统一性,充分体现了全球能源安全治理中应急响应机制的缺位,中国应积极参与现有全球能源安全治理体系,并在各类直接或间接的治理组织或平台中推动升级当前的能源安全应急响应机制。

在推动构建完善全球能源安全治理机制体制的同时,也要关注国内能源市场机制建设,稳定国内能源安全。推进我国能源市场化改革并提高能源市场开放程度,推动能源价格改革,进一步完善有利于促进新能源发展的市场机制建设,健全促进可再生能源发展的长期稳定的体制机制,逐步构建具有中国特色的能源行业体制机制,建立风险应对机制以有效化解和降低不可预测事件对国家能源安全的影响。另外,

---

① 参见方婷婷:《全球能源治理的国际政治经济学分析》,载《国际展望》2019年第1期。

由于我国能源进口量较高,需要建立海外能源利益风险评估和应急机制。需要明确海外能源利益风险点,并由专业评估机构对此进行评估,并据此调整中国能源进口结构。

二、推进多样化能源安全战略,促进能源技术创新发展

我国需要在《能源生产和消费革命战略(2016—2030)》的基础上,制定我国能源转型路线,提出分阶段、可量化的能源安全战略。为应对传统能源转型以及能源的可持续发展挑战,中国需要逐步推进多样化能源安全战略,做好传统能源与新能源融合发展的顶层设计。推进多样化战略的目标是逐步削弱石油在我国能源结构中的主导作用,实现能源结构的多样化、合理化的可持续发展。多样化战略包括更广泛地使用天然气、支持清洁煤技术、快速发展原子能和可再生能源、寻找替代燃料。[1]

推进多样化能源战略呼吁我国能源技术进一步发展。一方面,要求我国加大能源技术自主研发力度,包括清洁能源的开发技术以及提高能源使用效率的相关技术。据国际能源署预计,在2019年至2024年期间,在系统集成度提高、弃电率降低以及太阳能光伏和陆上风电竞争力增强的推动下,中国将占全球增长可再生能源产能的40%。同期,预计中国将占全球分布式光伏增长的近一半。[2] 随着乙醇燃料的推

---

[1] 参见黄维和等:《我国能源安全战略与对策探讨》,载《中国工程科学》2021年第1期。

[2] Madani, Seyedashkan, The BRI and Its Implications for Chinas Energy Security: the Four as Model Perspective, https://www.econjournals.com/index.php/ijeep/article/download/11221/5964, visited on 2021-12-30.

出,中国也将引领全球生物燃料生产增长。另一方面,中国需要加强与先进能源技术国的合作,共同推动能源技术国际合作不断深化。

三、开展国际能源安全合作,增强全球能源安全治理话语权

中国要借助"一带一路"倡议等平台,充分发挥自身作用,推动国际社会在能源供需、能源定价、科技开发、基础设施建设等方面开展深入合作。通过深化与"一带一路"沿线国家的能源合作,中国能源进口运输渠道可以进一步实现多元化,其在国际能源市场上的回旋余地将大大增加,在国际能源谈判和全球能源治理中的话语权也将增强。"一带一路"倡议使成员国能够在战略性的能源供应和安全问题上进行合作,中国可在合作中提高能源开发效率,加快投资资金的流通。此外,"一带一路"倡议还可以加强与日本、新加坡等主要能源消费国的能源技术交流与合作。与单纯的地缘政治分析相反,中国的"一带一路"能源可持续项目应放在更广泛的可持续发展和经济目标背景下观察。在"一带一路"倡议的框架下,中国能源安全战略的未来发展路径可以为能源领域的多元经济合作开辟道路。

中国还需要借助相关国际组织机制,稳步推进全球能源技术及经贸领域的合作。为应对全球能源安全治理的复杂性,不同行动者之间可以通过签订长期合同或能源市场加强协调机制,并进行资源的重新配置整合以适应新的情况。[①] 新能源安全观对我国能源国际合作提出了新的要求,中国应重点推动建立多元化的油气进口和贸易格局,加强

---

① Aleh Cherp, Jessica Jewell & Andreas Goldthau, Governing Global Energy: Systems, Transitions, Complexity, 2 *Global Policy* 75 (2011).

与周边国家的电力互联互通,深化先进能源技术方面的合作,积极参与并引领全球能源治理,为保障开放条件下的能源安全奠定坚实基础。[①]

能源安全的可利用性、可获得性、可负担性以及可接受性四项基本属性决定了能源安全问题并不简单,其涉及能源获取、交易、运输、利用等多方面的安全,并且由于其对经济社会发展的关键作用,成为各国的利益焦点。但如今,全球能源安全面临着供需失衡、获取差异大以及生态环境迅速恶化等一系列难题,并由于全球能源安全治理存在分散化、碎片化、低效化等问题,全球共同完成推动全球能源结构转型、促进能源开发利用技术发展、保障能源金融稳定等任务的难度倍增。中国作为负责任的大国,需要积极承担责任,以人类命运共同体为基本理念,推动全球能源安全向多边主义发展,加强沟通合作,克服壁垒。

---

① 参见王珺等:《能源国际合作保障我国能源安全探讨》,载《中国工程科学》2021年第1期。

第七章
全球舆论安全治理:话语导向与中国选择

在全球化、信息化的新形势下,国家安全范畴逐渐从传统的军事、国防安全向非传统国家安全延伸,舆论开始成为影响国家利益、国家安全的关键性因素。舆论安全,是指国家安全的舆论形态,是国家安全在舆论领域的集中体现。舆论是否安全,取决于公众意见和态度表达的合集是否正确和正面,关乎国家利益的维护和社会的安全稳定。因此,舆论安全与否,直接影响着社会安全。舆论安全治理蕴含机会,也带来挑战,我们需要从国家战略高度看待、规划、处理舆论安全问题。在国际舆论环境越发错综复杂的背景下,我们必须立足思想舆论阵地前列,着眼于国家安全全局,正确把握舆论安全治理导向,并编织好舆论安全这张大网。

第一节 问题的缘起:舆论安全问题的出现及表现

舆论作为各国非传统安全的重要支点,主要体现在其对国际舆论和全球舆论的影响力上。在全球和平与发展的时代主题下,舆论安全议题不仅是国际关系研究的重点领域,还是主权国家处理全球事务与信息安全方面的重大课题。由于现代信息技术和宣传手段的快速发展和应用,舆论越发表现出前所未有的特殊功能和强大力量,也越发成为危害国家利益和国际社会信息安全的关键因素。

一、舆论安全界定及基本属性

美国知名政论家沃尔特·李普曼(Wolter Lippmann)在《美国外交政策》一书中提出了"国家安全"这一概念,并将安全当成一种"舆论"。高莹在《试论全球化时代的国家舆论安全》中提到,"舆论安全"同时涵盖了从国家到社会两种角度的内涵。从国际角度来讲,一般是指一个发展中国家在复杂的国际政治舆论环境中的相对安全状态,以及适应国际舆论以维护本国权益的能力;从社会角度来讲,是指信息对公众的公开程度以及舆论对影响社会安全的力度。这一范畴主要出现在一个国家和民族的社会形态中,指的是社会生活中是否因为政治舆论的改变,而出现危机。不管哪种舆论安全,一旦无法保持其稳定性,就会引发舆论矛盾,从而导致更强烈的行为矛盾、国家之间的战争或者社会内部的恐慌与动乱,这些矛盾都可以发展为灾难性的后果。邢石在《新形势下的舆论安全》一文中提出,"舆论安全"不仅仅是一种历史上的定义,同时更是一种具有全新时代感的定义。同国际安全观念变革与发展趋势相一致,舆论宣传在新时期内除带有战争意味以外,同时还蕴涵着国际交流和协作的新含义。[①] 尽管他并未具体定义舆论安全,但

---

① 邢石:《新形势下的舆论安全》,载《世界知识》1996年第20期。

为人们认识舆论安全提供了一种新角度。对新时期舆论安全的认识必须跳出历史的限制,由过去单纯的"斗争"策略向平等、协作、理解的战略方向发展。赵强对"舆论安全"作出如下界定:舆论安全是指在繁杂多变的国际国内环境中,国家舆论的传播、引导和自我更新能力免受威胁和危害,国家舆论在维护政治统治、塑造国家形象方面的基本功能得以正常发挥的状态。[①] 他还明确提出,保障舆论安全的核心任务就在于保障国家舆论的传播、引导和自我更新能力,这也使得"舆论安全"定义的内涵与外延都有了更加具体的指向。

舆论安全是指一个国家的舆论在维持政治统治、树立大国形象等重要方面的功能得到顺利发挥的良好状态,是国家安全体系中不可分割的重要部分。《中华人民共和国国家安全法》第三条专门对"总体国家安全观"作了解释,明确表明我国的国家安全工作以人民安全为宗旨,以政治安全为根本,以经济安全为基础,以军事、文化、社会安全为保障,以促进国际安全为依托,维护各领域国家安全,构建国家安全体系,走中国特色国家安全道路。舆论场是意识形态战斗的前沿阵地,舆论安全关系着社会安定、国家统一、和谐发展。当舆论安全受到敌对势力、其他政权及国外部分媒体的严重损害之后,如果政府部门以及官方主流传媒对此问题缺乏清晰的认识,又或者做出不利于世界和平发展以及本国民众切身利益的行为,那么这个国家的舆论安全将出现重大危机。舆论的不稳定状况或非安全状态,一般体现为短时期舆论失控与长时间舆论失衡。前者极易引起突发公共事件,在短时期内产生强大的舆论风暴,对正常社会结构造成重大破坏。后者易在权力监督缺位的环境下滋生和传播,使当权者失去应对舆论失控的最基本的判断、

---

① 赵强:《舆论安全:一个务须重视的现实课题》,载《马克思主义研究》2010年第2期。

监管能力,从而掉入"塔西佗陷阱",失去公信力。随着全球一体化与多极化趋势进一步加强,东西方舆论的互融与了解也在加深。因此,在新形势下,全球舆论安全治理必须冲破历史的限制,由"推翻对方政权"的单一策略走向互相理解、协作、和平、对等的新安全领域。

二、各国深度介入舆论安全的原因

舆论在发酵过程中,会产生"雪球效果"。一旦舆论在群体中不断翻滚,其所影响的人就会增多,并急剧增长、扩展,从而产生一呼百应的群体效应,此时,舆论也将从一般意见转变为全国舆论。这样,舆论安全的社会动员能力就可以使某些利益群体,突然地处于一种利害攸关、易于产生思维共振的社会环境之中,其价值评判、利弊取舍及心理导向都更加一致。如果一国能够积极正向地发挥舆论的社会动员能力,那么其将在政策制定、政治安全以及社会控制等方面获益。

1. 舆论安全在政策制定中的作用

舆论,是社会层面上广大民众普遍看法的集中表现,是广大民众对生活方方面面的一般性的看法。它不仅是一个最快速、最活跃、最灵敏、最经济的信息收集系统,同时更是一个"庞大的、天然的反馈系统"①。保罗·伯尔斯坦(Paul Burstein)发现:舆论对政策的影响至少占到1/3,它的影响具有实质性和重要性,甚至还会更多。② 舆论还具备制衡政治权力的独特功能。舆论的主导对象是最广泛的人民群众,

---

① 李良栋:《误区与超越——当代中国的社会舆论》,中共中央党校出版社1995年版,第139页。

② Paul Burstein, The Impact of Public Opinion on Public Policy: A Review and an Agenda, 25 *Political Research Quarterly* 29 (2003).

是人民群众对政治权力自下而上地进行控制的表现形式。舆论总是采取积极或者消极的评价,调节或者控制着政治权力和公共权力之间的关系,并力求把政治权力限制在公众允许和期望的范围以内。这在客观上也构成了舆论和政治力量的博弈关系,其终极目的和最终状态便是要形成政治力量和公共权力的平衡。

英国哲学家和经济学家杰里米·边沁(Jeremy Bentham)指出,立法者主要的问题在于"调和公众舆论,纠正错误舆论,使之最有利于服从他的命令。"因而,公开舆论才是对统治者权力的最有效控制。[①]边沁甚至要求公开一切的官方活动,如此,开明的公共社会就能够像法庭那样对其作出有效判断:"对于政府权力的有害行使,它是唯一的制约。"[②]而从政策制定的角度看,在舆论力量对政策进行监督、加强制约的过程中,也正是政策制定者向舆论力量进行询问、收集意见的过程。政治决策科学化的一个重要前提条件,就是要形成渠道畅通、信息灵敏、反馈及时、决策科学、运行高效的管理体系。所以,政府部门能否真正问计于民,对科学决策、实施善政有着非常关键的意义。

2. 舆论安全在政治安全中的作用

舆论在国家政权和制度安全中发挥的作用主要有以下三点:一是把民心凝聚起来,使整个社会产生共鸣,统一行动目标;二是促进形成并保持同当前社会发展相适应的主流价值观;三是影响社会成员对当前政体和社会制度的正确认识。正面的舆论,是对维护、完善当前制度和政权具有正向作用的舆论。相反,负面的舆论则会涣散人心、撼动社会基础、甚至瓦解人民信任。因此,舆论对一个国家的政治安全举足轻

[①] 参见金磊:《功利主义之于刑法——读边沁的〈道德与立法原理导论〉》,载《人民检察》2018年第13期。
[②] 〔英〕边沁:《道德与立法原理导论》,时殷弘译,商务印书馆2000年版,第127页。

重。舆论对政治安全的影响程度,主要体现在其对制度和政体是起到巩固和保障效果,还是阻碍和破坏效果。

此外,随着互联网的发展,在线政治舆论表达融入了公众的日常生活,增强了公众政治移动应用、传统线下和线上媒体、社交媒体对政治参与的影响。① 通过在线的表达性舆论活动参与政治信息,可以帮助公众有效地思考政治问题,消除不确定性,并形成或重新考虑问题的立场。② 从政治安全角度看,随着互联网的传播移动化、泛媒化发展,网络的政治舆论传播功能也正在深刻影响着国家政治安全格局。

3. 舆论安全在社会控制中的作用

舆论是一种思想力量,无法对人产生强制性影响,但与其他控制手段相比,舆论具有特殊的社会价值与意义。舆论能够通过对某事件进行价值衡量或者社会评判,进而形成一定的社会氛围,从而直接影响社会成员的价值导向与行为方式。而在由舆论所造成的社会氛围的直接影响下,社会成员也往往会有意识地或不自觉地听从舆情的诱导和控制。③ 因此,舆论安全在面对突发事件时尤为重要,这是因为如果突发事件发生,会使相关人群处于利害攸关的境地,其容易在思想环境中产生共鸣,他们对于事件的判断、利害关系及想法都会变得相近,舆论的动员功能也更容易发挥作用。

在一个社会中,当人们的不满、怨恨情绪慢慢积聚到一定程度后,

---

① Masahiro Yamamoto, Matthew J. Kushin & Francis Dalisay, Social media and mobiles as political mobilization forces for young adults: Examining the moderating role of online political expression in political participation, 17*New Media & Society* 880 (2013).

② Joohan Kim, Eun Joo Kim, Theorizing dialogic deliberation: Everyday political talk as communicative action and dialogue, 18 *Communication Theory* 51 (2010).

③ 参见章辉美:《大众传媒与社会控制——论大众传媒的社会控制功能》,载《社会科学战线》2005年第3期。

将会对整个社会的安全和稳定运转造成严重危害,从而形成个人与社会之间的对立,导致重大的社会动荡,这就是舆论非安全状态。舆论安全是一种维护社会安全运行的"消气孔"和"安全阀"。① 人们借助舆论,揭露出各种社会现状和问题,以此表达不满,从而促使社会实践积极回应。社会积淀的强烈不满得到合理的表达途径,公众的不满心态和怨恨情绪就会得到有效缓解和改善。通过舆论安全治理,可以把社会中人们所反映的不满、抱怨和压力等负面情绪有效释放,有效防止经济社会体系因遭受巨大的舆论冲击而突然变化、失衡,以保障整个社会的安定。

三、舆论安全问题的表现及特点

舆论安全本来就具有一定的特点,它可以同所有其他安全类别相互交织、相互影响,而舆论安全治理则涵盖人类生活的各个方面,如人文、政治、经济、社会活动等,由此形成了人文舆论安全、政治经济舆论安全等多个新的安全类型。在整个国家安全系统中,舆论安全就像是一个桥梁,把不同的安全类别紧紧连接在一起,使其形成了一个相互作用、相互影响的整体。所以,舆论安全在一定程度上也可以保证其他类别的安全,也能促使其他类别的安全进入更危险的境地。

1. 全球化发展成为全球舆论安全难以平稳维护的威胁

全球化的加速发展,是国家舆论安全由潜在、局部的政治问题,逐

---

① 参见史诗阳:《舆论缓释——危机传播下的"安全阀"》,载《新闻窗》2009年第4期。

步演变成对整个世界产生现实威胁的最主要的时代根源。作为不以人的自主意愿为转移的历史发展过程和必然趋势,经济全球化是指一种涵盖了当代国际生活中各个方面、各个领域的经济与社会结构变革,有着巨大、广泛、持久的深远影响。各民族在全球化发展中都希望扩大自身利益,都渴望自身的权益能够更多地被"国际规则"所表达。正因如此,舆论战这种所谓"不战而屈人之兵"的作用,使得舆论安全成为维护国家利益的主要战略手段和表现形式,舆论安全成为国家安全的主要表现形式和内容。

迅速发展的信息技术,成为全球舆论安全的加速器和风险放大器。随着计算机技术的发展,现代社会中的每个人都成为"千里眼"和"顺风耳"。新媒体的开放性、全球性打破了传统大众媒介在信息传播中的垄断地位,弱化其"把关人"的功能,也极大地提高了人们自我传递信息的能力与效率,给公众提供了前所未有的自我表达平台。以网络、手机为代表的新兴传播技术手段,将传统舆论传播手段从纵向以单一信息传播为主的方式向横向的信息交互方式转化,将传统媒介传播手段与受众整合,并由此完成受众即是媒介、媒介即是受众的全新媒介传受和融合过程,从而使得原本处在信息孤岛上的原子化受众,成为信息传播这一复杂信息交织体系中的重要关节点,由此极大增强了受众在舆论传播产生、发展过程中的地位与影响,从而突破了传统媒介在时间与空间、传播者与受众之间的相互束缚。但同时,这也变成人们传播虚假消息的新工具,为极端主义、暴虐心态的孳生提供温床,由此社会安全问题也随之增多。

2. 网络舆论崛起成为政府对社会信息控制力下降的温床

互联网的广泛应用能够将一个国家的政权及时放在社会大众和其

他各国政府、非政府机构的共同监管下,提高了其内政和对外的透明度,其所得到的社会影响和约束也相应提高。网络舆论作为"第四媒体",它的发展事实上已经开启了人类信息和思想多元传递的新纪元。① 网络信息的传播和沟通几乎完全自主,并在相当程度上不受国家或部门的管辖和制约,所有在一个支点上的社会个人或组织都能够在不同层面上冲破国家的监管,并且能够以相对廉价的方式向全球自由地发表资讯与传递思想,同时又能够完全自主地筛选与吸收资讯。互联网发展带来革命性改变,也极大地侵蚀着政府部门的权力,私人和非政府机构的影响力不断增加,同时,政府部门对信息的控制权逐渐弱化。

此外,互联网上部分消极政治群体也会运用互联网舆论的互动性、匿名性,强化他们自身所要宣传的消极政治立场和态度。一旦时机成熟,他们还会逐步将具有消极影响的政治活动扩散至现实世界,以此引发聚众活动和政治危机事件,并直接危及国家的社会政治稳定。美国卡内基国际和平基金会报告就指出,"在印尼,苏哈托专制当局未能控制住网络,民主派运用网络作为协调和组织者,颠覆了专制政府"②。在乌克兰等国的"颜色革命"中,某些团体通过发布网络消息制造舆论,并串通闹事、鼓动民众走向街头颠覆当局政府,形成了巨大的社会影响。

在重大事件和社会危机的发展过程中,网络舆论极易产生煽动、误导和影响效应。如果社会矛盾进一步激化,则可能会引起严重的政治风波。鉴于网络舆论传播的快速性、隐匿性,政府部门一般无法察觉,

---

① Rogier Creemers, Cyber China: Upgrading Propaganda, Public Opinion Work and Social Management for the Twenty-First Century, 26 *Journal of Contemporary China* 85 (2016).
② 《卡内基国际和平基金会〈中美网络与核稳定〉报告解析》,https://www.sohu.com/a/461819396_635792. 2021-04-20,2021 年 4 月 20 日访问。

即便意识到,也很容易错失有效控制的最佳时机。所以,网络的政治极化是国家政治安全的巨大隐患。

3. "西强东弱"格局成为国际舆论霸权"一边倒"的平台

清华大学全球传播研究中心曾经调查分析:西方三大通讯社(美联社、路透社、法新社)、五大电视网(ABC、NBC、CBS、CNN、FOX)和6大新闻报刊(《时代》《新闻周刊》《经济学家》《纽约时报》《华盛顿邮报》《华尔街日报》)是全球国际新闻的主要供应商。[①] 所以,世界主要媒体市场、娱乐市场、文化教育市场及其直接影响下产生的国际舆论市场,大多掌控在西方国家的一些跨国媒体企业手中,并由此构成了以美国政府为代表的世界话语体系和国际舆论霸权。

在国际传播体系中,美国政府通过一个总部设在华盛顿,名为"网络域名与网址分发服务公司"的民间组织,掌管了全球互联网域名和网址的分配,还管理着在网络上传输的所有资讯和信息必须经过的所有道路。根服务器是网络运营的"中枢神经",谁掌握了根服务器,谁就掌握了网络。目前,全球只有13台根服务器,10台在美国,3台分别在日本、英国和挪威。[②] 改变"西强东弱"的国际舆论格局,是一项系统工程和长期的战略任务,必须一手抓硬建设一手抓软建设。

4. 新冠病毒感染疫情蔓延成为全球舆论环境不断恶化的节点

新冠病毒感染疫情对全球政治合作、跨民族文化传播以及全球社

[①] 参见李希光、李珮主编:《软实力要素》,法律出版社2010年版,第201页。
[②] 《全球13个根服务器中10个在美国,美国能让中国网络瞬间瘫痪?》,https://www.zhihu.com/zvideo/1287066639788474368,2020年9月9日访问。

会基础布局的负面影响越来越明显。在后疫情时代,国际权力结构的变迁并不会停滞,国际权势将会持续分解。① 在全球化时代,新冠病毒感染疫情也引发了政治、制度和传播范式等意识层面上的重大变革。林利民等认为以全球合作应对各类非传统安全威胁的客观需求将继续上升②,这会在相当程度上直接影响世界各国之间的协作关系,并提高跨文化传播的复杂性。同样,新冠病毒感染疫情的暴发也对国际传播结果产生了重大影响,并使得原有的传播模式与舆情治理机制失灵。受到疫情的冲击,国际信息秩序还处于繁杂混乱的状态之中。

并且,新冠病毒感染疫情在世界范围内的暴发与蔓延引发了民众的恐慌,与此同时,负面舆论也随即产生。负面舆论的传播极易引发公众的非理性情绪,对政府管理和社会稳定产生负面影响。③ 在自媒体时代,当舆情发生时,如果政府相关部门实施积极有效的监管举措,就可以动态地掌控舆情趋势,引导舆情发展方向,从而抑制公众的负面情绪。反之,政府部门如果处于被动态势,一旦发生了各方舆论聚集的舆情现象,舆情就可能会扩大与转移,不利于社会的和平安定。

第二节 舆论安全问题的全球治理

虽然当前的国际舆论格局呈现出不均衡、不合理的态势,但其特点

---

① 参见阙天舒、张纪腾:《后疫情时代下全球治理体系变革面临的挑战及中国选择——基于实验主义治理视角的分析》,载《国际观察》2021年第4期。
② 参见林利民、李莹:《试论新冠疫情对世界政治的深远影响》,载《现代国际关系》2021年第3期。
③ Jinshuai Qu, Jing Fan & Aijiao Liu, Research on Internet Public Opinion Governance under the Background of the Novel Coronavirus Epidemic, 4 Academic Journal of Humanities & Social Sciences 12 (2021).

并非始终不变,改善当前国际舆论格局的机遇有很多,发展空间也在不断扩大。以卡塔尔半岛中央电视台为例,半岛中央电视台于1996年创办,仅用六年时间,就由"单一阿拉伯地区名牌变成世界名牌",变成"世界媒体戏台上的一位主要游戏者"。如今,在全球有70个分支机构的半岛中央电视台凭借电视台及其网站和新媒体平台,致力于传播不同角度的新闻信息、提供具有吸引力和激发灵感的娱乐内容,成为全球新闻界和娱乐界的一支重要力量,打破了长期由几个西方国家媒体主导国际舆论的局面。21世纪以来,网络、手机等新兴数字媒体的应用,进一步拓展了西方发达国家在新闻传播国际化和舆论全球化过程中的技术优势,同时提高了发展中国家运用信息传播新兴科技、发展创新媒体的后发优势,并迅速缩小了与发达国家之间的技术差距,从而积极主动地参与了世界的传播现代化进程,使发展中国家能够实现弯道超车,逐步完成信息传播的现代化。

一、全球舆论安全治理的发展

1. 冷战时期:美国成为全球舆论中心,舆论安全问题崭露头角

尽管冷战时期的国际舆论斗争十分激烈,但是由美苏两大主要对抗阵营所构筑起来的国际舆论壁垒,在当时仍然只是意识形态思想战斗的工具,服务于政坛角力、军队讹诈和对外斡旋,并没有超出政治、经济和军事等传统安全领域的范畴。冷战结束后,美国在世界舞台中扮演着重要角色。部分美国人相信,美国的胜利并不是因为强大的军事力量和外交事务方面的技艺,而是国家的掌权者们越来越意识到了运

用国际舆论策略去实现大国间共同利益的重要意义和有效性。因此，美国政府自发地把国际舆论作为软实力，并利用巨大的媒介力量对国际社会施加巨大影响，这构成了冷战后美国政府在全世界运用媒体策略的主要特点。在社会发展上，美国政府依托其在国际政治中的领导地位以及在科学技术上的优越性，长期处于国际舆论的中心地位，进而使其媒体策略发展成为全面的国际舆论霸权主义。特别是在新的发展时期，美国着眼于以更加灵活多样和富于攻击性的手段介入和参与国际竞争。在后冷战时代，战争已经更多体现为经济侵略与文化侵蚀，在这种新的历史背景下，抢占国际舆论阵地就显得特别关键。美国著名学者阿尔文·托夫勒（Alvin Toffler）在其《未来的战争》一书中将"媒体战"列为近代主要战争形态之一，记者从战争的客观观察家变成无意的、甚至是不愿意的，但却是实实在在的、直接的参与者。① 也有资料指出，自1985年美国国防部成立国际媒体办公室后，就已开始将国际媒体当成武器体系的重要组成部分。西方国家利用对世界舆论市场的垄断地位，运用指控暴行、夸大利害关系、妖魔化、两极分离和反宣传等各种手法，在和平时期进行政治观念灌输教育，直接影响敌对国人民的世界观和价值立场，起到"不战而屈人之兵"的功效。

2. 全球化时期：舆论安全问题发力，威胁各国社会稳定

2009年末，被称为"决定人类及地球命运"的联合国气候峰会在哥本哈根举行，这是全球化时代各国政府在共同处理环境安全问题中的博弈，同时也是国际舆论软实力的又一个集中发力点。在跨国环境安

---

① 参见〔美〕阿尔文·托夫勒、海迪·托夫勒：《未来的战争》，阿笛等译，新华出版社1996年版，第143页。

全问题日益突出、环境安全议题的全球合作重要性不断提升的大趋势下,一个大国的政策选择和政治议程,不但要符合本国人民的利益要求,而且还要积极主动地回应世界范围内全球人民的关切与期待。国际社会对减排标准和政府财政的扶持政策等议题的舆论形态及趋势,将会直接影响今后世界各国政府对国家安全模式的选择。首先,各种突发性公共卫生事件、自然环境变迁、能源危机以及恐怖事件等国际性的社会安全重大问题频发,产生了大量超越主权和大国边界的利害相关群体,在共同利益相关者看来,人类的机会不分国度与族群,从而构成了大体一致的共同利益指向基础。这也表明公共范畴正在不断拓展,为超越主权国家界限的舆论新主体——国际公众的产生创造了必要条件。其次,随着信息传输技术的成熟发展以及全球媒介的广泛出现,全球范围内每一个个体都可以在充分知情的前提下对全球化问题作出理性评判,为舆论的结果产生带来意识力量。最后,政府与国际公众将利用网络等新兴媒介平台实现全方位的沟通和互动,当其通过世界主要媒体和游行示威等方式集中发表意见时,舆论压力也会在全球扩散,甚至对主权国家的社会安全构成一定威胁,促使其对相应的政治议程和施政决定作出调整。

3. 数字化时期:舆论传播渠道拓宽,舆论调控更加困难

以互联网为代表的现代媒介技术革命,是20世纪以来人类经济社会中所出现的重大科技成就之一,它的出现也推动着现代媒介技术变革,而其更主要的贡献在于其所构筑的网络社会及在此基础上衍生的网络文化与技术理性,对人的生存方式、思维方式与价值观念的改变与

重塑。① 自人类自主或者被动地介入"数字化生存"之后,舆论的产生方式、传播方式以及整个人类经济社会发展的基本机制都出现了本质变化,给全球舆论安全提出了更多的挑战。在数字化传播手段的帮助下,舆论的社会影响力空前增大,人们振臂一呼、响应者云集的情况也越发常见,舆论的"星星之火"很快就能形成燎原之势。各种新兴媒介,让原本零碎、离散的观点与意见产生了聚合、扩散、传播效应,对参与舆论的每个客体所产生的社会影响也日益强烈。通过数字化传播手段,民众可以轻松地参与社会、经济、政治等领域的讨论。媒体的地域性特征也在不断弱化,其影响作用方向和社会作用范围不断改变与扩大,产生了地域媒体国家化、国内媒体全球化的趋势,"蝴蝶效应"也日益突出。此外,舆论的传播速度也空前加快,舆论产生、传播、反馈的流程大大简化。因此,如何因势利导,发挥舆论的积极功效,遏制舆论的负面影响,成为我们必须加以重视的课题。

二、全球舆论安全治理的主要领域

从全球舆论安全视角来看,舆论的基本功能是在国际舆论场中维护国家利益、塑造国家形象。要正确发挥舆论的功能,针对舆论本身的制度安全、传播安全、引导安全和技术安全的治理不可或缺。

1. 舆论制度安全治理

舆论是通过人们的信仰、态度和意见来表达的,因此加强对舆论和意见的引导至关重要。正确的舆论导向不仅需要新闻媒体的宣传教

---

① 参见杨立英、曾盛聪:《全球化、网络境遇与社会主义意识形态建设研究》,人民出版社2006年版,第55页。

育,更需要法律和制度的有力保障。目前,全球各地的舆论管理机制还不完善,舆论安全管理体系、机制也还不健全,舆论管理主体通常为政府宣传部门,各个部门之间也缺乏有效的协调与总体安排,在发生重大舆论危机事故时,往往只是忙着"救火",对舆论管理缺乏积极性、主动性,更谈不上技术创新。这一方面使得舆论管理工作无法满足新形势发展的要求,另一方面又耗费了大量的资源。所以,建立舆论安全管理制度势在必行。一方面,这顺应了新形势的要求,在国家战略层面谋划舆论工作,将舆论作为保障社会稳定与国家安全的关键力量,促进舆论工作与社会政治价值观的形成、对外政策法规制定以及与海外文化交流的有机融合,进一步提高舆论安全管理制度建设的全局性、主动性和有效性。同时,统筹安排舆论工作,也能够使舆论工作布局更为科学、规范。

舆论安全治理理应从国际国内形势演变以及媒体传播发展现状着手,全方位掌握其在全球政治、经济、文化、社会、外交、军事等应用领域中的重要影响,以维护国家安全和社会稳定为核心,以提高传播能力和引导能力为目标。以宣传舆论工作的政府机关为主导,各职能部门联合管理,动员社会群众广泛参与;以制度建设为保证,以主流传媒改革为重点,以科研创新为基础,建立全国舆论工作创新管理机制;着力营建积极向上、稳健、有秩序的国内外舆情工作环境,和客观真实、友好、便利的国际舆论环境,为营造安全、稳定的全球舆论环境提供强有力的制度支持。

2. 舆论传播安全治理

舆论传播,是指主权国家政府利用各种传播方式和宣传途径,向海内外听众有效地传达国家立场、观点和价值观,并达到一定国家共同利益、价值追求和政治目标要求的社会活动过程。① 谁的传播手段先进、传播能力强大,谁的思想文化和价值观念就能更广泛地流传,谁就能更有力地影响世界。② 维护舆论安全的首要任务就是培养和发展舆论传播能力。舆论传播能力已成为评价一国综合国力的指标,以美国为首的西方国家,正是以其发展成熟的舆论传播能力,在国际社会中处于领先地位。

提高舆论传播能力,特别是国际传播能力,是一项长期的战略系统工程,需要通过各种渠道和方式全面推动。必须进行国际传媒发展策略研究,做好总体统筹和规划,强化政策投入和保护力度,提升国内主流媒体的整体实力。同时关注各国本土发展变化,形成语种广、受众范围广、新闻社会信息量大、全球社会影响强、覆盖全球范围的国际一流舆论传播体系,形成内容覆盖面广、传播技术世界领先的现代传播体系。进一步发展同国家社会经济发展水平和全球影响力相适应的国际传播能力。同时,从国际舆论传播的特点入手,发挥人际传播、组织传播、大众传播的自身优势,积极利用国际人文交流平台和公益外交平台,借助非政府机构、媒介力量以及民众的社会力量,搭建全球各国民众共同认可的沟通桥梁,努力塑造良好的大国形象,并积极影响国际舆论。

3. 舆论引导安全治理

重视舆论并不等同于顺从舆论,对于复杂的舆论和自在的舆论都必须有选择地干预与疏导,才能让民众合理合法地发表自身的看法,在

---

① 参见赵强:《中国国家舆论安全研究》,载《政治学研究》2009年第2期。
② 李长春:《在纪念中国电视事业诞生暨中央电视台建台50周年大会上的讲话》,载《光明日报》2008年12月23日第1版。

多元声音的基础上形成更大的共鸣。① 舆论监测和引导是舆论安全治理的重要工作。事实上,随着经济社会的发展,社会上已经出现了多元利益共存的局面,利益的多样性必然会导致社会舆论的利益多样性倾向,其中有的舆论可能与统治阶级利益相悖。舆论引导需要注意尺度,做到"疏堵结合"。根据抗拒理论,禁令的限制性越强,就越有可能适得其反,引发人们对被禁止内容的更多兴趣。因此,为了避免舆论领域成为公众投诉的"发酵池"和矛盾地,有必要建立和完善舆论的引导环节,建立一个良好的舆论环境,发挥引导舆论的作用,反映公众的意见。因此,如何有效引导负面舆论向正面的方向发展,是实现舆论功能的具体体现。在这种意义上讲,舆论引导能力是维护国家舆论安全的必备力量。当然,舆论引导能力在较大程度上有赖于舆论传播的力量,因此,在舆情引导的过程中,媒体的社会影响、语言体系等能否有效满足受众也是判断其可靠性的重要因素。综上所述,舆论是为国家利益和安全服务的,只有对与国家统治者权益不符、威胁国家利益的有关舆论进行合理的疏导,方可使社会处于平稳状态,不会因舆论冲突而影响国家安全和社会稳定。

4. 舆论技术安全治理

在信息化条件下,舆论传播能力在很大程度上取决于人们对传播信息技术的了解与运用。20世纪末,计算机与互联网的出现与发展迅速成为第三次工业革命的核心技术,并通过广泛的数字基础设施创造了一个互连互通的世界。② 这就要求我们必须从抢占舆论传播技术制

---

① 《〈新媒体与舆论〉在第三届大数据传播论坛首发》,http://yuqing.people.com.cn/n1/2016/1128/c210118-28902603.html,2021年5月30日访问。
② 参见阙天舒、吕俊延:《智能时代下技术革新与政府治理的范式变革——计算式治理的效度与限度》,载《中国行政管理》2021年第2期。

高点和把握传播信息化条件下舆论工作主导权的战略高度,抓住传播信息化的重要历史机会,全面吸收和利用国际上最新的现代传播技术,运用现代化传播技术手段宣传传播先进文化,着力营造积极健康正向的国际主流舆论环境。不过,舆论技术安全治理也存在一定的风险,主要涉及三个领域。一是对信息沟通渠道和平台的控制。目前,部分网络公司已经开始利用信息技术资源优势,建立强大的信息技术网络平台和内容整合系统,从而掌握了网络信息的主要传播渠道。在这种模式下,技术走向掌控内容走向,但一旦技术走向发生了变化,则内容方向也将有失去传播渠道的风险。二是内容推送的选择性分布。算法推荐通过技术平台和聚合平台可以利用大数据分析大量的用户数据,从而发现用户的个性化要求。这一方面让信息传播变得更加精准与高效,另一方面也让技术在信息内容发布中占据了更加主动的地位。在算法推荐下,网络公司可以发布有针对性的信息内容影响用户行为,并运用新技术操纵用户的需求,进而操纵用户的情绪,从而产生舆论监管的新风险。三是监管的技术规避。随着分布式的网络数据信息储存机制、点对点传输、密码计算等新型信息技术的广泛应用,信息传输也具备了新的特点,即信息贮存在散布式节点上,所有的数据信息将全部由使用者通过个人密钥管理,而第三方将完全无法阅览、删减、更改信息等。去中心化、加密和不可扩展的技术特征,使得大量用户利用技术逃避政府监管。有害性、煽动性、可操作性强的信息一旦散布,监管部门将无法控制和溯源,对舆论安全构成重大威胁。因此确保技术可控,也是保障舆论安全的一个关键环节。

第三节　全球舆论安全治理的必要性

全球格局逐渐步入经济一体化、政治多极化进程以来,美国借助西方核心主义的舆论惯性及其不可匹敌的信息传播优势,进一步消解了其他国家的言说权利和合法性,进而维护了其霸权主义的物质权益与社会价值追求。在语言即权力的年代,国际政治舆论活动场域中的话语角逐和反争夺,是国与国间展开争夺和较量的焦点。

1. 舆论安全是国家形象及软实力体现的重要一环

以美国为首的西方大国之所以能够在全球经济社会中居于主导地位,与其强大的舆论传播能力息息相关。而建立国家舆论安全战略,其战略目标和核心价值便是要研究怎样提高国家舆论传播与引导能力,而建立舆论安全战略又有助于提高国家软实力。软实力归根到底是一个引领与劝说群众的能力,也因此离不开以舆论为载体的信息宣传与交流。提高软实力的关键点,就是要增强对核心价值观、外交政策与社会主义文明建设这三大软实力来源的吸引力,这既要靠"做"也要靠"说"。正如约瑟夫·奈(Joseph Nye)所言:在信息世界中,政治"可能最终依赖于谁的故事能赢"。[①] 所以,一个国家在全球社会中的舆论传播与控制如何,将直接影响这个国家的社会经济政治影响力的发展。

[①] 〔美〕约瑟夫·奈:《软力量——世界政坛成功之道》,吴晓辉、钱程译,东方出版社2005年版,第117页。

舆论治理规制的首要目标不是"治"舆论,而是透过舆论发现和解决社会问题,并在规制构建中体现舆论场域的复杂性要求,理解和把握内容生产机制中的关联性,保护意见成分的多样性规制的第一要义是治理目标。① 可以把舆论管理工作同社会主义核心价值观的建立、外交政策的落实,以及本土文明建设的海外宣传和沟通等有机融合在一起,从而提高国家软实力建设的全局性、主动和实效作用。另外,建立舆论安全策略也有助于从全局视角和国家战略高度谋划,为加强我国硬实力工程建设提供精神力量和舆论保证。

2. 舆论安全是国家掌握全球话语权的关键战略资源

20世纪80年代末开始,国际关系理论科学研究产生了"语言转向",开始注重各国关系中话语的国家政治性、权利性和结构性等特征。② 这表明,在政治中,语言是竞争的重要媒介、手段、场所和对象。它既不与权力政治竞争,也不是对权力政治的补充,它就是权力政治本身。③ 这给人们认识国际舆论中所存在的权力关系,带来了很大影响。作为一种政治话语,舆论是在国际舆论场中对国家话语权发挥作用的主要载体。在当前的世界政治局势中,如何叙事,亦即怎样使用一个有着清晰顺序的语言和有意义的方法连接事物,从而对世界人民理解事物并产生深远影响,已然成为一项关键的国家权力问题。④ 因而,从某

---

① 参见喻国明:《网络舆情治理的要素设计与操作关键》,载《新闻与写作》2017年第1期。
② 参见孙吉胜、何伟:《跨学科借鉴与国际关系理论的发展与创新》,载《国际关系研究》2019年第4期。
③ Ronald R. Krebs, *Narrative and the Making of US National Security*, Cambridge University Press, 2015, pp.108-111.
④ Karl Gustafsson, Linus Hagström & Ulv Hanssen, Long live pacifism! Narrative Power and Japan's Pacifist Model, 32 *Cambridge Review of International Affairs* 502 (2019).

种意义上来说,全球话语权就是世界各国当局直接影响和控制世界舆论的关键能力。尤其是随着现代科技的高速发展,国内本土舆论和国际舆论之间的界限日渐模糊、相互作用日趋强烈,而二者相互交织结合的新态势又使得国际舆论对全球各国内政外交等方面的影响不断深化。① 如果一个国家能够掌控并引领国际舆论方向,既说明该国在国际社会具有一定的话语权,更说明该国的内外政策均可以获得国际社会各界的广泛认知和认可。这也就表明,国际舆论资源是国家能否充分利用和将之转化为拥有全球影响力的关键战略资源,因此努力营造有利的国际舆论环境是增强国力的重要途径。

3. 舆论安全是信息化时代下各国博弈的中坚力量

数字化信息传输和网络技术的发展,使得舆论传播形态呈现多样化趋势,并且大大拓展了舆论传播的范围和速度,整个社会秩序也受到影响,全球舆论安全问题也随之变得更加复杂。在互联网高度发达的今天,舆论早已成了一个社会道德性力量,并成为各国之间进行战略博弈、谋求共同利益的有力工具。与此同时,公众话语与大众话语二者之间的界限,也将随着社交媒介的发展而被逐渐突破,这种互构和协作将会产生巨大的公众舆论压力,从而挤压和阻碍人类的理性思维,也会严重干扰和抑制国家的政策措施的灵活性。② 尤其是在信息技术变革背景下的后真相时代,铺天盖地的虚假新闻通过互联网快速传递,将直接导致现实真相与理性都不被重视的社会问题。而在国际舆论场域中充斥的各种工具型、政治化的谎言在误导广大受众的同时,也助长了破坏

---

① Thomas Risse-Kappen, Public Opinion, Domestic Structure, and Foreign Policy in Liberal Democracies, 43 *World Politics* 479 (1991).
② 参见钱皓、钱晓明:《大众话语中的美国形象与中美关系》,载《国际经济评论》2003 年第 2 期。

媒体形象和民众权益的反智主义,从而使得舆论在国际政治经济利益博弈决策过程中越来越激进化。

第四节　全球舆论安全治理中的中国选择

在全球舆论方面,外界主流媒体和国际舆论对中国经济的解读,既有正面积极的声音,同时也不乏"唱衰中国"的论调。部分西方国家认为中国追求自己的目标是以牺牲别国利益为代价的,将中国置于与现有秩序相违背的零和游戏中。中国的政治制度和价值观,甚至中国的文化传统,都不可避免地使中国与西方国家发生冲突。中国要谨慎应对来自西方阵营的联合施压,加强与国际社会的战略公关,分化西方舆论围剿。

一、中国面临的全球舆论安全问题

中国在国际舆论场上面临的最严峻的一个舆论安全问题就是"中国威胁论"。中华人民共和国成立以来,"中国威胁论"一直如影随形,其随着我国的兴起及世界政治经济变革而日益发展翻新,其演化特点表现为制造途径趋向多元化、范围不断扩展、波及范畴纵深化发展、影响愈加深重。

1. 将中国援助污名化为"经济殖民主义"

传统的"中国威胁论"认为,中国的崛起将威胁世界的和平与安全。这些年来,中国出于经济社会利益、资金、能源和政策需要,对非洲的部分发展中国家进行了大量投资和援助,这直接损害了西方发达国家的经济社会利益,于是他们设计了一种全新术语进攻中国,即"经济殖民主义",试图抹黑中国和中国政府。西方国家发动的这场舆论战,使我国一切正常的经济行为、贸易行为、投资行为在国际舆论场上变成了一次在政治上不怀善意的经济掠夺和经济殖民,使我们失去了正当性和正义性。

为促进和深化中国与16个中东欧国家的交流与合作,中国-中东欧合作框架于2012年成立,简称"16+1"。然而这一举措也被视为中国的"黑暗动机",是为了在欧盟未来潜在成员国中建立一个"后门",以进入欧洲市场和行使政治影响力。并将塞尔维亚视为"入侵欧洲"的战略焦点,是中国绕过各种壁垒,进入利润丰厚的欧盟市场的手段。[①]塞尔维亚和其他中东欧国家一样,被认为非常容易受到中国的金钱诱惑,因此会游说和推行对中国有利,但与欧盟整体利益相悖的政策。从而就有了中国不仅损害了欧盟的经济利益,也损害了欧盟在中东欧的"地位"的说法。

2. 以敏感性话题意图制造民族分裂舆论

西方对我国台湾地区、人权等敏感问题的关注度有所上升,特别是台湾问题被美国两党视作遏制中国的抓手。例如,2021年1月28日,菅义伟和拜登就《日美安全合作条约》第5条中应用于钓鱼岛的原则

[①] Dragan Pavlićević, 'China Threat' and 'China Opportunity': Politics of Dreams and Fears in China-Central and Eastern European Relations, 27 *Journal of Contemporary China* 688 (2018).

问题取得共识。① 白宫声明则声称,双方"谈论了"美国政府在《日美安保条约》第5条下关于保卫日本的诺言,并申明该承诺将应用于钓鱼岛。2020年以来,美国对中国大打人权牌。可以看出,针对我国日新月异的巨大成就和蹄疾步稳的国家发展战略,西方必然会借题发挥、肆意炒作,并千方百计地对中国的发展战略加以影响。同时,还会打着保护全球利益和国际安全的名义为自己的后续强力行动造势。

在当前国际形势下,美国极有可能大打"台湾牌""香港牌"以谋取政治利益,与此同时,境外反华势力极有可能借此时机制造舆论,以吸引关注。还会制造中国在新疆搞"种族灭绝"的谎言。西方国家热衷于炒作我国的"新疆人权问题""强迫劳工""种族灭绝"等假报道,对中国发动了一场声势浩大的人权舆论大战,以达到他们破坏中国主权的政治目的。

3. 利用病毒溯源话题攻击中国

回顾新冠病毒感染疫情,我国的抗击疫情能力始终被恶意抹黑,从开始的"病毒溯源"到后来的"清零孤立政策",无视我国出色的抗疫成果和全球合作,西方媒体和政客们相继炮制出"中国隐瞒论""中国误导论""中国责任论""中国赔偿论""劣品出口论""口罩外交论"等各种论调。在新冠病毒源头、传染性与防疫工作责任等多方面歪曲事实,甩锅中国政府,妄图抹黑、污蔑中国政府。西方媒体将新冠病毒标签化为"中国病毒(Chinese/China virus)""武汉病毒(Wuhan virus)"的背后,实际上是西方政界的干涉和大国间的权力对抗。

---

① 《亲自下场?日媒:拜登和菅义伟通电话,又提到了钓鱼岛》,https://baijiahao.baidu.com/s?id=1690109854007455475&wfr=spider&for=pc.2021-01-28,2021年1月28日访问。

部分西方国家的政要们就全球新冠病毒感染疫情频频发言,不但将"中国+病毒"当成一项公共卫生课题,更是将之引导为一种社会关心的政治话题。在此次疫情中,西方媒体把疫情中的关键观点、核心要求等细化为战斗用语,并继续生产和这种战斗语言表达方法相统一的新型符号,并将这种生动化和代表性的符号通过新媒体传递给用户。可以说,部分西方媒体对我国防疫措施所采取的战争框架带有明显的政治素质,其将新冠病毒感染疫情"原罪化",甚至把疫病的产生原因归结为我国的特定种族,将全球抗疫斗争引向了文化与价值理念上的矛盾,并带有鲜明的民族主义倾向性。

此外,中国与美国还围绕疫苗进行了激烈的话语争夺。在此次疫情中,中国在本国人民并没有大规模接种疫苗的前提下,向全世界急需疫苗的国家供应了一亿多支疫苗。而此时,美国等西方国家为了掩饰其自私的本质,称中国政府此举是"疫苗外交",试图在舆论上抹黑中国政府。

4. 通过新一轮"威胁论"丑化中国形象

首先,是"一带一路威胁论"。美国、印度、德国等国认为"一带一路"倡议是当代"马歇尔计划",中国要借此主导世界政治经济格局。近年来,西方各国的主要媒体对"锐实力"定义的炒作、用"债务外交"诋毁"一带一路"倡议等现象,均是西方势力对华集体污名化的明显反映。其次,是"中国威胁论"。其已发展出包含"新帝国主义列强""新殖民主义""债权帝国主义""修正主义大国""极权主义典范""野心勃勃的干涉主义"等各种代称。玩弄概念虽然是西方国家的惯用伎俩,不过此番手段不但使用数量众多、"贴标签"迅速,而且大都是"冷战遗产"。该态势也折射出当前反华势力因为急需打压我国而苦于言辞无能的紧张情绪。

目前,"中国威胁论"已经从军事、经济、意识形态等传统领域,扩散至社会的方方面面,如将全球环境问题都归咎于我国的快速发展与海外扩张的"环境威胁论"[1];面对中国经济的正增长,部分西方主流媒体和经济学家却认为中国消费力、就业情况、失业率实际上都表现低迷,对官方数据的准确性高度质疑的"数据造假论";称中国科技竞争力正在逼近甚至取代美国的"科技威胁论"[2];指控中国黑客窃取他国社会经济秘密与商业情报的"网络威胁论"[3];等等。还有因"中国制造2025"项目落地实施而担忧我国赶超其在高科技应用领域的优势的"制造威胁论"。[4] 再如在我国成功试射高超音速导弹之后,关于危及中美日印等国家安全的"导弹威胁论"便不胫而走。[5]

二、推进全球舆论安全治理的中国策略

针对当前国际社会舆论环境的迅速变化,我国的首要任务就是坚

---

[1] Christina Yin, China's Environmental Crisis: A Non-Traditional Security Threat to the World, https://www.cornellrooseveltinstitute.org/chinasquos-environmental-crisis-a-non-traditional-security-threat-to-the-world.html, visited on 2021-12-30.

[2] Matthew Bey, The Coming Tech War with China, https://www.forbes.com/sites/stratfor/2018/02/07/the-coming-tech-war-with-china/#2a9d38131cd4, visited on 2021-12-30.

[3] Jim Garamone, Cyber Tops List of Threats to U.S., Director of National Intelligence Says, https://www.defense.gov/News/News-Stories/Article/Article/1440838/cyber-tops-list-of-threats-to-us-director-of-national-intelligence-says/, visited on 2021-12-30.

[4] Mark Bendeich, U.S. not Starting Trade War, but Sees China Tech Threat: Ross, https://www.reuters.com/article/us-davos-meeting-trade-ip-idUSKBN1FD2DA, visited on 2021-12-30.

[5] China's Advanced Hypersonic Missile Threat To India, US, Japan: Report, https://www.ndtv.com/india-news/chinas-advanced-hypersonic-missile-threat-to-india-us-japan-report-1794995, visited on 2021-12-30.

持底线思维,强化忧患意识,在走好自己的发展道路、保持战略定力的同时,防止敌对势力做出过激行为,从容有效地应对各种挑衅,积极协调和履行好防疫情、保经济、保就业、惠民生等各领域的重要任务。只有这样,才能从根本上摆脱负面舆论的影响。在舆论阵地的争夺中,道德与真理不能单纯因为传播就得到肯定,只有获得现实层面的支持才产生价值。

1. 优化舆论综合治理体系,为全球舆论治理范式提供模板

从舆论管理上来说,必须完善多元主体协调管理架构。从功能上来看,优化多元主体的协调机制是为了避免舆情管理次生风险的实际要求。另一方面,通过让活跃的社会公益组织、民营企业,或者是普通公众加入到多主体的舆论管理中,能够发挥政策资源集聚优势和各市场主体本身的资源优势,推动舆论管理的脱敏化、管理手段的专业化,规避舆论管理风险。另外,多主体的协调共治也能够从某种程度上化解网上舆论渠道堵塞的风险。在多主体的协调管理中,公权力主体可协同其他主体以定期的舆情分类报道形式,向民众介绍其舆情引导方法和成果,并指出其依据的政府法规,以反映民众知情需求,从而减轻民众对自身人身安全和隐私权的担忧。以优化国家层面的政治沟通机制的方式,推动舆情治理体系的完善和治理能力的提升。有用的沟通通道愈多,任何人支配并把反馈反应偏向于一种方面的可能性就愈小。① 在中国的政治参与过程中,群众参与遵循了权利话语下的"公共参与模式",也受到党的"群众路线"工作方式的影响。这就需要我们

---

① 参见[美]戴维·伊斯顿:《政治生活的系统分析》,王浦劬等译,华夏出版社1989年版,第89页。

党除了完善常规意义上党内民主政治交流途径的疏浚工作外,还需要把相对完善的听证、民主恳谈会等民众参与政治决策流程的方法以规范化形态稳定下来,通过丰富和疏通工会、团委、妇联等组织深化利益表达、吸纳群众意见,为民众活动创造必要的语言与行动空间。

2. 加强舆论管控能力建设,优化治理模式

首先,应当把舆论安全性问题当作突发事件对待。应在《中华人民共和国突发事件应对法》中针对舆论安全性作出特殊界定,用法治对舆论安全性问题进行规范。第一,应建立专业的舆情回应部门,最好由中共中央组织有关专家和特定媒体组成核心咨询团队和工作指导组,并对接全国各地专职的舆情记者或媒体工作者,为有关政府部门和地方政府机构提供持续的社交技术辅导和个案分析等帮助。第二,建立专业而精细的舆情响应预案体系,并在突发性情况响应预案体系中针对舆情安全问题的具体处置过程进行规范。一方面规范舆论安全性的分类依据,便于监控和研究管理工作;另一方面,针对舆论安全性起源事件性质和危险级别之间的差异,设定不同的应急处理部门组合方法和对策,从而提升舆情处理的针对性和高效性。

其次,还可通过大数据分析做好互联网的监控和引导工作,同时进行互联网采集和大数据分析的管理工作。第一,必须形成一个结构合理、涵盖范围广阔、协作统一、反映准确机敏的大数据分析工作网络,准确、全方位地汇集不同领域、各个层级、各个类型的舆情信息;第二,要有一个政治思想强、服务精、专兼结合、训练有素的大数据舆情分析团队以及若干专业的舆情数据分析机构,并对采集到的舆情信息进行精准、深入的识别、分类、研究、报送,为进行舆情控制管理工作提出科学合理的决策依据和策略意见。通过区分大数据舆情数据源,可以更好

地加强大数据舆情的评价、监测和引导作用。第三,还要完善舆论引导机制,建立预警和快速响应机制。大数据舆情治理支撑技术主要通过数据挖掘、智能分析、语言处理等技术对数据源和社交媒体进行分析,结合"众包"和"云计算"技术构建云平台虚拟机。① 构建舆情治理方案数据库,促进跨领域、跨学科的信息共享和协同治理。

3. 净化舆论安全环境,加强涉华负面舆论应对能力建设

中国"威胁论"实际上是我国崛起过程中不可避免的"发展的麻烦",我们应该坦诚对待,作好打长久战、攻坚战的心理准备。一是要保持信心。要进一步加强对外部杂音噪声的抗干扰能力,聚集精神"把我们的事情办好",力求在积极抓好境内建设工作时,扩大我国的海外影响力。二是要戒骄戒躁。始终用长远的眼光考虑实际经济社会问题,耐心办好国家大事,科学理性地同国际社会上各类反华势力斗智斗勇,以保障我国顺利走过国家和平崛起的关键阶段。三是要理性疏导。要注意合理疏导国内外舆情,引导广大公民理性地对待我国内部和外部世界之间的矛盾,培育开朗、宽容、平等、理性的国人性格,防止狭隘的民族主义心态滋生,为新型国家平安崛起塑造良好口碑。

政府部门必须保持足够清醒,积极培育风险意识,深度发掘"中国威胁论"的复杂背景,科学评估其未来走向。在面对新"中国威胁论"时,应淡化中国官方色彩,把视野"往下看",理解公共外交工作的社会经济价值,并积极培育民间传播力量,使多元化的宣传力量参与到海外

---

① Zhaoxuan Li & Wuying Liu, Automatic Decision Support for Public Opinion Governance of Urban Public Events, https://doi.org/10.1007/978-981-13-9406-5_7, visited on 2021-05-30.

传播工作中,以真正减少外界对我国发展形势的误读与质疑。下阶段,我国在对外宣传时应多向东望、向南视,把宣传重点聚焦于"沉默的大多数",尤其是要加大与其他发达国家和众多发展中国家的交流,通过强力措施主动回应外国对我国"未来向何处去、怎样使用能力"等问题的关切,减轻"中国威胁论"的负面影响。

4. 拓展对外传播话语空间,打破"西强东弱"的国际舆论格局

面对着越来越复杂多变的全球环境,我们需要从国家战略高度,洞悉时局变化,积极做好海外宣传工作,在国内丰富传播经验,丰富对外传播内涵。不仅需要在全球重大问题上主动发言,主动出击,而且需要丰富全球舆论传播形式,敢于创新话语体系与表述内容,冲破传统西方传媒设置的语言框架。推动中国海外话语传播方式多样化,勇于发掘中华民族的传统文化富矿,以文载道,以文传声,在与世界文明传承和互鉴中彰显中华民族的特有精神。适应后疫情时期中国错综复杂的国际舆论环境,积极反击西方对中国的扭曲宣传和污名化,以降低国际社会对中国的误解和误读。进一步丰富中国对外传播内涵,尽快建立中国语言与中文的叙事体系,用中文学说阐述中国实际情况,用中文实践提高中国宣传理论知识,以融通国内外的新概念、新范畴、新表述充实我国对外传播的语言内涵,更好地树立我国自信、独立、开拓、包容的大国形象。与此同时,随着互联网的普及和社会化媒体的出现,国际舆论的语言生存空间空前拓展,政治语言、大众语言、网络语言之间的联系也越来越紧密。因此需要建立坚实、稳固的国际社会传播结构,以继续壮大国际传播体系,着力运用好国际社会各方面资源和力量,坚持上下联动,专兼联合传播,坚持全球化、区域化、大众化的国际社会传播,不

断扩大国际朋友圈,继续完善社会人文的沟通机制,不断创新沟通方法,综合利用大众传播、媒介传播、人际传播等各种方法,促进民心相通。要围绕发展观、安全观、文明观、合作观、国际秩序观、全球治理观,提炼融通中外的新概念、新范畴、新表述,提升对重大问题的对外发言能力,努力提升国际话语权。

第八章
全球智能安全治理：风险识别与中国启示

作为新一轮科技革命和产业变革的核心驱动力量，人工智能技术的发展与应用在为社会提供强大发展动力的同时，也对国家安全治理造成了一系列影响。实际上，人工智能技术与国家安全之间存在着一种结构性互动的关系。一方面，人工智能技术能够基于进化赋能的实践应用，为国家安全提供更为有效的维护和保障机制；另一方面，人工智能技术的应用也存在着超出预期设想的可能性。因此，人工智能在国家安全治理中的应用就极易在"界域与有效性""效能与可靠性"以及"竞争与稳定性"之间产生矛盾。尤其是在因人工智能技术嵌入所导致的力量失衡以及安全格局转变的背景下，国家安全就极有可能在国家竞争的稳定性、社会治理的有序性与技术应用的稳定性三方面遭受巨大的冲击。需要指出的是，当前人工智能技术所引发的国家安全风险已经逐步显现，而全面评估人工智能技术对国家安全治理带来的机遇与挑战将是解决这一技术安全悖论的关键所在。为此，中国应在紧抓人工智能技术发展契机的同时，加强对这一技术发展潜在风险的研判和预防，从而维护好中国的国家安全与人民利益。

第一节　人工智能：作为新的历史起点的深刻技术革命

一般认为，科学技术的发展及应用是维护国家安全的重要基础之一。实际上，技术发展本身以一国的综合实力为基础，因而技术应用形态的多样化、指涉对象的多元化和涉及领域的广泛性会进一步扩大各国间的力量对比。① 与此同时，技术应用在推动社会发展的同时也导致了一系列社会问题的出现，这些问题往往无法在现有的社会框架下得到妥善解决。事实上，人工智能技术的包容度与统摄力使其具备主导技术发展和推动社会形态转变的基本潜质。因此，人工智能被世界各国视为推动新一轮科技革命的关键力量。

从国家安全治理角度来看，人工智能技术在信息收集、决策制定、方案执行和监控实施等认知域和物理域的应用将极大地提升国家在安全领域的治理水平，进而能够有效地推动国家安全治理范式的转型与升级。正如美国计算机科学家佩德罗·多明戈斯（Pedro Domingos）所言："人工智能是保护国家的重要壁垒。"② 然而，人工智能技术的嵌入在提升国家安全治理效能的同时，还将深化国家安全的向度和扩展国家安全的维度，进而催生出一种技术安全悖论。英国哲学家尼克·博

---

① Robert Jervis, Cooperation under the Security Dilemma, 30 *World Politics* 167 (1978).
② Waldo Hasperué, The master algorithm: how the quest for the ultimate learning machine will remake our world, 15 *Journal of Computer Science & Technology* 24 (2015).

斯特罗姆(Nick Bostrom)指出:"人工智能不仅仅是一种颠覆性技术,它也可能是人类遇到的最具破坏性的技术。"①

目前,多数发达国家政府不仅相继出台了战略规划和配套政策来促进本国人工智能的发展,还加强了对人工智能与国家安全的研究。例如,2017年7月,美国哈佛大学肯尼迪政府学院贝尔弗科学与国际事务中心发布了《人工智能与国家安全》报告,对人工智能与国家安全之间的关系进行了分析,并从隐私、安全、透明、责任等方面对人工智能技术进行评估。② 2018年2月,来自英国剑桥大学、牛津大学与美国耶鲁大学的26名学者、专家联合撰写了《人工智能的恶意使用:预测、预防和缓解》报告,将人工智能技术可能带来的风险划分为"数字威胁、物理威胁和政治威胁",并从技术安全的维度对这些问题进行了具体的分析。③ 近些年,中国学术界也开始关注人工智能在经济、社会以及伦理等领域中的应用。那么,人工智能将对国家安全带来哪些挑战?又该如何有效地应对这些挑战?为此,本书尝试分析人工智能在国家安全治理中的应用范式,剖析国家安全在人工智能时代可能面临的风险,继而探讨中国维护人工智能技术发展的路径选择。

在正式讨论人工智能与国家安全的关系前,我们需要对人工智能技术进行简单的梳理。自约翰·麦卡锡(John McCarthy)、马文·明斯基(Marvin Minsky)与纳撒尼尔·罗切斯特(Nathaniel Rochester)等计算机专家于1956年首次提出"人工智能"(Artificial Intelligence)的概

---

① Nick Bostrom, *Superintelligence: Paths, Dangers, Strategies*, Oxford University Press, 2014, pp.8-9.
② Gregory Allen & Taniel Chan, Artificial Intelligence and National Security, https://statewatch.org/news/2017/jul/usa-belfer-center-national-securityand-ai-report.pdf, visited on 2021-12-30.
③ Miles Brundage, Shahar Avin & Jack Clark, et al., The Malicious Use of Artificial Intelligence: Forecasting, Prevention, and Mitigation, https://arxiv.org/ftp/arxiv/papers/1802/1802.07228.pdf, visited on 2021-12-30.

念以来,这一技术在概念和应用上不断扩展和演进。① 然而,在此后的几十年内,由于受到诸多主客观条件的限制,人工智能并未真正在产业层面实现技术应用。尽管机器学习概念和浅层学习算法早在 20 世纪就被提出,但是由于当时缺乏海量数据的积累以及与之相匹配的高水平计算能力的支撑,这些算法模型始终无法得到持续的优化与突破性的进步。②

进入 21 世纪以来,随着技术的发展与突破,人工智能技术逐渐步入了新一轮的蓬勃发展期。③ 从本质上说,人工智能技术发展热潮是建立在高性能运算架构所形成的计算资源与移动互联网兴起所产生的大量数据的基础上的,而在这两者的催化下又形成了基于套嵌式的多层次模式识别的深度学习算法。互联网所孕育的大数据时代为深度学习算法的优化提供了海量、多维度的训练数据,并且图形处理器(GPGPU)芯片弥补了中央处理器(CPU)在并行计算上的短板,为深度学习的训练提供了大规模、高速率的算力支撑。与此同时,深度学习能够通过组合低层特征形成更加抽象的高层属性与类别,并以自主学习数据的分布特点进行特征判别和逻辑推测,进而构建以"数据挖掘、自动学习和自主认知"为基本分析路径的机器学习范式。因此,在"数据、算力与算法"三者的支持下,人工智能逐渐进化为一种能够进行自我学习、自我推理以及自我适应的技术,并具备以近乎"人类思维"处理复

---

① John McCarthy et al., A Proposal for the Dartmouth Summer Research Project on Artificial Intelligence, 27 *AI Magazine* 12 (2006).
② Marvin Minsky and Simon Papert, *Perceptrons: An Introduction to Computational Geometry*, The MIT Press, 1987, pp.12-15.
③ "神经网络之父"杰弗里·辛顿(Geoffrey Hinton)及其研究团队将神经网络带入到人工智能技术研究之中,并于 2006 年首次提出深度学习(Deep Learning)算法,进而使人工智能获得了突破性进展。See Geoffrey Hinton, Simon Osindero & Yee-Whye Teh, A Fast Learning Algorithm for Deep Belief Nets, 18 *Neural Computation* 1527 (2006)。

杂问题的能力。

人工智能的进一步发展还催生了强化学习、迁移学习、生成对抗网络等新型算法,并推动算法模型、图像识别、自然语言处理等方面出现迭代式的技术突破。① 正如图灵奖得主吉姆·格雷(Jim Gray)所言,新的信息技术推动了科学研究的"第四范式"的出现——数据密集型科学发现。② 而基于数据、算法与算力驱动的人工智能技术是这一范式的典型技术代表。实际上,人工智能的广泛应用将对交通、医疗、教育、法律、金融、传媒等诸多社会领域产生巨大影响,因此,多数研究将人工智能视为第四次工业革命的引领性技术,也将这次革命称为"智能革命"。

目前,学界尚未对人工智能研究及应用的领域形成统一的认识,但总的来说,可以将其分为以下六个子研究领域:一是机器学习,即通过设定模型、输入数据对机器进行训练,让机器生成特定的算法,并利用这一经由归纳、聚合而形成的算法对未知数据进行识别、判断与预测。③ 二是深度学习,主要是指一种基于对数据表征学习的机器学习方法,强调使用特定的表示方法从实例中对机器进行训练。三是自然

---

① 参见〔美〕Ray Kuraweil:《奇点临近》,杨庆诚等译,机械工业出版社2011年版,第80—82页。
② Tony Hey, Stewart Tansley & Kristin Tolle, *The Fourth Paradigm: Data-intensive Scientific Discovery*, Microsoft Research, 2009, pp.1-2.
③ 机器学习主要分为以下五大类:一是监督学习(supervised learning):以人为标注的数据集为训练集,训练目标从训练集中学习出新函数,以对新的数据进行标注。二是无监督学习(unsupervised learning):训练集无人为标注,但训练目标也是对新的数据进行标注。三是增强学习(reinforcement learning):又称强化学习,指训练对象在特定的环境中进行持续性的自我训练,并根据周围环境的反馈来做出各种特定行为,以实现最优的映射学习行为与决策。四是迁移学习(transfer learning):将已经训练好的源任务(source tasks)的知识或模型的参数迁移到新的目标领域(target domain)。五是半监督学习(semi-supervised learning):是一种介于监督学习与无监督学习之间的方法,更强调让训练对象不依赖外界交互、自动地利用未标记的样本来提升学习性能。关于机器学习的具体介绍参见 Christopher Bishop, *Pattern Recognition and Machine Learning*, Springer Press, 2007; Kevin Murphy, *Machine Learning: A Probabilistic Perspective*, The MIT Press, 2012;周志华:《机器学习》,清华大学出版社2016年版,第2—18页。

语言处理,主要是指人与计算机之间用自然语言进行有效通信的理论与方法。①四是计算机视觉,主要是指使机器能够对环境及其中的刺激进行可视化分析的学科。②五是过程自动化,是指采用自动化脚本的方法实现机器的自我运作,并使表征其工作状态的物理参数尽可能接近设定值的一项技术。六是机器人技术,主要是指具备一定程度的人工智能的多轴可编程设备,是多项人工智能技术的集成与融合发展的结果。基于上述领域,人工智能技术形成了以纵向的计算芯片、数据平台技术与开源算法为代表的技术生态系统和以横向的智能安防、智能制造、智能医疗与智能零售为代表的应用生态系统。

不同于其他领域的高新科技,人工智能技术具有更强的适用性和前瞻性,并具有以下特性:

第一,通用目的性。即人工智能技术能够同其他各类技术以及物质力量相结合,形成新型综合性集成解决方案或场景化的一体化应用。因此,作为一种底层的平台性技术,人工智能技术能够快速向各类创新性的应用场景和不同行业渗透融合。③

---

① 自然语言处理的研究主要包括自动摘要、指代消解、语篇分析、机器翻译、语素切分、命名实体识别和词性标注等方向。关于自然语言处理的具体介绍参见 Daniel Jurafsky & James Martin, *Speech and Language Processing*, *Upper Saddle River*, The Prentice Hall Press, 2018; 吴军:《数学之美(第二版)》,人民邮电出版社 2012 年版。

② 英国机器视觉协会(BMVA)将计算机视觉定义为"一种对单张图像或一系列图像的有用信息进行自动提取、分析和理解的技术"。常见的计算机视觉应用主要包括对数字化文档识别的字符处理技术、对图像进行分析的图像处理技术(image processing)、从动态视频获取有效信息的视频分析技术(video analysis)以及支持增强现实技术(AR)和虚拟现实技术(VR)的虚拟智能技术。See Simon Prince, *Computer Vision*: *Models*, *Learning*, *and Inference*, Cambridge University Press, 2012; Richard Hartley & Andrew Zisserman, *Multiple View Geometry in Computer Vision* (*Second Edition*), Cambridge University Press, 2004。

③ 麦肯锡全球研究院的研究人员对涵盖 19 个行业以及 9 个业务功能中的 400 多个用例进行了分析,发现人工智能可以在 69% 的潜在用例中改进传统分析技术,并且能够为 16% 的用例提供"绿灯区"(greenfield)式的解决方案,即针对原有无法被解决的难题提供有效的解决方案。See The McKinsey Global Institute, The Promise and Challenge of the Age of Artificial Intelligence, https://www.mckinsey.it/idee/the-promise-and-challenge-ofthe-age-of-artificial-intelligence, visited on 2021-12-30。

第二，自我学习与进化。即人工智能技术基于规则系统、思维逻辑模拟系统以及学习与交互系统，并结合多类交叉学科知识，根据环境的响应和优化规则来实现自我算法的优化。因此，人工智能技术也是一种自感受、自处理、自反馈与自进化的循环集成系统。

第三，技术的开源性。即人工智能技术以通用性较强的开源框架和分布式的数据库为基础，并且广泛支持 Python、Java 和 Scala 等主流开发语言。当然，人工智能技术的开源性主要集中在基础的开发技术上，大多数的受训模型和数据库仍未实现广泛的共享。

第四，研发的系统性。即人工智能技术的研发对数据、人力以及资本有着一定的前期要求，并且人工智能也具备很强的学科交叉性，涉及知识抽象、学习策略以及推理机制等主题。因此，技术强国往往在该领域具有一定的先行优势。

第五，数字性的依赖。即人工智能技术的核心驱动要素为算法、算力与数据，并且这三个要素形成相互融合、优势互补的良好关系。这也意味着，哪个国家拥有的计算资源越多、研发的算法越先进、掌握的数据越多，就越有可能在人工智能领域获得更大的优势。

当然，人工智能技术的发展也具有阶段性。第一，根据学习方式的差异，可以将人工智能技术分为反应型的机器学习阶段（运用一系列初级算法从事实经验中进行归纳学习）、有限记忆型的机器智能阶段（运用一系列高级算法从历史经验中进行预测学习）以及自我意识型的机器自主阶段（不需要外部数据就能从经验中进行自我学习）。[1]第二，根据技术解决问题能力的差异，可以将人工智能技术分为弱人工智能（又称"狭义人工智能"）、强人工智能（又称"通用人工智能"）。弱

---

[1] Ruslan Bragin, Understanding Different Types of Artificial Intelligence Technology, https://www.zeolearn.com/magazine/understanding-different-types-ofartificial-intelligence-technology, visited on 2021-12-30.

人工智能主要是指针对特定任务而设计和训练的人工智能技术,强人工智能则是指具备足够的智能解决不熟悉的问题以及具备通用化应用能力的人工智能技术。①第三,根据应用层级的差异,可以将人工智能技术分为推动社会生产力进步的通用技术、改革社会秩序的信息化技术以及实现社会形态转变的智能化技术。当然,这一递进式的发展以人工智能技术在全行业、全领域的爆发性应用为基础。②

就当下而言,尽管人工智能技术取得了较大的突破,逐步成为传统行业转型与升级的关键,但是当前人工智能技术的发展仍停留在弱人工智能阶段,并且在一些重难点问题上仍旧无法形成实质性的突破,能够跨领域解决问题的通用人工智能的前景仍具有较大的不确定性。因此,人类社会也将在相当长的一段时间内处于人工智能技术的初级阶段。与此同时,尽管人工智能技术已经形成了一定的先期能力优势,但这一技术发展的范式迁移必然有一个过程。在这一纵深发展的过程中,人工智能所造成的社会影响既有其内生的不确定性,又有外部延递的模糊性。因此,对于国家安全而言,人工智能的创新性蕴涵了高度的战略价值,但其演进路径的不确定性则带来了相应的风险。

第二节 技术多维嵌入:人工智能在国家安全治理中的应用范式

国家安全治理大致经历了"以军事安全为内涵主体的起始阶段、

---

① Max Tegmark, *Life 3.0: Being Human in the Age of Artificial Intelligence*, Vintage Books, 2017, pp.50-51.

② Miles Brundage, Shahar Avin & Jack Clark, et al., The Malicious Use of Artificial Intelligence: Forecasting, Prevention, and Mitigation, https://arxiv.org/ftp/arxiv/papers/1802/1802.07228.pdf, visited on 2021-12-30.

以经济安全为重要关注的双轨发展阶段及以实现综合安全为要求的全面治理阶段"三个主要阶段。[1] 尽管在不同时期,不同国家对国家安全的界定、认识与需求各不相同,但从整体发展趋势来看,国家安全治理的重点逐步从传统的军事领域、经济领域向科学与技术领域转移。正如英国伦敦政治经济学院教授巴里·布赞(Barry Buzan)所言,新技术演进以及它们在威胁、攻击和稳定战略关系中的作用与影响不仅是国家安全治理的重要驱动力,并且对全球战略关系与国际安全也同样有着极为重要的影响。[2]

作为新一轮科技革命的引领性技术,人工智能技术在国家安全治理领域中的讨论和应用并非一个新鲜事物。早在20世纪80年代中后期,就有一批专家学者对此进行了讨论。例如,美国国际关系学者史蒂文·希姆巴拉(Stephen Cimbala)、菲利普·施罗特(Philip Schrodt)以及保罗·莱纳(Paul Lehner)等人从国家安全的角度对人工智能技术可能造成的影响进行了分析。[3] 实际上,人工智能技术的发展热潮进一步深化了其在国家安全中的嵌入程度。笔者认为,根据国家安全治理的主要关注领域,可以将人工智能在国家安全中的应用范式分为传统安全与非传统安全两个方面。在传统安全领域,国家安全治理主要关注人工智能技术在军事力量与战略对抗中的威胁性使用与控制。而在非传统安全领域,国家安全治理主要关注人工智能技术在经济、政治和文

---

[1] Edward Kolodziej, *Security and International Relations*, Cambridge University Press, 2005, pp. 12-13.

[2] Barry Buzan & Lene Hansen, *The Evolution of International Security Studies*, Cambridge University Press, 2009, pp. 269-270.

[3] Stephen Cimbala, *Artificial Intelligence and National Security*, Lexington Books Press, 1987; Philip Schrodt, Artificial Intelligence and Formal Models of International Behavior, 19 *American Sociologist* 71 (1988); Paul Lehner, *Artificial Intelligence and National Security Opportunity and Challenge*, Tab Books, 1989; Adrian Hopgood, Artificial Intelligence: Hype or Reality? 36 *Computer* 24 (2003)。

化等社会领域中的应用与规范。当然,国家安全治理本身由诸多交叉的治理议题和治理体制组成,结合人工智能技术应用的特性,其在国家安全治理中的交叉性更为凸显。①

具体来看,人工智能技术在国家安全中的应用范式主要表现为以下几个方面:

第一,从传统安全来看,人工智能技术的军事化应用将推动形成新的军事能力和战略博弈模式。目前来看,人工智能军事化应用中最为普遍与最为成熟的便是这一技术在战场数据收集与分析上的应用。与传统的数字化、网络化等信息化技术的军事应用不同,基于全方位收集的数据信息,人工智能可以更为完整地还原战场情况,并据此推演和模拟分析作战策略的预期结果,进而能够更为全面、准确地掌握战场态势,并据此提出更加精确的决策建议。② 例如,美国国防部成立的"算法战跨部门小组"(AWCFT)便致力于运用人工智能技术对无人机所收集的全动态视频(FMV)数据进行自动化处理,并据此为作战提供全面的数据分析及决策支持。③ 在数据分析应用的基础上,人工智能技术还将推动传统的指挥模式向智能化指挥与控制机制转变。即在态势认知、战略决策以及行动主体的智能化、自主化的基础上,实现信息与作战单元的密切融合。对此,美国布鲁金斯学会在《人工智能改变世界》报告中提出了"极速战"的概念,即人工智能技术有助于实现从搜索发现目标、威胁评估到锁定摧毁、效果评估的智能化处理,形成高效精确

---

① 参见〔意〕卢西亚诺·弗洛里迪:《第四次革命:人工智能如何重塑人类现实》,王文革译,浙江人民出版社 2016 年版,第 8—9 页。
② 参见杜国红、韩冰、徐新伟:《陆战场指挥与控制智能化技术体系研究》,载《指挥控制与仿真》2018 年第 3 期。
③ Darrell West & John Allen, How Artificial Intelligence is Transforming the World, https://www.brookings.edu/research/how-artificial-intelligence-is-transforming-the-world/, visited on 2021-12-30.

的感知、判断、决策、控制、评估闭环,从而大幅缩短"感知—决策—行动"的周期,提升作战的整体效率(参见图 8-1)。

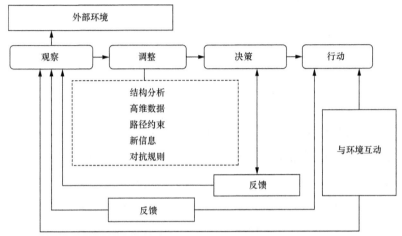

图 8-1　人工智能技术在战场态势感知的路径①

因此,人工智能技术所具备的自我学习、认知和创造力能显著强化指挥者对战场信息的感知与分析能力,打破传统的人工数据分析与决策选择依赖。

除智能化的战场数据分析与决策指挥外,人工智能技术还将推动智能无人化武器的大规模应用。美国安全中心首席执行官罗伯特·沃克(Robert Work)与美国安全中心执行副总裁兼研究主任肖恩·布里姆利(Shawn Brimley)指出,"完全实现机器人作战体系有可能使军事力量与人口基数以及传统的潜在军事力量的有效度量脱钩","消灭敌

---

① 观察、调整、决策与行动(OODA)循环理论原为信息战领域的一个概念,该理论认为作战过程是"观察(Observe)、调整(Orient)、决策(Decide)与行动(Act)"四个环节的不断循环往复的过程,并且在对等作战的前提下获胜的关键就在于更好地完成这一过程。而人工智能的嵌入将推动 OODA 实现智能化的转变:第一,态势感知智能化,即采用机器学习等方法,并在先验知识的支持下,与环境不断交互持续地学习战场环境。第二,对抗措施的自我调整,即根据态势感知模块对环境信息的认知,自动合成最佳对抗策略和分配作战资源。

方有生力量"等作战法则可能失去原有的意义。① 美国布鲁金斯学会高级研究员迈克尔·汉隆(Michael Hanlon)进一步指出,未来战争的革命性技术变化极有可能发生在计算机和机器人领域,其中人工智能技术将从机器人、自主化和网络安全三方面推动形成新的军事能力。②

人工智能技术还将催生算法战、意识战等新型战略对抗方式。以意识战为例,人工智能技术通过利用算法自主生成"子弹"(自动生成具有诱导性或欺骗性的内容)、实施个性化的"靶向"锁定(利用情感筛选锁定最易受到影响的受众)和密集的信息"轰炸"组合而成的"影响力机器",操纵他国国内的社会舆论。③ 实际上,这一新型对抗模式能够以更为隐蔽和更具破坏性的方式加剧敌对国家社会内部的两极分化,进而干涉其内部政治事务并降低其现有政府的合法性。例如,剑桥分析公司被曝出利用人工智能技术对美国民众的性格、政治倾向等特征进行评估及分类,并据此投放不同的、有针对性的政治广告新闻,从而达到干预民众投票等政治行为的目的。④

当然,人工智能技术的应用的全质性还使其能够同多种物质力量相结合,进而在态势感知、威胁分析、策略生成以及攻防对抗等方面形

---

① Robert Work & Shawn Brimley, 20YY: Preparing for War in the Robotic Age, https://s3. amazonaws. com/files. cnas. org/documents/CNAS_20YY_WorkBrimley. pdf, visited on 2021-05-30.

② Michael Hanlon, Forecasting Change in Military Technology, 2020-2040, http://www.brookings. edu/research/forecasting-change-in-military-technology-2020-2040/, visited on 2021-05-30.

③ "影响力机器"概念最早由美国陆军协会陆战研究所提出,这一作战模式的目的在于以更低的成本、更为隐蔽的方式干扰民众情绪和操纵社会舆论,从而在对手内部制造分裂并削弱其民众的意志。See Christopher Telley, The Influence Machine: Automated Information Operations as a Strategic Defeat Mechanism, https://www. ausa. org/publications/influence-machine-automated-information-operations-strategic-mechanism, visited on 2021-05-30.

④ Ryan Hass & Zach Balin, US-China Relations in the Age of Artificial Intelligence, https://www. brookings. edu/research/us-china-relations-in-the-age-ofartificial-intelligence/, visited on 2021-12-30.

成更强的作战能力。例如,作为致命性自主武器系统(LAWS)应用代表的无人机可以对战场数据进行更为全面的智能化收集、处理与判断,并据此实现自主飞行控制、作战目标识别、作战任务分配与系统自我协调,组建成"蜂群"式的有机作战整体。[1] 而这一"蜂群"所具备的智能化与集群化的特性能够通过数据共享而实现"多中心化"的协同作战,并使得无人机群的作战效能达到最大程度的饱和,最大限度地发挥集群作战的优势。

可见,人工智能不仅能够从技术层面影响战争形态,还能够从战略决策与作战指挥等主体选择层面来推动战争形态变革。需要说明的是,当前人工智能技术的军事化应用多数仍停留在以信息技术和精确打击武器为核心的"初智"阶段。因此,人工智能技术的军事化应用还存在着较大的不确定性。但可以明确的是,占据人工智能技术高地的国家将在未来的军事对抗中获得更大的主动权。对抗与竞争领域将随着技术的发展而被不断拓宽,技术储备、数据知识、创新实力、协同能力的对抗将超越传统战争。人工智能也将跃升到以整合多项战略技术为支撑的"高智"阶段,进而对传统国家安全乃至国际安全领域形成更具颠覆性的影响。

第二,从非传统安全来看,人工智能技术能够为各类社会风险的应对提供更为有效精准的预测、感知和纠错机制。与传统安全不同,人工智能在非传统安全领域的应用主要是从知识生产与问题分析角度切入的。实际上,以大数据分析为基础的对安全态势的感知预测本身就着眼于关联共性关系的冲突特征模式识别。[2] 人工智能技术的嵌入则有

---

[1] Paul Scharre, *Army of None: Autonomous Weapons and the Future of War*, W. W. Norton & Company, 2018, pp. 12-15.
[2] 参见董青岭:《大数据安全态势感知与冲突预测》,载《中国社会科学》2018 年第 6 期。

助于实现这一过程的智能化,进而统合安全中的"预测、防御、检测与响应"机制,构建一种自适应安全架构。① 在这一架构中,人工智能技术能够基于时间轴自主地对海量数据进行全方位的感知、挖掘与清洗,并对大量模糊的非结构化数据进行聚合、分类与序列化处理,从而多角度、动态化地对危险来源进行目标检测、跟踪和属性提取。② 在此基础上,人工智能技术构建起相应的模型来捕捉各类风险因子的作用路径及推断其发生的概率,并根据当前的分析结果主动快速地选择应对策略,从而不断优化安全防御机制和应对潜在的安全威胁。③

目前,人工智能技术已在经济安全、医疗保护、环境安全、网络安全、能源安全、打击恐怖主义和跨境犯罪等诸多领域实现了较为广泛的应用,具体如下:

第一,在危机预测方面。人工智能技术不仅能够扩大危机预测的适用范围,也能提高预测的准确性和时效性,进而为维护社会稳定构建一种预测型防护机制。④ 对此,英国艾伦图灵研究所特别项目主任艾

---

① "自适应安全架构"是由美国高德纳咨询公司所提出的面向下一代的安全体系框架,其组成主要分为四个维度:(一)防御:指一系列用于防御攻击的策略集、流程和产品,其关键目标在于减少被攻击面;(二)检测:指用于监测逃过防御网络的威胁的工具,其关键目标在于降低威胁造成的"停摆时间"以及其他潜在的损失;(三)响应:指用于调查和修复被检测阶段所分析出的威胁,其关键目标在于提供入侵认证和攻击来源分析,并产生新的防御手段来避免未来事故;(四)预测:指基于防御、检测、响应结果不断优化基线系统,其关键目标在于精准预测未知的威胁。See Neil MacDonald & Peter Firstbrook, Designing an Adaptive Security Architecture for Protection From Advanced Attacks, https://www.gartner.com/doc/2665515/designing-adaptive-security-architecture-protection, visited on 2021-12-30.

② Anna Buczak & Erhan Guven, A Survey of Data Mining and Machine Learning Methods for Cyber Security Intrusion Detection, 18 *IEEE Communications Surveys & Tutorials* 1153 (2017).

③ Lars-Erik Cederman & Nils Weidmann, Predicting Armed Conflict: Time to Adjust Our Expectations? 355 *Science* 474 (2017).

④ David Vergun, Artificial Intelligence Could Aid Future Background Investigators, https://dod.defense.gov/News/Article/Article/1808092/artificial-intelligence-could-aid-future-background-investigators/, visited on 2021-12-30.

伦·威尔逊(Alan Wilson)及其研究团队认为,人工智能技术可以通过扩大数据收集、减少信息未知性以及建立相关分析模型,更好地预测战争及其他冲突发生的可能性,并及时介入其中,以遏制这些社会冲突可能带来的负面影响。[1] 当然,人工智能技术同样可以应用于全球范围内的自然灾害和其他社会危机的预警中。例如,公共卫生部门可以利用人工智能技术分析疫情数据,并更准确、有效地对各类传染疾病进行跟踪和预防,从而更高效地利用公共卫生资源。[2]

第二,在反恐方面。人工智能可以基于已有恐怖活动案例的数据及社交媒体等其他相关数据,对恐怖组织的优先目标、网络结构及其行动路径进行智能化的分析,并据此来预测潜在的恐怖行为、甄别恐怖活动嫌疑人以及制定相应的反恐方案。[3] 例如,美国亚利桑那州立大学的网络社会学智能系统实验室便利用机器学习以及神经网络等人工智能技术对2014年6月8日至12月31日间发生的2200起"伊斯兰国"恐怖袭击事件及军事行动进行了分析,并据此构建了一个模拟该恐怖组织行动的模型,以此来推导"伊斯兰国"各类恐怖活动的发生规律及其同联军反制行为之间的关系。[4]

第三,在安防方面。人工智能技术能够推动被动防御安防系统向

---

[1] 英国艾伦图灵研究所开发的"全球城市分析弹性防御项目"(Project on Global Urban Analytics for Resilient Defence)、美国洛克希德·马丁公司开发的"综合危机预警系统"(Integrated Crisis Early Warning System)以及美国政府资助的政治不稳定任务工作小组(Political Instability Task Force)所研发的政治风险预测模型等,均已将人工智能用于风险预测模型的构建。See Weisi Guo, Kristian Gleditsch & Alan Wilson, Retool AI to Forecast and Limit Wars, https://www.nature.com/articles/d41586-018-07026-4, visited on 2021-12-30.

[2] Trang Pham et al., Predicting Healthcare Trajectories from Medical Records: A Deep Learning Approach, 69 *Journal of Biomedical Informatics* 218 (2017).

[3] Patrick Johnston & Anoop Sarbahi, The Impact of US Drone Strikes on Terrorism in Pakistan and Afghanistan, 60 *International Studies Quarterly* 204 (2016).

[4] Andrew Stanton et al., Mining for Causal Relationships: A Data-Driven Study of the Islamic State, https://doi.org/10.48550/arXiv.1508.01192, visited on 2021-12-30.

主动判断与预警的智能安防系统升级。一方面,经由人工智能算法训练的人脸识别、图像识别与视频结构化等技术能够有效地提高安防部门识别罪犯的能力①;另一方面,公安部门也能够利用机器学习,对犯罪区域及其他环境数据集进行分析,从而预测可能发生犯罪的地区,并据此优化相应警力资源的部署。② 正如美国斯坦福大学"人工智能百年研究"(AI100)项目小组所指出的,人工智能技术不仅可以辅助公安部门及其他安全部门进行犯罪现场搜索、检测犯罪行为和开展救援等活动,而且还可用于排列警务任务的优先次序以及分配相关警力资源。③

第四,在网络安全方面。人工智能技术有助于实现"端点检测响应"和"网络检测响应",即人工智能技术能够在信息交互的过程中提前对网络威胁进行评估与研判,并智能化地及时阻断不合理的行为,实现防护边界泛网络化以适应网络空间安全边界的扩张,进而为网络安全的机密性、可用性和完整性提供更为有效的防御工具。④ 美国电气和电子工程师协会(IEEE)在其发布的《人工智能与机器学习在网络安全领域的应用》中指出,基于人工智能技术所构建的网络安全系统能够对网络安全漏洞进行及时的检测,并规模化、高速度地对网络安全威胁作出应对,进而有效提升网络安全系统的防护能力。⑤ 此外,人工智

---

① Richard Berk, Asymmetric Loss Functions for Forecasting in Criminal Justice Settings, 27 *Journal of Quantitative Criminology* 107 (2011).

② Beth Pearsall, Predictive Policing: The Future of Law Enforcement? 4 *National Institute of Justice Journal* 16 (2010).

③ Artificial Intelligence and Life in 2030, https://ai100.stanford.edu/sites/g/files/sbiybj9861/f/ai_100_report_0831fnl.pdf, visited on 2021-12-30.

④ Jian-hua Li, Cyber Security Meets Artificial Intelligence: A Survey, 19 *Frontiers of Information Technology & Electronic Engineering* 1462 (2018).

⑤ IEEE, Artificial Intelligence and Machine Learning Applied to Cybersecurity, https://www.ieee.org/content/dam/ieee-org/ieee/web/org/about/industry/ieee_confluence_report.pdf, visited on 2021-12-30.

能技术还可用于网络文本、图片、视频和语音内容的识别、检测与分类，并为网络技术的各类场景化应用提供辅助工具，进而为网络内容安全与物理网络系统安全赋能。①

第五，在金融安全方面。人工智能技术的应用有助于提高金融体系的安全度和稳定性。一方面，人工智能可以通过构建反洗钱、反欺诈以及信用评估等智能模型，为多源金融数据整合与交易逻辑校验等金融风控业务提供更为有效的工具。②目前，摩根士丹利、汇丰银行和高盛等多家金融机构已将人工智能技术应用于风险评估、交易筛查、交易监控等具体金融风险控制场景。③另一方面，人工智能还有助于构建金融知识图谱或关联网络，从而提升金融预测的效能与延展金融风控的覆盖范围。针对这一点，金融稳定理事会（FSB）认为，监管部门可以将人工智能技术运用于监测流动性风险、资金压力、房价和失业率等市场变化趋势，从而更准确地把握当下的经济形势与金融环境。④

总的来看，人工智能技术基于进化赋能的实践应用在国家安全治理中具有显著的正向作用。这一广域治理的特征不仅意味着人工智能将成为保障国家安全的重要驱动力，而且也将进一步拓展国家安全治理的理念、方式与界域。实际上，传统安全与非传统安全往往是相互影

---

① 网络内容安全是指网络环境中产生和流转的新型内容是否合法、准确和健康；网络物理系统安全则是指网络技术的现实应用是否会对资产、人身及自然环境等要素造成潜在的安全威胁。参见腾讯公司安全管理部、赛博研究院：《人工智能赋能网络空间安全：模式与实践》，2018年9月18日，第10—15页。

② Richard Lowe, Anti-Money Laundering—the Need for Intelligence, 24 *Journal of Financial Crime* 472 (2017).

③ Aline Dima & Simona Vasilache, Credit Risk Modeling for Companies Default Prediction Using Neural Networks, 19 *Journal for Economic Forecasting* 127 (2016).

④ Financial Stability Board, Artificial Intelligence and Machine Learning in Financial Services: Market Developments and Financial Stability Implications, http://www.fsb.org/wp-content/uploads/P011117.pdf, visited on 2021-12-30.

响的,人工智能技术在国家安全治理中的应用也具有交叉性特性,人工智能技术所具有的通用性特征更是模糊了其在传统安全与非传统安全中的应用边界。例如,传统安全中的无人机"蜂群"可以用于遥感测绘、森林防火、电力巡线、搜索救援等非传统安全类活动,而用于标记照片和识别商品的图像识别算法也被用于分析作战单元所捕获的战场信息。① 因此,人工智能技术在传统安全与非传统安全两个领域之间存在着相互支持的作用。当然,受到数据样本的缺失、算法优化的高要求以及模型构建的复杂性等要素的限制,人工智能技术在现阶段的实际应用过程中仍存在着明显的缺陷。② 而我们对于人工智能技术在国家安全治理中的应用认知,多数还是建立在当前已知技术的应用的基础上的,我们只能基于现有的和能大致预见到的人工智能技术及其发展趋势,探讨其可能在国家安全治理中的应用未来。③

第三节 安全格局之变:人工智能在国家安全治理中的风险识别

科技革命的发生往往会对国家力量对比、地缘政治结构以及社会治理等多个方面产生深远影响,也会从多个领域对国家安全治理构成

---

① Michael Mayer, The New Killer Drones: Understanding the Strategic Implications of Next-Generation Unmanned Combat Aerial Vehicles, 91 *International Affairs* 778(2015).
② 参见董青岭:《机器学习与冲突预测——国际关系研究的一个跨学科视角》,载《世界经济与政治》2017年第7期。
③ 参见傅莹:《人工智能对国际关系的影响初析》,载《国际政治科学》2019年第1期。

根本性的挑战。例如,科技革命所带动的军事变革可能加剧大国间的战略竞争、扩大全球战略失衡的风险;而科技革命所推动的社会形态转变将使得经济安全、金融安全、信息安全、文化安全、环境安全等非传统安全领域面临新的"安全困境"。①人工智能技术不仅对国家安全及其战略行为模式具有极强的"破壁效应",同时这一技术的应用也存在着超出预期设想的可能。人工智能技术将在国家战略竞争的稳定性、社会治理的有序性以及技术应用的稳定性等方面对国家安全产生一定冲击。此外,人工智能技术的综合应用所存在着的交叉性特征还将放大这些冲击所造成的风险。

一、人工智能将对现有国际战略竞争平衡产生一定的冲击

军事安全与战略平衡是传统国家安全领域的首要议题,而科技发展则会对军事安全与战略平衡产生直接影响。这是由于某项新科技的军事化应用往往存在打破原有国家间力量对比的可能,各国科技水平的差异往往容易加剧国家间的军事与战略竞争。② 从这一维度出发,人工智能技术对于国家安全的影响可以分为以下三个方面:

第一,从竞争领域来看。人工智能技术作为一项具有通用性的平台技术,其军事化应用不会局限于某类单一的武器或作战平台,而是将在各个军事领域内实现全面的扩散。因此,拥有人工智能技术优势的

---

① John Herz, The Security Dilemma in International Relations: Background and Present Problems, 17 *International Relations* 41 (2003).

② William H. McNeill, *The Pursuit of Power: Technology, Armed Force, and Society Since A. D. 1000*, University of Chicago Press, 1982, pp. 22-23.

一方将在多领域中研发出打击效用更大与预期风险更低的军事装备,而技术劣势方则难以用数量叠加或策略战术等手段中和或弥补这一力量差距。同时,人工智能技术还将为各类小规模、短时间、低烈度的非传统的战争及非常规的军事行动提供更为有效的技术支撑。非常规的军事行动的出现本身就模糊了战争与冲突的界限,而人工智能军事化应用图景的不明确则将进一步深化这一不确定性。① 此外,现有的军备控制体系与国际裁军协议并未将人工智能军事化应用涵盖在内,各国也尚未就这一议题形成广泛的共识。② 因此,人工智能军事化应用的全域式特性以及对非常规军事行动的支撑作用将加剧国家间的竞争,而全球性规制的缺失还可能导致出现无序竞争的格局。

第二,从冲突成本来看。人工智能技术的军事化应用不仅能够全方位提升作战效率,并且还能够以无人化的作战形式来降低人员伤亡。针对这一点,美国学者迈克尔·迈耶(Michael Mayer)认为,新型无人武器发展带来的影响不仅限于提供了可升级的远程精确打击能力,更为关键的是使用这种武器将会避免对己方作战人员带来伤亡的风险。③ 这样来看,人工智能技术的军事化应用将显著地降低损益、周期、规模以及性质等诸多因素在内的战争成本,尤其是原有制衡战争的两大主要因素——军事成本与国内政治代价在一定程度上被显著削弱(甚至消失)。④ 与此同时,人工智能军事化应用所带来的效用提升也可能导致国家更倾向于使用这一技术。乔治梅森大学教授杰瑞米·拉布金

---

① 王逸舟:《全球主义视野下的国家安全研究》,载《国际政治研究》2015 年第 4 期。
② 参见冯玉军、陈宇:《大国竞逐新军事革命与国际安全体系的未来》,载《现代国际关系》2018 年第 12 期。
③ Michael Mayer, The New Killer Drones: Understanding the Strategic Implications of Next-Generation Unmanned Combat Aerial Vehicles, 91 *International Affairs* 767 (2015).
④ Andrea Gilli & Mauro Gilli, The Diffusion of Drone Warfare? Industrial, Organizational and Infrastructural Constraints, 25 *Security Studies* 76 (2016).

(Jeremy Rabkin)与加州大学伯克利分校教授约翰·柳(John Yoo)认为,各国可能会更加频繁地采取人工智能等作战效能更高和战争成本更低的新技术来达到目标。① 可见,尽管人工智能技术的军事化应用可以带来一系列战略收益,但其也降低了战争的门槛及其负面效应,进而在技术层面刺激各行为主体趋向于选择冲突与对抗。②

第三,从核威慑体系来看。人工智能技术的介入可能会对这一建立在"确保相互摧毁"原则基础上的核威慑体系造成巨大的冲击。实际上,国际行为体间的战略互动往往是一种基于"不完全信息"的博弈过程,这也是核威慑体系存在的前提条件之一。③ 然而,拥有人工智能技术优势的一方能够对原有不确定的战略意图以及复杂的对抗情况进行全景式的智能化分析,从而能够在核威慑的决策上作出更加灵活、准确的战略判断与选择。④ 例如,兰德公司发布的《人工智能对核战争风险的影响》报告显示,技术优势方可以运用人工智能技术对敌方安全基础设施实行大规模监控,并据此确定对手的行为模式与实施更具针对性的反制措施。⑤ 与此同时,人工智能技术还将催生不对等的战略威胁手段。例如,人工智能技术可以整合天基武器,并以智能化的方式提升天基武器的精准度,进而构建一个更为有效的反导防御系统。这一不对等战略威胁手段的出现可能导致技术弱势方所具备的核威慑战

---

① Jeremy Rabkin & John Yoo, *Striking Power: How Cyber, Robots, and Space Weapons Change the Rules for War*, Encounter Books Press, 2017, pp. 3-5.
② 参见徐能武、葛鸿昌:《致命性自主武器系统及军控思考》,载《现代国际关系》2018年第7期。
③ 唐世平、张旻:《一个新的国际关系归因理论:不确定性的维度及其认知挑战》,载《国际安全研究》2014年第2期。
④ Pavel Sharikov, Artificial Intelligence, Cyberattack, and Nuclear Weapons: A Dangerous Combination, 74 *Bulletin of the Atomic Scientists* 368 (2018).
⑤ Edward Geist & Andrew J. Lohn, How Might Artificial Intelligence Affect the Risk of Nuclear War? https://www.rand.org/pubs/perspectives/PE296.html, visited on 2021-12-30.

略趋于低效或者无效,进而对现有的核威慑体系形成一定冲击。① 因此,正如美国哈德逊研究所高级研究员安德鲁·克雷皮内维奇(Andrew Krepinevich)所言,新兴技术的出现将模糊常规战争与核战争间的界限,并且不对等的军事能力同样具有打破核威慑平衡的可能。②

从上述三个角度的分析来看,人工智能技术可能对现有的博弈结构造成较大的冲击。其中,人工智能技术相对薄弱的国家将在战略判断、策略选择与执行效率等多方面处于绝对劣势,占据技术优势的国家则将获得全面超越传统力量对抗的能力。在这一状态下,各国对于实力差距、国家安全与利益冲突的担忧将会更加明显,进而使得各国在人工智能发展上的不对称性逐步放大为国家安全偏好上的差异性:第一,技术强国在选择冲突对抗时所获得的收益将不断增加,技术弱国则难以凭借常规的对抗手段形成有效的对外制约。③ 因此,技术强国所具备的"积极幻想"的适应性优势使其更易形成获取霸权的进攻性需求,即技术强国作出战争决策可能变得更加容易,并倾向于通过大规模的人工智能军事化应用以保持自身的绝对优势。④ 第二,技术弱国所处的被动位置则使其形成获取维护安全的防御性需求,即技术弱国更易采取激进的反制措施,倾向于寻求人工智能武器的扩散以获得新的制衡手段。第三,由于各国无法直观地判断其在人工智能技术上的差距,

---

① Kenneth Waltz, Realist Thought and Neorealist Theory, 44 *Journal of International Affairs* 21 (1990).

② Andrew Krepinevich, The Eroding Balance of Terror: The Decline of Deterrence, 97 *Foreign Affairs* 62 (2018).

③ Perry World House, Artificial Intelligence beyond the Superpowers, https://thebulletin.org/2018/08/the-ai-arms-race-and-the-rest-of-the-world/, visited on 2021-12-30.

④ Dominic Johnson, *Overconfidence and War: The Havoc and Glory of Positive Illusions*, Harvard University Press, 2004, pp.4-5.

可能导致各国不得不作出最为极端的选择,即将潜在对手的威胁最大化。①

这样看来,在人工智能军事化应用的影响下,国家安全的客观外延性与主观意向性极有可能发生重叠,即因人工智能技术发展的差异性所导致的"生存性焦虑"存在被放大为"生存性威胁"的可能(如图 8-2 所示)。而客观安全与主观安全的丧失将导致国家行为大幅度地偏离理性轨道,因此,无论是技术强国还是技术弱国,均有在人工智能军事化应用中强化战略竞争的倾向。② 人工智能技术发展所导致的力量失衡以及安全格局的转变,将强化国际体系的不确定性与不稳定性。

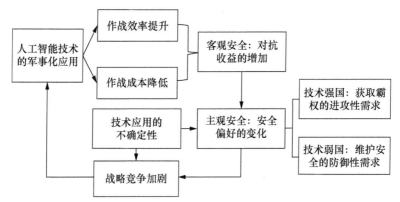

图 8-2 人工智能军事化应用之下国家安全偏好的转变

---

① Michael Horowitz, Artificial Intelligence, International Competition, and the Balance of Power, 1 *Texas National Security Review* 41 (2018).
② 美国约翰·霍普金斯大学教授阿诺德·沃尔弗斯(Arnold Wolfers)将国家安全分为客观安全与主观安全,"安全在客观意义上表现为已获得的价值不存在威胁,在主观意义上则表明不存在一种恐惧——这一价值受到攻击的恐惧。"Arnold Wolfers, National Security as an Ambiguous Symbol, 67 *Political Science Quarterly* 481 (1952).

二、人工智能将进一步扩大国际行为主体间的能力代差

军事能力与经济实力是一国在国际社会中的权力地位的基础,但就现代社会的发展而言,后者对于国家安全的重要性更为凸显。① 作为一种推动生产方式变革的手段,人工智能对于经济发展的重要性是不言而喻的。然而,发达国家在人工智能技术的发展上仍处于绝对的优势地位,多数发展中国家则处于劣势地位。因此,尽管人工智能技术能够有效地推动社会整体的发展,但是这一原生的技术霸权逻辑将导致国际竞争中出现更多的消极因素,还将加剧全球发展中的不均衡与不公正现象。②

第一,人工智能所推动的生产方式变革将限制全球性的整合与现代性的扩散。人工智能在产业层面应用的核心逻辑在于通过智能机器人实现社会生产的自动化与智能化。尽管这一生产方式的转变能够解放社会生产力,但同时也将对现有的产品生命周期和国际分工模式造成极大的冲击。尤其是无人化生产方式的应用将弱化发展中国家在劳动力资源上的比较优势,部分制造加工业将回流到自动化程度较高的发达国家。在这种情况下,发展中国家就难以通过自身的人口红利来吸引国际产业,进而就会面临外资红利与全球技术知识外溢红利缩减

---

① William H. McNeill, *The Pursuit of Power: Technology, Armed Force, and Society Since A. D. 1000*, University of Chicago Press, 1982, pp.22-23.

② Alexander Gerschenkron, *Economic Backwardness in Historical Perspective*, Harvard University Press, 1966, pp.52-54.

的风险。同时,人工智能应用所导致的全球产业链向价值链的跃升将使得具备技术优势的发达国家获得引领新一轮产业升级的能力。针对这一点,麦肯锡全球研究院在其报告中指出,占据人工智能技术高地的发达国家和地区将获得 20%~25% 的额外经济增长,而发展中国家可能仅仅只能获得 5%~15% 的额外经济增长。① 此外,人工智能技术还将导致发达国家与发展中国家之间出现新的技术围墙。例如,以色列耶路撒冷希伯来大学历史系教授尤瓦尔·赫拉利(Yuval Harari)指出,在人工智能时代,技术强国"天然"具有的数据垄断能力可能导致少数几个大国掌控全球的数据信息,而技术弱国则极有可能面临"数据殖民"的危机。② 这样看来,尽管发展中国家也将在智能革命中获得更好的发展机会,但是原有全球化所带来的"现代性扩散"可能难以再为发展中国家的产业升级与社会转型提供有效的支撑,部分发展中国家甚至可能面临被全球价值链淘汰的风险。③

第二,人工智能技术创新与应用的高门槛将导致发展中国家面临"技术边缘化"的风险。④ 从技术创新来看,多数发展中国家的人工智能的技术创新与投资能力非常薄弱。加拿大人工智能孵化公司 Element AI 发布的《2019 年全球人工智能人才报告》显示,全球范围内 72% 的人工智能技术人才被美国、中国、英国、德国和加拿大五国包

---

① Jacques Bughin et al., Notes from the AI Frontier: Modeling the Impact of AI on the World Economy, https://www.mckinsey.com/featured-insights/artificial-intelligence/notes-from-the-frontier-modeling-the-impact-of-ai-on-the-world-economy#0, visited on 2021-05-30.
② Yuval Harari, Who Will Win the Race for AI? 231 *Foreign Policy* 52(2019).
③ 参见刘中民、桑红:《西方国际关系理论视野中的非传统安全研究》,载《世界经济与政治》2004 年第 4 期。
④ 参见高奇琦:《人工智能时代发展中国家的"边缘化风险"与中国使命》,载《国际观察》2018 年第 4 期。

揽,而排名前18强的国家则包揽了94%的人才①。而全球知名创投研究机构CB Insights发布的2019年《人工智能企业100强榜单》显示,在百强榜单中,有77家企业来自美国,并且专利申请数量最多的公司也同样来自美国。② 与此同时,人工智能技术的前期研发与布局需要投入大量的成本,其发展初期存在着"索洛悖论"(Solow Paradox)的难题,即人工智能技术在推动社会生产率的提升与技术进步之间存在迟滞,并且劳动生产率的提升也难以同步实现人们收入的普遍增长和消费成本的普遍下降。③ 对发展中国家来说,人工智能技术研发的高昂成本本身就是难以负担的,并且这一技术应用与吸收所需经历的"燃烧周期"更是加重了其实现技术应用的负担。从这一角度来看,那些技术条件和资本基础薄弱的发展中国家甚至在人工智能领域丧失了实质性的发展机会。④

第三,人工智能技术的过度竞争还将催生新的地缘政治风险与技术风险。由于发达国家在人工智能技术的原发性创新与价值定义上具有绝对的先发优势,这些国家往往能够在人工智能的标准及治理规则的制定上发挥极强的主导作用。在这种情况下,技术强国凭借自身在人工智能技术上的优势而成为新的权力中心,技术弱国则将参与由技

---

① Element AI, 2019 Global AI Talent Report, https://www.elementai.com/news/2019/2019-global-ai-talent-report, visited on 2021-05-30.
② CB Insights Research, AI 100: The Artificial Intelligence Startups Redefining Industries, https://www.cbinsights.com/research/artificial-intelligence-top-startups/, visited on 2021-05-30.
③ MGI的模拟计算显示,人工智能技术的初创成本将消耗掉80%的近五年内的潜在收益,到2030年则将下降至26%左右。但在技术创新的累积效应和功能互补的影响下,人工智能的中长期发展将带来巨大的收益。MGI预计,2030年,人工智能技术可使全球国内生产总值(GDP)增加13万亿美元左右,即为全球GDP年均增速贡献1.2%。
④ 参见封帅:《人工智能时代的国际关系:走向变革且不平等的世界》,载《外交评论(外交学院学报)》2018年第1期。

术强国所构建的技术秩序。因此,技术弱国对技术强国就形成了新的技术性依附。然而,人工智能技术作为一项集成式的平台性技术,本身涉及算力、数据与算法等多方面的技术,这就使得各国在人工智能领域的竞争呈现出全域式竞争的趋向。在依附关系下,这一全域式竞争的趋向就从技术强国之间的局部竞争扩大为全球性的竞争,即个别技术强国的主观竞争意愿将体现为国家之间的技术竞争现实。而这种格局一旦形成,就极易导致各国在人工智能领域的竞争超出正常的范畴,甚至可能引发各国采取诸如技术封锁、技术对抗等更为激进的技术发展策略。① 然而,过度竞争会使人工智能的发展变得无序,尤其是技术割裂所造成的技术生态的封闭与失序极易诱发一系列的新生技术风险。例如,不同的人工智能系统本身就存在着兼容性问题,这些系统之间的安全防护协议也可能存在着一定的安全漏洞。而在技术对抗或者封锁的状态下,各国难以通过合作来共同解决这些问题。②

三、人工智能将使资本获得"超级权力"

在技术发展和治理需求的推动下,市场中的结构性权力往往会出现持续性的扩张。在人工智能时代,尽管政府仍将具备一定的数据资源优势,但是治理难度的增加及技术应用的不充分也可能导致政府不得不将部分的治理权力让渡给科技巨头企业。正如诺贝尔经济学奖得主约瑟夫·斯蒂格利茨(Joseph Stiglitz)所言,人工智能技术的复杂性以及科技企业的优势将导致后者在相关技术治理准则的制定中拥有相

---

① Brad Allenby, Emerging Technologies and the Future of Humanity, 71 *Bulletin of the Atomic Scientists* 29 (2015).

② Kareem Ayoub & Kenneth Payne, Strategy in the Age of Artificial Intelligence, 39 *Journal of Strategic Studies* 793 (2016).

当大的话语权。① 科技巨头企业也将凭借自身在人工智能技术以及产品供应上的重要作用，获得相应的社会治理权力与能力。因此，人工智能技术在一定程度上会强化资本权力的垄断地位，其中，科技巨头企业极有可能成为新型的权力中枢。

目前来看，多数重要的人工智能领域的突破性成果都是出自 Alphabet、IBM、微软、亚马逊和苹果等科技巨头企业所支持的研究平台，并且这些巨头企业也通过收购与兼并等方式强化自己在人工智能技术生态的战略优势。例如，根据 CB Insights 的统计，上述所提及的科技巨头企业在过去的 17 年内收购了深度思考、Github、领英、安卓等 200 多家人工智能公司。② 因此，这些科技巨头企业极有可能成为人工智能时代的巨头企业。科技巨头企业所构建的是一种自上而下的全产业链式的人工智能技术生态，因此，人工智能技术的竞争要素将不断集中，因而更易形成"赢者通吃"的寡头竞争格局。尽管当前多数科技巨头企业所提供的人工智能算法多是开源的，但这些算法（与 Linux 等经典开源软件不同）在战略、设计和开发上仍是封闭和不透明的，初创企业几乎难以摆脱对这些开源算法的依赖。③ 此外，数据、算法等人工智能的核心要素在一定程度上可以脱离主权和地理空间的限制，更有利于垄断行为的实施。因此，科技巨头企业的活动空间将随着人工智能

---

① Ian Sample, Joseph Stiglitz on Artificial Intelligence: We're Going towards a More Divided Society, https://www.theguardian.com/technology/2018/sep/08/joseph-stiglitz-on-artificial-intelligence-were-going-towards-a-more-divided-society, visited on 2021-05-30.

② The Race for AI: Google, Intel, Apple in a Rush to Grab Artificial Intelligence Startups, https://www.cbinsights.com/research/top-acquirers-ai-startups-ma-timeline/, visited on 2021-05-30.

③ Arif Khan, The Tech Oligopoly: Disrupt the Disruption, https://www.diplomaticourier.com/posts/the-tech-oligopoly-disrupt-the-disruption, visited on 2021-05-30.

技术的发展而得到持续性的扩张,而相关监管部门也面临着更大的挑战。①

与此同时,人工智能的发展还将推动新一轮的"温特尔主义"②的形成。科技巨头企业在数据、算力与算法上的优势地位决定了其具备操纵全球人工智能产业结构与技术实践的能力。对主权国家而言,为确保自身在人工智能技术上处于绝对领先地位,技术强国(相对于技术弱国)与市场结构性权力之间形成一种相互利用与共谋的关系,即两者极有可能通过制定行业标准、模块化生产等策略来主导人工智能技术的发展。美国纽约大学信息法研究所研究员茱莉亚·波尔斯(Julia Powles)将此称为"因技术发展而形成的力量转移与结合"③。然而,对人工智能而言,这种技术发展的模式可能导致两方面的不良后果:从内部视角来看,为了充分抢占人工智能技术高地,政府会予以科技巨头企业更多的权力让渡,继而导致这些巨头企业的垄断地位被不断强化,并在技术创新、产业制造以及社会治理等方面形成极大的挤出效应。④ 从外部视角来看,这一发展模式极易增强国家利益与企业利益的一致性,并使得企业间的商业性竞争上升为国家间的战略性竞争,

---

① 参见高奇琦:《人工智能时代的世界主义与中国》,载《国外理论动态》2017 年第 9 期。
② "温特尔主义"(Wintelism)一词取自微软的操作系统(Windows)和英特尔(Intel),是指科技巨头围绕产品标准在全球范围内有效配置资源,并通过制定结构性的行业标准和模块化生产的模式,从而形成标准控制下的产品模块生产与组合以及对其他企业的产业链控制。Jeffrey Hart & Sangbae Kim, Explaining the Resurgence of U. S. Competitiveness: The Rise of Wintelism, 18 *The Information Society* 1 (2012).
③ Julia Powles & Hal Hodson, Google DeepMind and Healthcare in an Age of Algorithms, 7 *Health and Technology* 352 (2017).
④ 〔美〕詹姆斯·亨德勒、爱丽丝 M. 穆维西尔:《社会机器:即将到来的人工智能、社会网络与人类的碰撞》,王晓、王帅、王佼译,机械工业出版社 2018 年版,第 27 页。

进而导致人工智能技术的发展与应用面临更多的消极竞争因素。① 显然,这两种情况均不利于人工智能技术的可持续发展,也容易导致各类主体在这一技术竞争中超出正常的范畴,进而从技术发展和竞争秩序两方面对国家安全造成不利影响。

四、人工智能将导致社会治理面临新的挑战

人工智能技术的发展与应用将推动新一轮的技术革命和产业革命,但同样不可忽视的是,人工智能技术的介入也将从利益再分配、法律规范和伦理道德等多个层面对社会治理形成新的冲击。与此同时,人工智能技术本身存在的运作的自主性、参与的多元性和风险的不可预知性等特征对社会治理也提出了更高的要求。因此,人工智能技术为社会治理带来的一系列新挑战也是国家安全治理需要重点关注的领域。

当前人工智能技术对社会治理最为突出的影响便是这一技术应用所可能导致的社会结构性失业问题。麦肯锡全球研究院发布的《前沿笔记:人工智能对全球经济影响的模拟计算》显示,根据不同的使用场景,到 2030 年,智能代理和机器人将取代 4 亿~8 亿个工作岗位。其中,以重复性劳动与低水平数字技能为特征的岗位需求在未来 20 年中将下降近 10%,而非重复性劳动或高水平数字技能的岗位需求则将有

---

① 最为典型的便是当下中美两国在 5G 技术上的竞争,WIFI 联盟、SD 存储卡协会、蓝牙技术联盟、JEDEC 固态技术协会等国际技术组织在美国的行政影响与司法威慑下,取消或者部分取消了华为在其组织内的会员资格。

一定提升。① 这就意味着,人工智能技术将对劳动密集型产业和依赖信息不对称而存在的部分行业形成极大的冲击。② 实际上,这种冲击的主要原因并不在于技术替代,而是人工智能技术嵌入加剧了社会技能结构和人才供需之间的不平衡。人工智能技术本身无法均等地渗透到所有国家、地区、产业和经营主体,其带来的经济增长也同样难以惠及所有群体。然而,恰恰是这种不平等与不对称扩大了社会各产业间、群体间与阶层间在发展能力、资源占有程度与社会影响力等方面的失衡。③ 因此,人工智能所导致的这一结构性失业不仅可能降低劳动参与率与加剧收入的"二元"分化,还将扩大社会贫富差距和减弱阶层流动性。社会包容度衰减等问题也将因此变得更为突出。

数据隐私也是当前人工智能技术发展亟须解决的问题。人工智能技术对用户隐私的侵权主要表现为个人数据的不当收集、数据收集方权力滥用、数据的非法使用与扩散。实际上,人工智能技术本身就是以大数据技术为支撑的。然而,数据的高度依赖性要求用户让渡一定的个人数据使用权,但人工智能技术描绘出的用户画像客观上"窥探"了用户的隐私。例如,将个人的浏览记录、聊天内容和购物过程等数据片段进行组合,就可以勾勒出用户的行为轨迹,并据此推断出个人偏好、

---

① Jacques Bughin et al., Notes from the AI Frontier: Modeling the Impact of AI on the World Economy, https://www.mckinsey.com/featured-insights/artificial-intelligence/notes-from-the-frontier-modeling-the-impact-of-ai-on-the-world-economy#0, visited on 2021-05-30.

② 部分学者甚至否定了人工智能应用对于长期的经济增长的作用。例如,伊曼纽尔·卡斯特格(Emanuel Gasteiger)和克劳斯·普雷特纳(Klaus Prettner)基于对"代际交叠模型"(Overlapping Generation Models)对人工智能应用之于经济长期的影响的分析,认为"由于机器人的使用将抑制工资的增长,投资的增长也由此受到了抑制,而这最终将导致经济的停滞"。See Emanuel Gasteiger & Klaus Prettner, On the Possibility of Automation-Induced Stagnation, https://www.econstor.eu/bitstream/10419/155784/1/882225014.pdf, visited on 2021-05-30.

③ Samuel Kaplan, Humans Need Not Apply: A Guide to Wealth and Work in the Age of Artificial Intelligence, Yale University Press, 2015, p.31.

性格特征和行为习惯。此外,在现行的网络数据安全架构下,个人数据的被遗忘权、携带权等新型数据权利尚未形成社会共识性的保护机制,数据跨境流动管理等全球数据安全管理更是处于真空地带。

数据质量缺陷以及算法平衡价值观念缺失所导致的算法歧视也是人工智能技术对社会治理所形成的一大挑战。实际上,算法的数据运用、决策机制以及结果表征等仍是基于开发者的主观价值选择而形成的,开发者的潜在性偏见由此也可能被嵌入其中。此外,人工智能技术的甄别逻辑来自输入数据,如果数据本身不完整或者存在某种倾向性,算法就可能把数据中的干扰因素或数据噪音进一步放大或固化,进而导致"自我实现的歧视性反馈循环"[1]。例如,美国公民自由联盟(ACLU)的一项测试显示,由亚马逊公司所开发的 Rekognition 图像识别技术错误地将 28 名美国国会议员识别为嫌疑犯,其中有色人种议员占比达到了 39%[2];而美国麻省理工学院媒体实验室的研究显示,该技术也无法可靠地识别"女性和皮肤黝黑的人",其中 19% 的女性形象被误判为男性,而黑皮肤女性在其中的占比为 31%。[3] 这种算法歧视,可能使得种族歧视、性别歧视等社会偏见得到技术性的强化,进而对公民的相关权利造成一定的威胁,并对社会秩序的稳定也造成一定的影响。

---

[1] Richard Berk, *Machine Learning Risk Assessments in Criminal Justice Settings*, Springer-Verlag Press, 2018, pp.22-23.
[2] Defend The Rights of All People Nationwide, https://www.aclu.org/news/privacy-technology/amazons-face-recognition-falsely-matched-28, visited on 2021-12-30.
[3] Russell Brandom, Amazon's Facial Recognition Matched 28 Members of Congress to Criminal Mugshots, https://www.theverge.com/2018/7/26/17615634/, visited on 2021-12-30.

五、人工智能将加剧"技术恐怖"现象的发生

人工智能的技术自主性、高度复杂性和风险存续性导致其一旦技术失控,就会具有极强的破坏性,国家安全治理可能面临"技术恐怖"的困境。德勤公司(Deloitte)在《悬而未决的人工智能竞赛——全球企业人工智能发展现状》报告中指出,当前人工智能技术发展最突出的三大技术风险分别是"网络安全漏洞、人工智能决策的潜在偏见与基于人工智能的建议作出错误决策"[①]。英国牛津大学人工智能治理中心研究员雷姆科·泽维斯洛特(Remco Zwetsloot)则将人工智能技术层面的风险划分为"事故风险和滥用风险"[②]。实际上,人工智能技术不仅存在因恶意使用所导致的技术外溢风险,而且也面临着因技术失控或管理不当所导致的技术内生风险。

从技术外溢风险来看,人工智能技术的成熟以及相关数字资源的开放不仅会催生新的技术扩散风险,人工智能技术本身的技术漏洞也会增加其被攻击或利用的可能。一方面,犯罪分子可以更为便捷、隐蔽地进行小型无人攻击系统及武器的自主研发,进而获取新型的犯罪能力。[③] 例如,机器学习中所使用的神经网络已在无人驾驶、机器人等领

---

① Future in the balance? How countries are pursuing an AI advantage, https://www2.deloitte.com/cn/en/pages/technology-media-and-telecommunications/articles/how-countries-are-pursuing-an-ai-advantage.html, visited on 2021-12-30.

② Remco Zwetsloot & Allan Dafoe, Thinking about Risks from AI: Accidents, Misuse and Structure, https://www.lawfareblog.com/thinking-about-risks-ai-accidents-misuse-and-structure, visited on 2021-12-30.

③ David Hastings Dunn, Drones: Disembodied Aerial Warfare and the Unarticulated Threat, 89 *International Affairs* 1243(2013).

域得到了广泛应用,但原本无害的神经网络可能在遭受对抗样本攻击或数据劫持后出现安全漏洞,犯罪分子就能够通过这些人工智能装置来发动非接触式的攻击。① 另一方面,人工智能技术研发的秘密性、分散性与不透明性加大了打击技术犯罪以及调控技术稳定性的难度,人工智能技术应用边界的模糊性更是加剧了管控技术扩散的难度。② 例如,在开源编程逐渐兴起的背景下,人工智能技术的研发便能够在相对秘密的情况下进行,相关研究项目的参与者也具有一定的分散性,进而导致监管者难以对公共危险源进行识别,也无法对这些参与者进行有效的监管。③

从技术内生风险来看,不确定的技术缺陷与安全防护措施的不完善是引发人工智能技术风险的主要原因。人工智能技术所具有的"自我学习"能力使其能够在不需要外部控制或者监督的情况下,就能自主地完成某些任务。正如斯坦福大学人工智能与伦理学教授杰瑞·卡普兰(Jerry Kaplan)所言,"机器学习系统能够发展出自己的直觉,并依照这一直觉来行动"④。但是如果人工智能跃升成具有"自主思维"的主体,形成了自身运行的"技术理性",那么人工智能就将具备去本地化控制的能力。然而,在人工智能的运行过程中,算法并不会对决策结

---

① Mary Cummings, Artificial Intelligence and the Future of Warfare, https://www.chathamhouse.org/publication/artificial-intelligence-and-future-warfare, visited on 2021-12-30.

② 秘密性是指人工智能的研究与开发所需的可见设施相对较少;分散性则是指人工智能的研究与开发无须所有部件、人员同时就位;不透明性是指人工智能的运行可能处于秘密状态,并且不能被反向工程控制。当然,这些特征并不是人工智能技术所独有的,信息时代的许多科技同样也具有这些特征。但是,人工智能研究与开发的分散程度和规模以及交互程度都远远超过以往的任何科技。Matthew Scherer, Regulating Artificial Intelligence Systems: Risks, Challenges, Competencies, and Strategies, 29 *Harvard Journal of Law & Technology* 363 (2016).

③ 参见[美]马丁·福特:《机器人时代》,王吉美等译,中信出版社2015年版,第36页。

④ Jerry Kaplan, AI's PR Problem, https://www.technologyreview.com/s/603761/ais-pr-problem/, visited on 2021-05-30.

果进行解释,也无法确定某个特定的数据实例是否会对决策产生干扰。① 因此,使用者既无法充分理解算法运行的原理,也无法完全掌控智能系统的决策及其实施进程,进而被动地陷入一种"算法黑箱"(black box)的状态。② 同时,尽管人工智能技术有助于实现决策的强理性与概率化的变革,但是情感、道德等主观性因素无法被充分嵌入这一决策机制,甚至有可能被完全排除在外。这意味着,人工智能难以充分地识别非人道行为,甚至可能自发制定既定目标之外的非意图性目标(unintended impact)。③ 此外,基于历史数据的算法模型对潜在的突发性变化并不具备完全的预判能力与应变能力,而监管环境、风险环境或风险策略等基础条件的变化对于人工智能也具有一定的实时性要求。因此,一旦人工智能不能及时对此进行调整,同样也可能引发相应的风险。

不难看出,无论是因技术滥用而导致的技术外溢风险,还是因技术缺陷而产生的技术内生风险,人工智能技术在某种程度上的确存在失控的可能。"一个真实环境中的人工智能系统,会面临数据安全、模型/算法安全、实现安全等多方面的安全威胁。"④ 当然,人工智能技术的内生风险要比其外溢风险相对更难以控制,前者所造成的危害也可能比后者更严重。尤其是当人类失去对人工智能技术的本地化控制

---

① Towards a Framework for Policy Development in Cybersecurity-Security and Privacy Considerations in Autonomous Agents, https://www.enisa.europa.eu/publications/considerations-in-autonomous-agents, visited on 2021-12-30.

② Mike Ananny and Kate Crawford, Seeing without Knowing: Limitations of the Transparency Ideal and Its Application to Algorithmic Accountability, 20 *New Media & Society* 975 (2016).

③ 参见封帅、周亦奇:《人工智能时代国家战略行为的模式变迁——走向数据与算法的竞争》,载《国际展望》2018年第4期。

④ Meredith Whittaker, Kate Crawford & Roel Dobbe et al., AI Now Report 2018, https://ainowinstitute.org/AI_Now_2018_Report.pdf, visited on 2020-12-30.

时,就难以再对人工智能技术的研发与应用进行有效的监管与控制。在这一状态下,国家安全可能面临着因人工智能技术滥用及其演进路径不确定所导致的"技术恐怖"现象。

综上所述,人工智能技术的发展及应用将对国家安全带来新的挑战。一方面,人工智能技术的介入将加速新型军事能力和战略博弈模式的形成,打破传统的战略对抗模式及其博弈的平衡,进而加剧国际体系的不稳定性与不确定性;另一方面,尽管人工智能技术的应用将有力地推动新一轮产业革命,但同时也将拉大国际行为主体间的能力代差,扩大资本垄断技术与市场的能力,导致社会治理面临算法歧视、数据垄断以及隐私保护等问题,并催生一系列"技术恐怖"现象。需要指出的是,人工智能技术所导致的国家安全风险已经逐步显现,前文所提及的部分风险也是其他新兴技术应用的共有特性。因此,国家安全在技术共振之下更有可能面临系统性的风险。

第四节 对中国的启示:人工智能时代国家安全治理路径选择

在国家目标和利益的追求序列中,国家安全应是需要国家把握的核心问题,而人工智能技术发展浪潮将导致国家安全治理格局的转变。对于兼具大国与发展中国家双重身份的中国而言,人工智能技术的发展及其应用所带来的挑战与机遇尤为突出。一方面,人工智能技术不仅是中国抓住新一轮科技革命机遇的重要性因素,也是保障中国国家安全的重要驱动力。正如习近平总书记在中共中央政治局第九次集体学习时指出:"加快发展新一代人工智能是我国赢得全球科技竞争主动权的重要战略抓手,是推动我国科技跨越发展、产业优化升级、生产力整体跃升的重要战略资源。"①另一方面,中国的国家安全在经济、政治、军事、社会、宗教、网络、能源和环境等各个领域均面临着威胁与挑战。② 人工智能技术的嵌入将引发更多的安全风险,技术研究前景的不明晰以及安全治理机制的滞后性还将进一步放大这些安全风险。因此,我们既要紧抓人工智能技术发展的契机,推动、容纳和接受这一新兴技术的突破和创新,更要关注这一技术可能对国家安全造成的系统性风险。

一、持续完善人工智能技术发展的战略布局

对中国而言,人工智能技术的发展不仅有助于加快转变经济发展方式,更是维护国家安全与提升国际竞争力的关键所在。中国已经将发展人工智能技术上升至国家战略的高度,并初步构建了支持人工智能技术发展的政策框架,以期在推动新旧动能转换中充分发挥人工智能技术的作用。然而,中国人工智能技术的发展相对更加偏好技术相对成熟、应用场景清晰的领域,在基础理论、核心算法、芯片制造、关键设备等基础技术领域的研究和创新还有所欠缺。

中国人工智能发展战略还需要对以下三个问题进行深入思考:第一,如何处理中国人工智能技术发展不平衡、不充分的问题?即如何解决中国人工智能技术发展在人才、资金、体制和产业链配套上存在的协

---

① 习近平:《确保人工智能关键核心技术牢牢掌握在自己手里——中共中央政治局举行第九次集体学习》,载《人民日报(海外版)》2018年11月1日。
② 参见陈志敏等:《安全、发展与国际共进》,载《国际安全研究》2015年第1期。

调性问题。第二,如何实现人工智能技术发展过程中的正外部性与负外部性之间的平衡?正外部性主要是指人工智能技术的发展能够显著地促进其他新技术的创新和应用,负外部性则是人工智能技术的发展可能会引发一系列社会问题。第三,如何实现人工智能技术研发的成果保障与地位维护?例如,中国人工智能企业所采用的基于图形硬件的编程技术(GPU)多数由英特尔、ADM 和英伟达三大外国科技巨头企业提供,其所使用的人工智能技术开源框架也均非自主搭建。

从上述问题来看,人工智能发展战略的完善可从以下三方面着手:第一,强化对人工智能技术发展的敏感性与理解力,突出强调对人工智能核心技术的把控,构建自主可控、可持续发展的人工智能的技术创新体系和应用产业体系,从而加强人工智能技术的自主性和掌握发展的主动权。第二,创新人工智能技术发展的生态布局,在体制机制、人才培养、产业扶持和资金保障等方面提供更为全面的配套政策,建立更强有力的公私伙伴关系以推动政策与各类社会资本的共同发力,从而加强技术与产业紧密结合的相互增益和提升人工智能技术发展的可持续性。第三,克服从研发端到部署端的功能孤岛问题,将包容性原则和开放性原则充分纳入人工智能技术发展的战略规划中,从而加快技术成果转移和促进其他前沿技术的共同发展。例如,在保护数据隐私和数据安全性的前提下,开放卫星图像、交通数据、金融数据等数据集供公众使用,并制定数据集的使用标准、分类标准和共享标准,进而为人工智能技术的发展构建开放、灵活的数据生态。

二、构建人工智能技术的风险评估机制与保障体系

减少国家安全治理体系决策失误的风险和成本的关键在于强化安全意识和风险应对机制的构建。[①] 美国国际战略研究中心(CSIS)发布的《人工智能与国家安全:人工智能生态系统的重要性》报告提出,安全可靠的技术基础是搭建良性人工智能技术发展生态系统的不可或缺的一部分。[②] 因此,人工智能技术的发展与应用同样需要构建完整的风险评估机制及保障体系,并从安全技术和安全管理等层面协同防范安全风险。为此,我们应在综合考虑人工智能技术发展状况、社会环境、伦理价值等因素的基础上,加强对数据垄断、算法歧视、隐私保护以及伦理道德等问题的预判,为人工智能技术的发展制定相应的规范框架。

与此同时,针对人工智能技术应用可能带来的法律、安全和伦理问题以及各个发展阶段所存在的潜在风险,应建立技术风险评估机制、灾难性风险管理机制和技术错误纠正机制等相关可管理安全机制,从算法容错容侵设计、漏洞检测和修复、安全配置等方面增强人工智能技术

---

① 参见梅立润:《人工智能如何影响国家治理:一项预判性分析》,载《湖北社会科学》2018 年第 8 期。
② 该报告将人工智能生态的构建分为四个重要组成部分,除了安全可靠的技术基础外,还包括良好的投资环境和政策体系、熟练的劳动力和充分的知识管理与获取、处理和利用数据的数字生态等三个方面。See Lindsey Sheppard & Andrew Hunter, Artificial Intelligence and National Security, The Importance of the AI Ecosystem, https://www.csis.org/events/artificial-intelligence-and-national-security-importance-ai-ecosystem, visited on 2021-12-30.

自身的安全性。① 此外,还应提高人工智能技术的可检验性以加强技术应用的透明度与信任度,即人工智能技术中的算法与数据在一定的条件下应当被完整保存和查验,相关企业也应始终将公众利益放在首位,尤其是在高风险的公共领域内尽量减少使用具有黑箱特性的人工智能技术。② 当然,也要积极地发展和应用各类新型技术以弥补人工智能技术的缺陷。例如,区块链技术的应用便能够有助于解决人工智能在数据隐私、安全等方面的问题,从而打破现有的数据寡头垄断,助力人工智能技术的良性发展。

三、规范技术设计的价值向度以引导技术发展

人工智能技术本身是中性的,但要避免"技术的贪欲"带来的不良后果。而将预设的价值向度嵌入人工智能的算法之中,并制定相应人工智能的正义目标,能够在一定程度上制止人们对其的不当使用或恶意利用。针对人工智能的价值向度,美国皮尤研究中心提出了三点建议:第一,人工智能技术研发应以全球民众的利益为第一要义,因此,需要加强国际合作以共同推动技术的发展以及应对可能的挑战。第二,人工智能的价值向度必须突出"人性化",因此,必须确保人工智能技术能够满足社会道德要求。第三,人工智能技术的使用应坚持以人为本,需要通过适时地改革政治与经济体系,提高人机合作的效率,解决

---

① Karen Yeung, Algorithmic Regulation: A Critical Interrogation, 12 *Regulation & Governance* 22 (2017).

② Will Bunch, AI is not a Quick-Fix Solution for Discrimination, http://hrexecutive.com/ai-is-not-a-quick-fix-solution-for-discrimination/, visited on 2021-12-30.

技术应用所导致的治理赤字问题。①

结合当前人工智能的发展态势,我们仍需要规范人工智能发展的技术伦理和价值取向,从思想源头上增强对人工智能技术风险的预警能力和社会控制能力。一方面,要加强技术伦理规范性和建构性的统一,通过恰当的技术设计规范和制约实现正面伦理价值的"预防式植入",将人工智能伦理从抽象准则落实到相应的技术研发与系统设计中,进而确保技术管理的"工具主义"性质与社会治理的价值理念相兼容②;另一方面,要努力贯彻"以人为本"的技术发展观,促进科学与人文的充分融合与互补,以保证人工智能的人性化转向。当然,对人工智能技术的风险管控应该力求在机会和风险之间取得平衡,即在人工智能技术的发展与国家安全的维护之间保持平衡,并根据具体情况调整相应的监督机制,避免陷入泛技术安全化误区。③

四、构建社会治理新型框架以承接技术更新

人工智能技术从思维层面、技术层面和价值层面上展示出巨大的包容性、广泛渗透性和发展主导性,但越是这样强大的力量,就越可能面临惯性束缚与治理困境。美国纽约大学 AI Now 研究所指出,对于人工智能技术的道德承诺、责任制度以及实践规范应当由相关治理机制

---

① Janna Anderson, Lee Rainie & Alex Luchsinger, Artificial Intelligence and the Future of Humans, https://www.pewinternet.org/2018/12/10/concerns-about-human-agency-evolution-and-survival/, visited on 2021-05-30.

② Roger Brownsword, Technological Management and the Rule of Law, 8 *Law, Innovation and Technology* 101 (2016).

③ Salil Gunashekar Sarah Parks & Joe Francombe et al., Oversight of Emerging Science and Technology: Learning from Past and Present Efforts around the World, https://www.rand.org/pubs/research_reports/RR2921.html, visited on 2021-05-30.

进行承接,否则这些规范和准则很少能够得到执行。① 总之,规范人工智能技术发展以及降低其安全风险需要对政治、经济和社会等治理结构进行改革。因此,推进人工智能技术的健康发展,必须充分把握人工智能的技术属性与社会属性高度融合的特点,协调利益关系、及时化解冲突、注重激励发展与合理规制的协调,进而为人工智能的持续发展构建相应的社会治理机制和路径。

从这个角度出发,构建新型治理框架的首要工作就在于构建涵盖技术开发、行业监管和公共治理等在内的体系化的法律和规范,增强技术风险决策和立法的针对性与可操作性,并适当扩大特定监管部门的权力,使其能够更为充分地对人工智能技术进行监管。同时,明确设计者、使用者、监管者之间的权责关系,形成"行为—主体—归责"的归责体系,减少因责任不明确所造成的"追责缺口"的机制问题。② 此外,还应搭建起链接"行动者网络"和"利益相关者"讨论与合作的新平台,鼓励各级政府与学术机构、非营利组织和私营部门开展广泛对话和持续合作,努力创造一个政府、技术专家、公众等多元一体化的治理决策参与机制,克服政策制定者、执行者与技术研发群体间的信息不对称问题,提高相关部门判别和应对人工智能技术风险的能力。③

五、加强全球合作以提升技术风险管控的效能

国家安全治理本身与全球安全治理之间存在高度的关联性,国际

---

① Meredith Whittaker, Kate Crawford & Roel Dobbe et al., AI Now Report 2018, https://ainowinstitute.org/AI_Now_2018_Report.pdf, visited on 2020-12-30.
② Bernd Stahl & David Wright, Ethics and Privacy in AI and Big Data: Implementing Responsible Research and Innovation, 16 *IEEE Security & Privacy* 30 (2018).
③ 参见庞金友:《AI 治理:人工智能时代的秩序困境与治理原则》,载《人民论坛·学术前沿》2018 年第 10 期。

组织、非政府组织、企业、社会团体等多元主体也在治理过程、治理议题和治理效能等方面发挥着重要的影响。① 目前来看,人工智能的国际规则主要由西方发达国家的企业或机构推动制定,这意味着从全球层面进行整体考虑的全球性人工智能治理机制是缺位的。② 同时,全球主要国家对于人工智能技术开发与应用的具体规则仍未形成统一的共识,各国在人工智能部署原则及发展程度上存在的差异还将在一定程度上加剧非理性竞争。此外,在当前全球贸易关系相对紧张的局势下,以美国为首的发达国家正逐步加大人工智能军事化应用的研发力度,并以国家安全为由限制人工智能技术在全球范围内的推广与共享。然而,尽管当前各国在人工智能技术上的竞争日趋激烈,但这不应是一种"零和博弈"。全球科技的进步本身需要各国的参与,而技术风险的防范更需要各国的合作。对此,布鲁金斯学会外交政策研究员瑞安·哈斯(Ryan Hass)和扎克·巴林(Zach Balin)认为,尽管人工智能技术对国际关系造成巨大的压力,但同时也将为各国提供潜在的合作机会。③

根据当前全球人工智能技术的发展态势,当务之急在于加快制定符合国际关系准则和人类道德约束的技术开发控制协议或公约,推动国际社会在一些根本性、原则性的规则和伦理上达成共识,进而构建具有科学性、系统性、前瞻性的人工智能技术的标准规范体系,并促进国际认同的技术风险的治理框架和协调一致的治理机制的形成。同时,应为人工智能技术的发展搭建更为广泛的国际合作与治理网络,推动

---

① 参见蔡拓、杨雪冬、吴志成主编:《全球治理概论》,北京大学出版社 2016 年版,第 12 页。
② 参见高奇琦:《全球善智与全球合智:人工智能全球治理的未来》,载《世界经济与政治》2019 年第 7 期。
③ Ryan Hass & Zach Balin, US-China Relations in the Age of Artificial Intelligence, https://www.brookings.edu/research/us-china-relations-in-the-age-of-artificial-intelligence/, visited on 2021-12-30.

全球分散的、相对孤立的治理机制与要素资源的整合,构建以主权国家、非政府组织、跨国公司和个体公民为主体的综合治理体系。此外,积极推动开展持续、直接、权威的多边沟通,确保人工智能技术的和平开发,并加强对国际性技术风险事故的防范能力。① 当然,中国更要明确和坚持人工智能技术发展的和平导向,即在人工智能技术的军事化应用中保持克制,兼顾多方的利益考虑,适当平衡技术发展和国家竞争,确保人工智能为人类所用和促进全人类共同受益。更应充分发挥其在人工智能领域的优势,为全球人工智能技术的合作与竞争发挥良性的示范作用。

事实上,科学技术发展与国家安全治理息息相关,随着技术的进步,不确定的风险会不断累积,国家安全治理格局也可能会发生转变。与此同时,国家安全治理对于技术升级的方向同样存在着一定的影响,尤其是当国家安全压力增大时,技术投入极易向与安全相关的领域倾斜。但是,安全和发展是一体之两翼、驱动之双轮,发展是安全的基础,安全是发展的保障。② 因此,把握科技的发展主动权与应对好相应的技术风险是保障未来国家安全的重要命题。

作为一种框架性的底层技术,人工智能技术将对国家发展产生根本性的推动作用,也将为国家安全治理带来广泛深刻的结构性挑战。首先,"在未来的技术竞赛中,最成功的国家将是那些积极变革并且能够跟上技术进步的国家"③。尤其是在当前全球技术及知识外溢红利逐步减弱的趋势下,已被嵌入多个应用场景的人工智能技术极有可能

---

① 参见鲁传颖、〔美〕约翰·马勒里:《体制复合体理论视角下的人工智能全球治理进程》,载《国际观察》2018年第4期。
② 参见冯维江、张宇燕:《新时代国家安全学——思想渊源、实践基础和理论逻辑》,载《世界经济与政治》2019年第4期。
③ 冯昭奎:《科技革命发生了几次——学习习近平主席关于"新一轮科技革命"的论述》,载《世界经济与政治》2017年第2期。

成为下一轮技术革命与产业革命的关键点。其次,人工智能成为国际战略竞争与合作的又一重要领域。但在当下国家实力对比变化和战略政策调整的大背景下,各国在人工智能技术上的战略竞争的可能性或将远超合作的可能性。然而,人工智能技术的发展不仅会对全球价值链的整合与社会的公共管理造成极大的影响,其演进路径的不确定性也可能引发诸多的技术风险。因此,在发展需求优先和技术风险凸显的状态下,人工智能技术的发展就可能导致国家安全中出现更多的不稳定因素。

当然,新技术的正向良性发展的关键不仅在于推动技术的创新与完善,更取决于治理主体的有效规制与引导。因此,对于中国而言,如何统筹人工智能技术发展与国家安全治理,并实现这两者综合成本的明确化、内部化与协调化将是未来工作的重点之一。在这一过程中,最为重要的仍是保持中国在人工智能技术领域的领先性与自主性,并通过多样化方式对这一技术发展的潜在风险进行研判和预防,进而充分维护好自身的战略利益。同时,中国应积极主持、参与全球人工智能技术相关标准的构建,提升中国在人工智能技术发展上的国际道义制高点、议程设置能力与话语权。此外,还应积极地同各国在人工智能技术的发展上展开深度对话,促使各国在人工智能技术的战略竞争与合作上形成"竞争性共荣",进而塑造一种能够推进务实合作和建设性竞争、有效管控技术风险与防范重大冲突的国际秩序。